일본의
요괴학
연구

일본의 요괴학 연구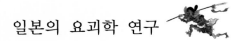

초판1쇄 발행 | 2009년 5월 7일

지은이   고마쓰 가즈히코小松和彦
옮긴이   박전열朴銓烈
펴낸이   홍기원
펴낸곳   민속원

총 괄   홍종화
디자인   정춘경
편 집   오경희·조정화·오성현·신나래·전지영
관 리   박정대·박병준

주 소   서울 마포구 대흥동 337-25
전 화   02) 804-3320, 805-3320, 806-3320
팩 스   02) 802-3346
등 록   제18-1호
이메일   minsok1@chollian.net
홈페이지   www.minsokwon.com

ⓒ 박전열, 2009

값은 뒤표지에 있습니다.
ISBN   978-89-5638-749-9   93380

※ 이 책의 원제는 『妖怪學新考』입니다.
※ 이 책의 한국어 판권은 저작권자와 독점 계약한 민속원에 있습니다.
※ 저작권법에 의해 한국 내에서 보호를 받는 저작물이므로 어떠한 형태로든 무단 전재와 무단 복제를 금합니다.

요괴를 통해 보는 일본인의 멘탈리티

일본의 요괴학 연구

원제 妖怪學新考

고마쓰 가즈히코 小松和彦 지음
박전열 朴銓烈 역주

민속원

한국어판 서문

심오하고 풍요로운 일본의 요괴문화

요괴는 어느 나라 어느 시대에도 존재하고 있습니다. 인간의 지혜로는 쉽게 해명할 수 없는 희한한 사건에 직면하였을 때, 인간은 그런 사건을 설명하기 위하여 가공의 존재 즉 요괴를 만들어냅니다.

그러나 이렇게 만들어진 요괴의 모습은 시대와 장소에 따라서 다른 모습을 하고 있습니다. 불안과 공포 속에서 태어난 요괴는 그 나라의 역사와 문화라는 필터를 통해서, 독자적인 형태를 띠고 나타나기 때문입니다. 일본의 요괴도 마찬가지입니다. 일본에는 일본 나름대로의 역사와 문화를 근거로 한 요괴가 발생했습니다. 한국에도 한국 나름의 역사와 문화를 근거로 한 요괴가 발생되었을 것입니다.

일본의 요괴문화는 심오하면서 풍부합니다. 왜냐하면 그것은 일본인의 생명관과도 깊은 관계가 있으며, 세계에서도 종류를 찾아내기 어려울 정도로 많은 요괴의 회화나 조형을 탄생시켜왔기 때문입니다. 그 전통은 지금도 계속되고 있습니다. 이는 만화와 애니메이션, 완구 등을 들여다보면 바로 알 수 있을 것입니다.

「요괴(妖怪)」라는 단어가 요즈음에는 일반에서도 널리 사용되고 있지만, 메이지시대에 들어와서 학술용어로서 사용하기 시작한 이 단어가 이전에는 일상생활 언어로서는 사용되지 않았습니다. 「오바케(おばけ)」 혹은 「바케모노(化け物)」, 「헨게(変化)」「오니(鬼)」「마물(魔物)」「요물(あやかし)」 등 훨씬 다양한 용어로 통용되고 있었습니다. 특히 요괴문화가 크게 번성한 에도시대에는 「바케모노 모음집」「바케모노 설화」「바케모노 이야기」 등과 같은 말처럼 「바케모노(化け物)」라는 표현이 일반적이었습니다.

일본의 요괴에도 긴 역사가 있습니다. 그 역사를 살펴보면 고대의 경우 요괴와 유사한 것들은 자연과의 관계가 깊거나 죽은 자와의 관계 가운데서 태어난 것이 주류를 이루고 있습니다. 예를 들면 「고사기」와 「일본서기」의 신화 속에는 머리와 꼬리가 여덟 개에 몸통이 하나인 괴물이 등장합니다. 야마타노오로치라는 괴물은 산과 강, 폭풍우 등의 천재지변에 대한 공포로부터 발생한 자연 혹은 그 분신이라고 말할 수 있는 동물요괴의 대표였습니다. 이런 뱀·용 계열의 요괴전통은 후에 원숭이신과 같은 종류의 요괴를 만들어내고, 최근의 쓰치노코(상상의 뱀)전승과 픽션의 세계의 고질라까지 이어져 있습니다.

중국 귀(鬼)의 영향을 받으며 생성된 일본의 오니도 뱀·용과 같이 고대에서 현대까지 사람들의 마음을 사로잡아온 요괴입니다. 오니의 형상은 일본인이라면 누구라도 알고 있습니다만, 오니가 오니로 되기까지의 이력은 여러 가지가 있습니다. 죽은 자도 오니가 됩니다. 살아있으면서도 오니가 되는 자도 있습니다. 역병과 천둥 그리고 바람의 위력도 오니로 표현되며, 이방인이나 지옥의 옥졸과 용궁 등의 이계의 주민도 오니로 표현됩니다. 더욱이 중세가 되면, 생활집기 등의 도구가 변한 요괴들도 오니의 동료로서 등장했습니다. 소위 「쓰쿠모신」이라고 불리는 오래된 도구의 영령들은 자신들의 수고를 고맙게 여기지 않고, 낡았다고 하여 버려버리는 인간들에게 오니가 되어서 복수하려고 한 요괴였습니다. 이와 같이 중세의 요괴들의 대다수는 오니의 자손이라고 말해도 좋을 것 같습니다.

덴구(天狗)는 불교문화 속에서 만들어진 요괴로서 헤이안시대부터 등장했습니다. 원래 덴구는 불교를 타락시키고 승려를 마계로 떨어뜨리기 위해 나타난 존재들입니다. 그러나 얼마 되지 않아 그 활동영역을 세속의 정치세계까지 넓혀서 왕권의 파괴자가 되고, 민속적 세계로 들어오면 행방불명이나 유괴 등의 사건을 일으키는 산신에 가까운 존재가 되고, 때로는 민담 가운데 어수룩한 산속의 요괴로 변하여 나타나기도 합니다.

실재의 동물이면서 환상·요괴동물이기도 한 여우와 너구리도 중국의 영향을 받아서 만들어졌습니다. 이두 종류의 동물은 변신술을 터득하고 있어, 오니와 덴쿠의 성격을 부분적으로 이어받으면서, 사람이나 물건으로 변하여 사람을 홀리는 트릭스터(trickster)로서의 역사를 걸어왔습니다. 때로는 여우와 너구리가 동일시되었지만, 비교해 보면 여우는 교활하게 너구리는 해학적인 이미지로 표현되었습니다.

일본의 요괴는 셀 수 없을 정도로 종류가 많다는 특징이 있습니다. 그러나 고대나 중세까지는 오니와 뱀·용, 여우, 지네, 거미 등으로 요괴의 종류가 한정되어 있었습니다. 그 후에 에도시대가 되자 그 수가 급증하게 되었습니다. 그 주된 원인은 여러 가지 괴이한 현상과 이상한 존재를 영혼, 오니와 덴쿠, 여우와 너구리같은 한정된 요괴의 존재에 결부시켜서 설명하려고하는 고대·중세와 같은 사고양식이 후퇴해버렸기 때문입니다.

이것을 대신해서 나타난 것은 「명명(命名)」을 통해서 요괴를 개별화, 세분화하는 일이었습니다. 예를 든다면 깊은 산골짜기에서 팥을 씻는 소리처럼 들리는 괴음현상은 원래는 젊은 나이에 죽은 스님의 망령이라 든지, 여우나 너구리 비슷한 것이 내는 소리라고 했었습니다. 그런데 그 괴음을 「팥 씻는 요괴」라고 이름을 붙임으로써 젊은 스님의 망령 혹은 여우나 너구리의 소행이라는 설명은 탈락되고, 「팥 씻는 요괴」가 「팥 씻는 소리」라는 괴음현상을 만들어냈다는 식으로 변화된 것입니다.

일본의 요괴문화는 에도시대 중기에 크게 변모되었습니다. 요괴에 대한 「명명命名」도 그렇습니다만, 결정적인 변화는 오락화되었다는 것입니다. 그전까지의 요괴는 인간의 지혜로는 이해하기 어려운 신기한 현상과 존재의 두려움과 불안, 공포로부터 생겨난 것이었습니다만, 에도시대의 도시민들은 합리적 사고의 발달과 함께 그 대부분이 가공된 존재임을 알아차리고, 요괴를 오락의 대상으로 취급하기 시작했던 것입니다. 종교적·신앙적인 문맥에서 떼어냄으로써 사람들은 즐기기 위해서 요괴를 자신들의 손으로 창조하는 일이 가능해진 것입니다. 이것을 계기로 요괴는 무한정으로 개체수를 늘려 왔습니다.

요괴는 사람들을 즐겁게 해주는 존재가 되어 일상생활의 여러 가지 영역에도 깊숙이 파고들었습니다. 에도시대에는 그림책과 소설, 풍속화, 연극, 장난감, 나아가 기모노의 디자인과 장식품에도 그려지거나 조각되기도 하였습니다. 예를 들면 작은 약상자와 빗, 조그만 세공품, 담배통에도 부적의 기능을 겸해서 전설과 연극의 소재로 쓰인 오니나 여우 등의 요괴형상을 새겨 넣었습니다. 이와 같은 것을 몸에 지니는 것을 「멋」이라고 생각했던 모양입니다.

일본 요괴문화의 역사에도 성쇠가 있었습니다. 확실히 신앙적 대상으로 혹은 실재하는 존재로 여겨지던 요괴는 쇠퇴의 길로 접어들었습니다.

그렇지만 일본의 요괴는 전통과 역사를 바탕으로 그 활약의 장을 픽션의 세계, 오락의 장으로 바꾸며 번식을 계속하여, 현재에도 일본열도를 뜨겁게 달구고 있습니다. 더러는 해외까지 뻗어나가고 있습니다. 에도시대 이래의 오락으로서의 요괴는 오히려 현대에 더 큰 인기를 누리고 있는 듯합니다.

요괴는 지금까지의 언급되지 않았던 일본문화를 발굴하는 수단임과 동시에 현대의 대중문화를 창조하는 근원이 될 수 있다고 생각됩니다. 한국의 독자 여러분께서 본서를 통해서 지금까지 알려지지 않았던 일본문화를 이해해주신다면 감사하겠습니다.

끝으로 난해한 용어와 사례가 많은 본서를 수고를 아끼지 않고 한국어로 번역해주신 박전열 선생께 감사의 말씀을 전합니다.

2009년 3월 14일
고마쓰 가즈히코

차례

서론

제1부 ‖ 요괴와 일본인

9

서
론

새로운 요괴학을 위해서

"인간문화의 진보 과정에서 발명 혹은 창작한 여러 가지 작품 가운데서도 『요괴』 등은 가장 뛰어난 걸작이라 하지 않을 수 없다."

데라다 도라히코(寺田寅彦)[1]

요괴학이란 무엇인가

인간은 상상한다. 그 상상력은 또한 다양한 문화를 만들어 내는 창작력이기도 하다. 그리고 지금 우리들은 그 창작력이 만들어 낸 방대한 종류의 문화를 소유하고 있는 셈이지만, 그 가운데에서 가장 흥미 깊은 것 하나가 '요괴'라 할 수 있을 것이다. 이 '요괴'에 대하여 연구하는 학문이 여기에서 말하는 '요괴학'이다.

[1] 寺田寅彦, 「化物の進化」, 『寺田寅彦全集 文學篇』 第3卷(岩波書店, 1937).

일본의 요괴학 연구

그러나 현재까지 '요괴학'이라고 하는 학문은 뚜렷한 형태로 존재하지 않았다. 다시 말해, 학문의 범위나 목적, 연구 방법 등 어느 면에서도 본격적인 논의가 이루어지지 않았다. '요괴학'이라는 명칭은 벌써 1890년대에 나타났고, 요괴를 연구하는 학자도 여러 사람 있었지만, 그 연구 목적은 연구자마다 달랐고, 요괴를 연구하는 사람들이 '요괴학'이라는 명칭으로 모이는 학회나 연구기관을 만들어내기에 이르지는 않았다.

　학문으로서의 '요괴학'의 정비가 늦어진 이유는 연구자의 부족도 있었지만, '요괴'가 근대의 과학을 중시하는 사회에서는 박멸해야 할 대상, 즉 '미신'으로 여겨졌기 때문이라 생각된다. 요괴는 근대인에게는 필요 없는 것이며, 요괴연구는 그 요괴박멸·부정을 위한 학문으로서, 혹은 멸망해 가는 '미신'을 기록하는 학문으로서, 근대 인간의 생활에서 적극적인 의의를 찾아낼 수 없는 연구로 여겼다.

　근대의 과학·물질문명의 발달·침투는 현실세계에서 요괴를 박멸해 왔다. 그러나 현대에도 요괴들은 멸망하지 않고 존속한다. 도시를 활동 장소로 삼고, 그것도 주로 소문이나 픽션의 세계로 옮겨 당당하게 살아가고 있는 것이다. 그런 의미에서 현대인도 요괴를 필요로 하고 있는 것이다. 이는 요괴가 '미신'이라고 간단히 처리해버릴 수는 없는 즉 인간에 있어서 매우 중요한 존재임을 말해주고 있다. 그것은 인간의 정신생활의 근원적인 문제와 관련되어 있는 듯하다. 과연 그것은 무엇인가. 그것을 밝히기 위한 학문으로서 새로운 '요괴학'을 정비할 필요가 있다고 생각한다.

　이 새로운 요괴학은 멋대로 요괴신앙을 박멸하려는 것이 아니며, 요괴신앙을 보존하자고 하는 것도 아니며, 요괴문화를 고찰해 봄으로써 인간 정신의 역사나 본연의 모습을 찾아내기 위한 학문으로 구축되어야 할 것이다. 이런 시도는 아직 충분한 성과를 거두었다고 할 수 없다. 오히려 이제부터 본격적 연구가 개시된다고 해야 할 것이다. 이런 의미에서 나는 이 책을 굳이 『요괴학신고』라고 명명해 보았다.

그렇다면 내가 생각하는 '요괴학'의 윤곽이란 어떤 것일까. 간단히 다음과 같이 설명해 두고자 한다. 새로운 요괴학은, 인간이 상상 혹은 창조한 요괴, 즉 문화현상으로서의 요괴를 연구하는 학문이다. 요괴라는 존재는 동물, 식물, 광물과는 달리, 인간과의 관계를 생각하지 않고는 그 형태나 속성을 관찰할 수 없으며, 항상 인간과의 관계 안에서 즉 인간의 상상 세계 안에서 존재한다. 따라서 요괴를 연구한다는 것은 요괴를 만들어 낸 인간을 연구한다는 것과 같다. 요컨대 요괴학은 '요괴 문화학'이며, 요괴를 통해서 인간의 이해를 깊게 하는 '인간학'이다.

요괴학은 여러 가지 문제를 설정한다. 왜 사람들은 요괴를 상상하는가. 그러한 요괴의 이미지는 어떻게 형성되는가. 어떤 종류의 요괴 즉 요괴의 종목은 어떤 것이 있는가. 혹은 그러한 요괴를 창조함으로 어떤 이점이나 결점이 생기는 것인가. 일본의 요괴문화와 여러 외국의 요괴문화와의 차이는 어떠한가. 현대의 과학에서는 옛날 사람들이 요괴현상이라 생각하였던 것들을 어떻게 설명할 수 있는가.

이 '요괴학'의 연구 영역은 크게 2가지 차원으로 나눌 수 있다. 하나는 현실세계에 있어서 요괴현상, 요괴존재를 믿고 있는 사람들이 이야기하는 요괴에 관한 연구이며, 또 하나는 문학이나 연극, 회화 등에 이야기나 연기 혹은 그림으로 전해지는 픽션으로서의 '요괴'에 관한 연구다. 그러나 이것들은 간단하게 나누어지지 않는다. 이 2가지 영역은 상호 영향 관계에 있으며, 실제로 주고받

〈그림 1〉낡은 궤짝을 여는 빨간 오니(鬼)

는 요괴에 관한 이야기의 대부분이 픽션과 논픽션의 경계에서 이리저리 맴돌고 있음을 알 수 있다.

　현실세계에서 사람들이 믿고 있는 요괴에 대한 연구를 위해서는 우선 어떤 요괴를 믿고 있는가와 그 모양이나 출몰하는 장소나 성격 등을 알기 위해 보다 많은 요괴체험담을 채집할 필요가 있다. 그리고 이를 분석하면 요괴를 믿는 개인의 마음 속에 있는 공포심이나 불안 혹은 사회가 안고 있는 공포심이나 불안 및 그것과의 갈등·투쟁 등을 밝혀낼 수 있을 것이다. 이른바 '요괴의 민속지'나 '요괴의 심리학', '요괴의 사회학'이다.

　고대부터 현대에 이르기까지 어느 시대나 요괴의 존재를 믿는 사람들이 있다. 따라서 요괴연구자는 각각 시대별 사료를 모아서 이런 연구를 시도해볼 수 있고, 나아가 요괴의 흥망성쇠 즉「요괴의 역사학」을 그려낼 수도 있을 것이다. 그리고 이런 차원의 연구

범위에 괴이·요괴현상이라 여겨지는 것을 과학적으로 풀어 밝히는 자연 과학적인 연구도 포함할 수 있을 것이다.

아무튼 이런 요괴연구가 현실세계의 요괴신앙에 대한 연구라고 한다면, 이와는 다른 연구영역이 있다. 요괴신앙의 영향을 받아서 형성된 요괴가 등장하는 이야기나 의례, 연극, 회화 등에 대한 연구를 상정할 수 있다. 이런 작품은 실제로 있었던 것을 충실하게 기록한 것처럼 보이는 이야기로부터, 누가 보아도 지어낸 것임을 알 수 있는 이야기에 이르기까지, 여러 가지 단계가 있지만, 일단 현실세계에서 이야기되는 요괴와는 다른 수준에 속하는 것이라고 생각할 필요가 있다. 거기에 묘사되었다고 해서 반드시 현실세계에서 사람들이 실재한다고 믿었다고 할 수는 없기 때문이다. 이 영역의 연구는 '요괴의 문학사'·'요괴의 연극사'·'요괴의 회화사'·'요괴의 구전문학사'라고 할 수 있을 것이다. 더욱 이 연구를 바탕으로 하고, 이러한 작품이 많이 나온 사회적 배경을 밝히는 '요괴의 역사사회학'도 가능할 것이다.

요컨대 내가 생각하고 있는 '요괴학'은 '요괴'에 관한 연구를 가능한 범위에서 총망라하는 형태로 구성되어 있다. 따라서 한사람의 요괴연구자가 모든 분야에 관련할 필요는 없다. 인문과학, 사회과학, 그리고 자연과학의 여러 분야에 속하는 요괴연구자가 각자의 관점에서 요괴를 연구하면 좋겠고 그 성과를 공유하며 종합해가기 위한 공간으로서의 '요괴학'의 필요를 제창하고자 한다.

요괴학의 3가지 경향

위에서 말한 바와 같이 넓은 의미의 '요괴학'을 설정해 보았지만, 그럴 경우 이 요괴학에는 연구의 목적을 달리 하는 많은 연구자가 모이는 공간이 될 것이다. 또한 이러한 '요괴학'의 학회가 설립되어 전국의 요괴연구자가 결집했을 때, 구체적인 요괴학의 모습이 드러나게 될 것이다. 당연한 것이지만 그때 모인 요괴연구자가 생각하는 '요괴학'의 역사나, 연구 분야나 연구 대상, 연구 목적도 지금까지와는 상당히 다르게 나타날 것이다. 여기서 참고삼아 내가 살펴본 '요괴학'의 역사를 간단히 기록해본다.

나의 요괴 연구는 '요괴의 민속학'·'요괴의 사회학'·'요괴의 구전문학'·'요괴의 종교학'이라는 분야에 속해 있다. 그러한 분야에서 요괴학을 보면 다음과 같은 3가지의 경향이 두드러지게 드러나고 있다.

그 연구의 한 가지의 경향은 요괴 현상이나 요괴 존재를 믿는 사람들에 대하여, 과학적 지식을 동원하여 요괴를 부정해가는 연구이다. 간단히 말하면, 요괴를 '미신'이라고 하여 그것을 과학이라는 측면에서 박멸하고 사람들을 미신으로부터 해방시키려는 데 목적을 두는 '요괴학'이다. '너구리 장단소리'라고 믿었던 것은 너구리의 장난이 아니라 먼 마을의 잔칫날 장단소리가 바람을 타고 와서 가까이에서 나는 소리인 듯이 들린 것일 뿐이라든가, 밤길에서 만난 거인이란 알고 보면 달빛이 비친 큰 나무의 그림자를 잘못 본 것일 뿐이라는 등 어떤 상태에 대한 합리적인 해석을 제시하여, 요괴를 믿는 사람들이 지녀온 코스몰로지 즉 세계에 대한 인식체계를 파괴하고, 근대의 과학적·합리적인 코스몰로지를 몸에 익히도록 하려는 것이었다. 일본에서 최초로 '요괴학'이라고 하는 학문을 제창한 이노우에 엔료井上円了의 요괴학은 이러한 의미에서의 요괴학이었다.[2] 따라서 이런 종류의 요괴학자는 이 세상에서 요괴를 믿는 사람이 한 사람도 남지 않고 모두 없어질 때까지 요

2 이노우에 엔료(井上円了)의 주요한 작업은 『妖怪學講義(전6권)』(國書刊行會, 1979), 『新編妖怪叢書(전8권)』(國書刊行會 1983), 『妖怪學雜誌(전5권)』(國書刊行會 1989) 등으로 복간되어 있다.

괴퇴치를 계속하려 한다. 이 연구는 요괴가 없어짐으로써 인간이 행복한 생활을 할 수 있다는 신념에서 비롯된다. 이노우에는 1880년대부터 1910년대에 걸쳐서 정력적으로 요괴현상을 조사하며 요괴박멸을 계속했다.

이노우에처럼 요괴를 미신으로 간주하고 박멸하는 '요괴학'과 병행하여, 같은 시기에 요괴박멸・요괴부정을 시도하고 있었던 것은 여명기의 근대의학이었다. 인간은 자연과의 관계나 인간관계 속에서 생활하고 있기 때문에, 그 가운데에서 생기는 다양한 불안이나 공포, 정신적 혹은 육체적 피로로부터 '요괴'를 만들고 불러내기도 한다. 예를 들면, 환각이나 환청, 망상현상 가운데 나타나는 '요괴'가 있다. 그리고 불안이 심해지면 사회생활을 하기가 곤란한 상태 즉 병에 걸리기도 한다. 사회학적 혹은 심리학적으로 요괴가 존재하고 체험되고 있었던 것이다.

그런 예를 들면 '여우에게 홀림'과 같은 현상이 있다. 근대의학은 이것을 '정신병'(당초는 기도성 정신병 등이라고 했다)이라고 진단했다. 근대의학은 여우의 영靈에게 홀렸다는 생각을 부정하고, 다양한 억압이나 불안에 의해 망상・정신의 착란이 생긴 것이라고 판단했다. 이 경우의 큰 문제는 병이 여우의 탓이 아니라 망상이나 정신병일 뿐이라고 설명하며, 여우라는 요괴를 부정하지만 병은 낫지 않는다. 사회나 개인의 생활 가운데 불안이나 두려움, 피로 등을 없애지 않고, 요괴를 박멸한다고 해서 병은 낫지 않는 것이다. 극언하면, 이 경우 여우는 사회나 마음의 가운데 생기는 불안이나 억압, 비뚤어진 사회관계의 상징적 표현이며, 이 여우를 부정하면, 또 다른 상징이 그 자리를 차지하게 된다. 전통적 코스몰로지에 의해 설명함으로써 치료해낼 수 있었던 마음의 병까지 당시의 전통적 코스몰로지를 부정하면서, 서양의학의 치료방식만을 따르던 일본의 근대정신의학은 사회로부터 환자를 격리하는 '치료'방법을 제시하는 것으로 그치고 만 것이다. 이 분야에서의 요괴연구는 요괴의 박멸에 흐름의 중심을 두면서도, 이노우에 엔료와 같이 낙천적이지 않았다. 치료를 위하여 환자 마음의 진단, 환자가 속해 있는 가족이나 그 밖의 사회현상·관계의 진단이 필요했던 것이다.[3]

한편, 요괴를 미신으로 간주해서 박멸하기 위한 구체적 대응방법은 일단 유보하고, 일상생활 가운데서 인간이 믿고 있는 요괴와 그 사회적 배경을 조사하고, 그 기능이나 신앙생활, 코스몰로지를 이해하려고 하는 사회학적 '요괴학'이나, 요괴전승을 채집하고, 그 분포를 파악하여 요괴신앙의 변천 과정을 복원하는 민속학적 '요괴학'도 존재하고 있었다.

이 계통의 요괴학은 인간의 생활로부터 요괴발생의 온상이라고도 말할 수 있는 괴이하다고 여기는 것이나 불안을 제거할 수 있을까, 인간은 요괴를 완전히 부정하며 살 수 있을까라고 자문하면서, 그 해답을 찾기 위하여 요괴신앙의 실태를 다각적으로 해명하려고 한다. 여기서는 요괴란 '미신' 혹은 박멸의 대상이라고 여기지 않는다. 오늘날에는 그러한 측면이 있지만, 인간이 정신생활·사회생활을 하는데 있어서 중요한 역할을 한다는 측면도 인정하려 한다. 나아가 그것이 그 시대의 사회상을 그려내는 지극히 유효한 수단으로서 이용되고 있었던 점도 발견하게 된다. 예를 들면, 막부 말기의 안세이安政(1854~1860)시대에 에도江戶에서 대지진이 일어났을 때, 오늘날 〈메기그림[鯰繪]〉[4]이라고 불리는 채색목판인쇄물이 대량으로 에도 시중에 나돌았다. 깊은 땅속에 있던 거대한 메기가 지진을 일으키는 것이라고 하는 당시의 민간신앙(오늘날에는 「미신」으로 여긴다)에 근거하는 것으로, 사람들은 그 그림을 지진으로부터 몸을 보호하는 부적으로써 안심하거나, 그 그림에 첨부

3 川村邦光, 『幻視する近代空間』(青弓社, 1990) 참고.
4 역주 : 1855년 에도(지금의 도쿄) 대지진을 계기로 시중에 대량으로 유통되던 괴물 메기를 그린 판화. 지하의 거대한 메기가 지진을 일으킨다는 민간신앙을 바탕으로 지진으로부터 보호받는 부적으로 인기를 모았다. 메기는 파괴자임과 동시에 새로운 세상을 만들어내는 구제자로 묘사되었다.

된 사회의 모순을 비판하는 글을 읽기도 하고, 그림을 통하여 새로운 세상의 도래를 예감하기도 했다. 이러한 욕구는 지진 메기의 신앙을 부정한다 해도 욕구 그 자체를 부정하는 것은 아니어서, 새로운 상황에 대응하는 형태로 다른 상징물이 나타난다고 해도 좋을 것이다.[5]

이러한 '요괴학'을 구상하고 있었던 사람은 민속학자 야나기타 구니오柳田國男(1875~1962)[6]였다. 그리고 그 야나기타의 '요괴학'의 연장 위에 활발하지는 않았지만, 이후의 요괴연구가 꾸준히 전개되어 왔다. 그리고 나의 연구도 이러한 흐름의 가운데 위치하고 있다고 할 수 있다.

야나기타의 요괴학

위에서 살펴본 바와 같이 야나기타는 이노우에 엔료井上円了의 '요괴학'에 대항하는 입장에서 그와는 다른 요괴연구를 제창했다. 그러나 야나기타의 요괴연구에 대한 관심은 이노우에의 연구에 대한 단순한 반발은 아니었다. 그가 요괴연구에 관심을 지니게 된 직접적인 계기는 풍속사가風俗史家인 에마 쓰토무江馬務(1884~1979)가 『일본 요괴 헨게[7] 역사』[8]를 간행한 것이었다. 에마의 저작은 작은 책이었지만, 일본의 설화나 두루마리 그림, 도표 등에 그려진 요괴를 역사적으로 검토하여, 그 분류나 속성을 해명하려고 한 최초의 시도였다. 실제로 이 책이 간행된 이후, 야나기타는 요괴연구에 정력적으로 힘을 쏟았다. 이노우에나 에마의 작업에 자극도 받고, 그것에 불만도 느껴, 민속학적 측면에서 요괴연구의 필요성을 느꼈던 것이라고 생각한다.

---

5 コルネリウス・アウエハント 著, 小松和彦・中澤新一 他 譯, 『鯰繪』(せりか書房, 1979).

6 역주 : 일본민속학의 수립자로, 도쿄대학 정치과를 졸업한 후 농상무성에 근무하며 문학에도 관심을 가지고 문인들과 교류하며 서정시를 쓰기도 했다. 관직을 그만둔 후에 신문사 논설위원으로 활동하다가 민속학에 전념하며 현지조사와 이론의 체계를 세웠다.

7 역주 : '變化'를 헨카라고 음독할 때는 '변화하다, 바뀌다'라는 뜻이지만, 헨게라고 음독할 경우에는 모양이 바뀌어 다른 것으로 나타남, 신이나 부처가 인간의 모습으로 나타난 것, 혹은 동물 등이 모습을 바꾸어 나타난 요괴적인 존재라는 뜻으로 쓰인다.

8 江馬務, 『日本妖怪變化史』(中外出版, 1923, 再版 : 中公文庫, 1976).

일본의 요괴학 연구

야나기타는 이노우에와 같이 '요괴학'이라는 용어를 빈번히 사용하고 있다. 그러나 그는 그것을 독립한 학문이라고는 생각하지 않고, 민속학의 한 분야로서 위치를 부여했다. 이는 그가 발견하여 학문의 대상으로 삼은 '민속사회'* 그 자체가 근대화에 의하여 부정되고 있던 사회였기 때문이었다. 당시 사회는 요괴를 믿고 있었으며, 그에 관한 전승을 풍부하게 지니고 있었다. 따라서 야나기타는 요괴에 대한 연구의 필요성을 통감하고 있었다. 원래 야나기타의 민속학에 있어서 요괴연구는 그다지 중요시되지 않았으나 주요한 성과로서 「요괴담의」[9] 이외에는 「유령사상의 변천」[10]·「너구리와 귀신학(Demonology)」[11] 뿐 아니라, 「무녀고」[12]·「애꾸눈 괴물 기타」[13]를 비롯하여 많은 민간신앙·전설·민담 등에 관한 저작이 요괴와 관계되는 연구이며, 견해에 따라서는 야나기타의 민속학은 요괴연구와 밀접한 관계를 가진 내용이라고 보아도 좋을 것이다.

야나기타는 요괴연구에 다음과 같은 3가지를 강조했다.

> 첫째, 전국 각지의 요괴종목(종류)을 채집하고 그 분포를 파악한다.
> 둘째, 요괴와 유령을 구별한다.
> 셋째, 요괴의 발생을 신에 대한 신앙의 쇠퇴로 간주하는 관점에서 요괴를 설명한다.

이 중의 첫째 사항은 요괴연구의 기초작업으로 오늘날에도 중요하게 여겨지고 있지만, 둘째와 셋째는 그 후의 연구가 진전됨에 따라서 여러 가지 이론이 제기되었다.

야나기타는 요괴와 유령을 다음과 같이 구별한다. 요괴 즉 오바케[14]는 출현하는 장소가 정해져 있지만, 유령은 아무데서나 나타

* 그는 처음에는 '민속'이라고 하는 용어를 싫어하여, '향토'라든가 '민간전승'이라는 용어로 표현하려고 하였다.

9 柳田國男, 「妖怪談義」, 『定本柳田國男集』 第4卷(筑摩書房, 1968).
10 柳田國男, 「幽靈思想の變遷」, 『定本柳田國男集』 第15卷(筑摩書房, 1969).
11 柳田國男, 「狸とデモノロジィ」, 『定本柳田國男集』 第22卷(筑摩書房, 1970).
12 柳田國男, 「巫女考」, 『定本柳田國男集』 第9卷(筑摩書房, 1969).
13 柳田國男, 「一目小僧その他」, 『定本柳田國男集』 第5卷(筑摩書房, 1968).
14 역주 : 오바케(お化け)란 바게모노(化物), 헨게, 요괴, 기괴한 것 등 무언가 모양이 변하여 된 정체를 잘 알 수 없는 것을 통칭하는 말이다.

〈그림 2〉 가마를 메고 가는 요
괴 『이노 물괴록』에서

15 平田篤胤, 「稲生物怪錄」,
『新修平田篤胤全集』第9卷(名
著出版, 1976).

난다. 요괴는 상대를 가려서 나타나지만, 유령은 특정한 사람에게
만 나타난다. 요괴가 출현하는 시각이 저녁이나 밤 혹은 새벽녘의
어슴푸레한 시간인 것과 달리, 유령은 한밤중인 '축시丑時' 즉 밤
2시경에 나타난다. 이 분류는 그 후의 요괴·유령연구의 지표가
되었다.

그러나 이 분류는 요괴와 유령의 차이를 구별하고자 할 때의 지
표가 되기는 해도, 구체적인 사례를 검토하면 이에 맞지 않는 경우
가 많은 것을 알 수 있다. 예를 들면, 소위 「오바케 저택」에 출현
하는 '요괴'를 보면, 1749년의 사건을 기록했다고 하는 『이노오稻
生 물괴록』[15]에 묘사된 것과 같이, 거의 매일 저녁 잇달아 다양한
'요괴'들이 나타난다. 이 '요괴'는 원한을 품고 죽었기에 "원망스
럽다"라고 신음하며 나타나는 전형적인 유령이 아니다. 이 사례에
서 보아도 요괴의 출몰 시각이 '어슴푸레한 시간'에 한정되지 않는
다. 또한 같은 「오바케 저택」에도 이 집에 살던 집주인 유령이 현

재 그 집에서 살고 있을 뿐, 아무런 인연도 없는 사람 앞에 나타나기도 한다. 이 경우는 유령으로서는 출현하는 장소가 정해져 있으며, 상대를 가리지 않고 나타나는 셈이다.

야나기타의 연구를 발전시키고자 한 연구자도 요괴와 유령을 구별하려고 하였으나, 야나기타의 분류에 맞지 않는 사례가 많은데 곤혹스러워 하고 있다. 예를 들면, 이케다 미사부로池田弥三郎는 『일본의 유령』[16]에서 많은 예외가 있음을 지적하면서, 요괴・유령의 부류를 특정한 장소에 나오는 요괴, 사람을 목표로 하는 유령, 어떤 집안에 씌는 원령 등 세 가지의 카테고리로 나누고 있다. 스와하루오諏訪春雄는 보다 신중하게 "원래 인간이었던 것이 죽은 후에 인간의 속성을 갖추고 출현하는 것을 유령, 인간 이외의 물건, 또는 사람이 사람 이외의 형태를 띠고 나타나는 것을 요괴라고 생각한다."[17]고 하였다.

'유령'에 대해서는 스와의 정의가 현재까지 가장 타당하다고 생

16 池田彌三郎, 『日本の幽靈』
(中公文庫, 1974).
17 諏訪春雄, 『日本の幽靈』
(岩波新書, 1988).

각된다. 그러나 '유령'을 제외한 그 밖의 '신앙성을 잃고 인간에게 악의를 지니게 된 신령'을 '요괴'로 하는 견해에 대하여, 나는 달리 생각하고 있다. 왜냐하면 '유령'과 '요괴'를 분리·대립시켜서 정의했을 때, 그 상위개념 즉 '유령'과 '요괴'의 쌍방을 감싼 카테고리를 지시하는 명칭이 발견되지 않기 때문이다. 확실히, '오바케'라는 단어는 둔갑하는 것이라는 뜻이다. 둔갑한 것, 즉 '바케모노'[18]를 두려워하는 데서 생긴 단어지만, 실제로는 '오바케'라고 말하면서 '유령'을 의미하는 경우가 많다. 그러한 점을 근거로 하여, 나는 '요괴'를 '유령'과 같은 차원의 다른 카테고리라고 생각하지 않고, 그 양자를 감싼 또 하나 상위의 개념으로 규정하려고 한다. 이런 차원에서의 '요괴'(제사 받지 않는 신령)에 대치되는 개념 또는 카테고리는 '신'(제사 받는 신)과 '살아 있는 인간'이다. '유령'이란 이러한 의미에서 '요괴'의 하위개념이라고 할 수 있는 것이다. 이렇게 말하면, '유령'의 상위개념으로서 '요괴'라는 용어를 사용하면, '유령'과 대치되는 '요괴'를 어떻게 표현해야 하는가라는 문제가 생긴다. 나는 '둔갑한다'는 특징에 주목하여 '바케모노'라는 용어를 쓰는 것이 좋지 않을까라고 생각하고 있지만, 과연 타당한 것인지 또는 스와의 설을 택하여, 상위개념인 '요괴'라는 용어를 다른 용어로 대체함이 좋을 것인지 이 점에 대해서는 본론에서 좀더 상세하게 논의하였다.

야나기타가 요괴이론의 셋째 특징으로서 제시한 '요괴의 발생을 신에 대한 신앙의 쇠퇴'라는 관점에서 요괴를 설명하는 가설에는 문제가 많다. 이 점도 본론에서 검토하고 있지만 여기에서는 요점만 제시한다.

야나기타는 일본인의 신앙의 역사를 근거로 하면서, '신이 영락한 존재가 곧 요괴'라고 하며, '갓파河童'[19]를 예로 들면서 네 가지

18 역주 : 한자로는 '化物' 혹은 '化け物'이라 표기하며, 무언가가 괴이한 모습으로 변화한 존재라는 뜻으로 요괴, 오바케(御物), 헨게(變化)와 유사한 개념으로 쓰인다.

19 역주 : 갓파는 상상의 동물로 물과 뭍에서 살며 모양은 4,5세 어린이 같고 얼굴은 호랑이, 입은 뾰족하고 몸통은 비늘이나 껍질로 덮였으며, 정수리가 오목하여 물이 고여 있다고 한다. 물속에 있을 때는 힘이 세어 다른 동물을 물속으로 끌어들여 피를 빤다고 한다.

단계로 구분한다. 제1단계는 인간이 한결같이 신을 믿고 두려워 하여, 신이 나타나면 도망친다고 하는 단계이다. 물의 신인 갓파가 인간 앞에 나타나서 씨름을 청하면 인간은 도망쳐버리고 만다. 그 결과 갓파가 나타났던 장소는 갓파가 지배하는 땅이 된다. 제2단 계는 신에 대한 신앙을 반신반의하던 시대로, 갓파를 물의 신으로 서 신앙하는 기분이 아직 남아 있기는 하지만, 그 힘을 의심하는 기분이 생기는 시기이다. 이 시기는 갓파가 신으로부터 요괴로 변화되는 과도기라고 할 수 있다. 제3단계는 갓파를 신으로서 믿지 않게 되고, 지혜있는 사람이나 힘이 센 사람이 갓파와 대결하고, 갓파를 퇴치해 버리는 시대이다. 갓파가 완전한 요괴가 되어버린 셈이며, 이 시기를 현대(1910년대부터 1920년대)라고 한다. 그리고 제4 단계는 우둔한 사람이 갓파에게 속임을 당하는 정도가 되거나, 급 기야 화제에 오르지도 않는 시대가 오리라고 예상하고 있다. 그 시대가 오늘날 우리들의 시대라고 할 수 있다.

이 가설의 큰 문제점은 일본의 신앙 전체의 역사가 번영으로부 터 쇠퇴로 단계적으로 변화되고 있다는 것, 각각의 요괴의 역사도 역시 번영으로부터 쇠퇴로 향하고 있다는 것, 각 시대에는 그 시대 나름의 신이나 요괴가 있다는 것을 분명히 파악하여 구별하지 않 은 채 논하고 있기 때문에 나타나는 논리적 한계라고 생각된다.

우선 일본의 신앙 전체의 역사가 번영으로부터 쇠퇴로 변화되고 있다는 견해는 옳은 지적일 것이다. 1,000년 전 한 개인의 신앙심 과 현대의 개인의 신앙심을 비교하면 분명히 현대인 쪽이 신앙심 은 적다고 말할 수 있다. 현대에도 신앙심이 두터운 사람이 많지 만, 1,000년 전과 비교하면 비율이 줄어들고 있음을 알 수 있다. 우리들 현대인의 일상생활에서 신이나 부처와 관계되는 부분은 크 게 감소되어 있다. 그러나 이 신앙 쇠퇴사를 통하여, 신이 요괴로 영락했다고 하는 것은 옳지 않다. 신앙의 쇠퇴란 신에 관한 신앙의 저하와 그것에 대치되는 요괴에 대한 신앙의 저하가 동시에 일어나고 있다는 것이다. 즉, 시대가 흐름에 따라서 신앙되는 신이 감소하고 반대로 요괴가 증가한 것은 아니고, 신도 요괴도 그 활동 영역이 좁아진 것이다. 바꾸어 말하자면, 시대를 거슬러 오르면 거슬러 올라간 만큼, 신이나 요괴의 활동 영역은 함께 확대해 가게 된다. 당연한 것이지만, 고대에는 고대 나름대로의 많은 요괴가 활동하고 있었던 셈이다. 단, 여기에서 말하는 '많은'이란 요괴의 종류가 많다는 것이 아니라, 요괴의 소행으로 여기는 사항이 많다는 것을 뜻한다.

일본의 요괴의 역사를 거슬러가 보면, 고대에 세력을 휘두른 요괴, 중세에 세력을 휘두른 요괴, 근세에 세력을 휘두른 요괴 등등 시대에 따라 요괴에게도 성쇠가 있다. 예를 들면, 덴구天狗[20]의 성쇠사, 오니鬼[21]의 성쇠사, 유령의 성쇠사, 갓파의 성쇠사, 입이 찢어진 여자□裂け女[22]의 성쇠사 등을 개별적으로 써낼 수 있지만, 이것은 신앙의 성쇠사와는 직접적인 관계는 없다. 실제로 신앙 성쇠사의 최첨단에 위치하는 현대에도 유령은 여전히 활약하고 있는 것이다. 즉 중세에 세력을 자랑하던 덴구들이 근세에 들어서서는 이야깃거리에서 밀려나게 되지만, 한편 중세에는 보이지 않던 갓파가 농촌을 중심으로 세력을 확장하였다고 할 수 있다.

나아가 요괴 하나하나의 개체의 역사라는 측면에서 그 성쇠나 속성의 변화를 인정할 수 있다. 즉, 사람들에게 해를 주는 요괴가 잘 모셔짐으로써 사람들에게 번영을 초래하는 신으로 남기도 하고 추방·퇴치되기도 한다. 요괴의 개별사라고도 할 수 있는 개체사의 수준에서도 요괴는 신이 영락한 존재라는 가설이 부분적으로는 수긍되지만 전체적으로는 수긍되지 못한다.

야나기타의 요괴연구 이후의 요괴연구는 이러한 야나기타의 가설을 의식하면서 그 연장선 위에 논의가 전개되었다. 그 가설에 대하여는 언급하지 않고, 야나기타가 구체적으로 전개하지 않은 요괴의 실태를 밝히거나, 그 가설을 음미하거나 비판함으로 새로운 요괴연구의 가능성을 추구하는 형태로 전개되었다. 일본의 요괴의 본질과 역사, 그 분포를 규명하려는 '요괴학자'가 오늘날의 관점에서 보면 여러 가지 문제점을 지적할 수 있지만, 야나기타의 '요괴학'은 요괴연구의 출발점이 된 것은 사실이다.

야나기타 이후의 요괴학

야나기타가 오랜 기간에 걸쳐서 발표한 요괴관계의 논문을 집성한 「요괴담의妖怪談義」는 1956년에 간행되었다. 그동안 일본 요괴의 역사와 본질을 탐구하는 요괴학의 동향은 어떻게 전개되었는가. 주요한 연구성과를 나의 관심을 바탕으로 간단히 정리해보면 다음과 같다.

야나기타의 연구 이후, 요괴문화의 연구는 오랫동안 저조한 시대가 계속되었다. 아베 가즈에阿部主計의 『요괴학 입문』[23]이나 아베 마사미치阿部正路의 『일본의 요괴들』[24], 곤노 엔스케今野圓輔의 『괴담』[25] 등, 일본의 설화나 예능, 민간전승에 드러난 요괴를 소개·해설하는 저서가 있었지만, 요괴연구를 크게 진전시키는 내용은 아니었다. 그러나 요괴연구라는 목적을 전면에 내세우지는 않았지만, 최근에 몇 가지 주목해야 할 요괴연구성과가 간행되어 있다. 그 하나는 이시즈카 다카토시石塚尊俊의 『일본의 빙물憑物』[26]이다. 이것은 '오사키'·'구다'·'이누가미'라고 하는 사람에게 덮어

23 阿部主計, 『妖怪學入門』 (雄山閣, 1966).
24 阿部正路, 『日本の妖怪たち』(東京書籍, 1981).
25 今野圓輔, 『怪談』(社會思想社, 1957).
26 石塚尊俊, 『日本の憑きもの』(未來社, 1959).

씌어 병이나 죽음에 이르게 한다는 요괴동물, 소위 '빙물'의 분포와 속성, 사회적 기능, 역사에 이르기까지 다각적·종합적으로 논한 것으로, 민속사회 가운데 살아 있는 요괴동물의 실태를 매우 자세하게 해명하고 있다. 나의 요괴연구의 출발점이 된『빙령신앙론憑靈信仰論』[27]도 이 이시즈카의 연구에 자극을 받아서 나온 것이었다.

이보다 조금 늦게 일본의 역사와 원령계怨靈系의 요괴·요이妖異의 놀랄만한 관계를 밝힌 다니카와 겐이치谷川健一의 독자적인 민속학연구가 발표되었다. 『마魔의 계보』[28]는 그 대표작으로 "보편적인 발전의 법칙에 따르고 있는 일본역사의 뒷편에 또 하나의 지극히 기괴한 역사가 있다. 그것은 사자死者의 마가 지배하는 역사이다. …(중략)… 그 마의 전승 역사를 제외한 채 나는 일본의 역사를 이야기할 수 없다고 생각한다."고 말하고 있다. 이 연구는 역사에 있어서의 약자나 패자가 죽음을 계기로 원령이 되어서 강자·승자를 공격한다(고 믿을 수 있었다)는 전승의 역사를 생각나게 한다. 내가 이 작업으로부터 받은 충격은 대단히 컸다. 요괴(원령=패자)가 살아 있는 인간(승자)을 지배하고 있다. 일본의 역사 형성에는 이러한 원령이 중대한 역할을 담당하고 있다. 원령은 역할을 다하기 위해서 '지벌[祟]'이라든가 '저주[呪]'라는 신비적 방법을 이용했다. 이러한 지적은 나의 그때까지의 역사관을 크게 변화시켰고, 요괴의 역사가 인간의 역사와 불가분한 관계에 있다고 생각하는 나의 요괴연구의 기초가 된 것이다. 다니카와는 이밖에도 광산鑛山문화와 귀신이나 애꾸눈 괴물 등의 요괴를 논한『청동의 신의 발자국』[29]이나『대장간의 어머니』[30] 등의 업적을 남겼다.

민속사회의 조사에 근거하는 연구는 많지 않지만, 특정한 지역에 있어서의 요괴의 전승 실태를 보고한 이노쿠치 쇼지井之口章次의

27 小松和彦, 『憑靈信仰論』(傳統と現代社, 1982, 再版 : 講談社學術文庫, 1994).
28 谷川健一, 『魔の系譜』(紀伊國屋書店, 1971, 再版 : 講談社學術文庫, 1984).
29 谷川健一, 『靑銅の神の足跡』(集英社, 1989).
30 谷川健一, 『鍛冶屋の母』(思索社, 1979, 再版 : 講談社學術文庫, 1985).

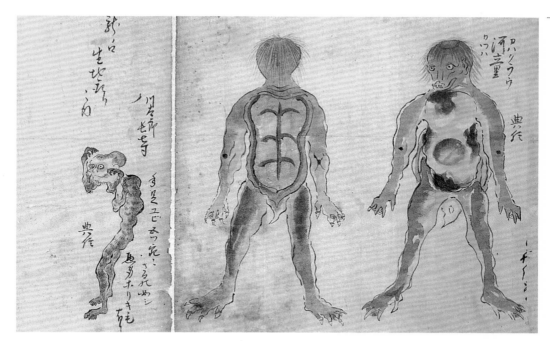

〈그림 3〉 물가에 살면서 사람이
나 가축을 홀린다는 갓파

논문 「요괴의 지역성」[31]이나, 시코쿠四国지방의 노쓰고野っこ[32]라는, 요괴를 민속자료와 문헌사료로 해명하고자 한 사쿠라이 도쿠타로桜井德太郎의 『민간신앙』,[33] 갓파의 민간전승을 자세하게 정리·분석한 이시카와 준이치로石川純一郎의 『갓파의 세계』[34] 등이 주목을 끈다.

　문학의 분야에서 요괴연구로 주목받은 작품은 바바 아키코馬場あき子의 『귀신의 연구』[35]로, 설화 문학이나 요쿄쿠謠曲[36]의 작품을 분석하여 억압된 인간의 정념(원령)이 귀신이 되는 과정을 밝히고 있다. 오니를 다룬 문학·예능으로부터 인간이 품고 있는 마음의 굴곡을 파헤쳐 그 '어둠'의 내면을 분석한 이 작품은 다니카와가 난폭한 인간의 마음속으로부터 태어나는 요괴의 역사를 연구했던 것과는 대조적으로, 인간의 약하고 섬세한 마음속으로부터 생성되는

31　井之口章次, 「妖怪の地域
性」, 『日本の俗信』(弘文堂, 1975).
32　역주 : 시코쿠지방에서 밤
길을 가는 사람이나 마소에게
빙의하여 걷지 못하게 한다는
요괴
33　櫻井德太郎, 『民間信仰』
(塙書房, 1966).
34　石川純一郎, 『河童の世界』
(時事通信社, 1974).
35　馬場あき子, 『鬼の研究』(三
一書房, 1971, 再版 : ちくま文
庫, 1989); 谷川健一, 『鍛冶屋
の母』(思索社, 1979, 再版 : 講
談社學術文庫, 1985).
36　역주 : 가면무극인 노(能)
의 내용을 서사적인 방식으로
노래하는 사장(詞章)

37 역주 : 오니를 흉내내어 재물을 빼앗고 부녀자를 약탈한 강도. 오에야마와 이부키야마에 살았는데, 미나모토노 라이코(源賴光)와 그의 측근인 이른바 사천왕에게 퇴치당했다.
38 佐竹昭廣, 『酒呑童子異聞』(平凡社, 1977, 再版 : 岩波同時代ライブラリー, 1992).
39 たとえば 藤澤衛彦, 『日本傳說全集(全8卷)』(三笠書房, 1953).

요괴를 그리고 있다. 요즈음은 오니를 다룬 문학이나 예능, 미술 등에 관한 기초자료가 많이 소개되어 있지만, 오랫동안 오니에 대한 체계적인 연구는 『귀신의 연구』뿐이었다. 국문학의 분야에서의 귀신의 연구로서 중요한 업적은 사타케 아키히로佐竹昭広의 『술꾼동자酒呑童子[37]의 진기한 이야기』[38]이다. 더욱이 오니의 대명사가 되어 있는 술꾼동자전설을 이야기, 두루마리 그림 등 여러 책을 단서로 하여, 그 성립 과정을 고찰한 사타케는, 술꾼동자는 '버림받은 기형적인 동자'라는 새로운 해석을 시도하였다.

빼놓을 수 없는 성과로는 후지사와 모리히코藤沢衛彦가 폭넓은 시점으로 전개한 일련의 전설연구[39]가 있는데, 요괴전설이나 두루마리 그림 가운데서 많은 자료를 발굴하여 정리하였다. 그의 연구성과는 오늘날에는 그다지 주목받지 못하지만, 에마 쓰토무의 『일본 요괴 헨게 역사』의 연장선상에 위치하는 것으로 파악된다.

이렇게 정리하고 보면 야나기타 이후에도 요괴연구는 왕성했다고 생각될 지도 모른다. 그러나 이러한 정리는 오늘날의 관점에서, 그것도 요괴연구에 관심을 가진 자신의 입장에서 시도한 정리이며, 이런 연구는 '요괴학'이라든가 '요괴연구'라는 형태를 취한 것이 아니었다. 아마 연구성과물이 '요괴학'이라든가 '요괴연구'라고 하는 제목을 전면에 내세우면, 그 내용이 아무리 좋은 것이어도, 의심스러운 책, 사람의 호기심을 자극하여 돈을 버는 데만 목적을 둔 책으로 여겨졌을지 모른다. '요괴=미신=현대인에게는 필요 없는 것'이라는 분위기가 때마침 고도경제성장기를 맞이한 당시의 일본에 만연되어 있었다. 실제로 우리들의 현실세계에서 본론의 제1부에서 논하고 있는 '어둠'이나 '요괴'가 소멸해 간 것은 바로 이 고도경제성장기였다.

그러나 1980년대에 들어서자 이러한 사정이 크게 바뀌었다. 사람들 사이에 요괴에 대한 관심이 생겨난 것이다. 우리들 '요괴학자'의 연구성과가 관심을 촉진시킨 것인가, 아니면 지금까지 요괴를 배제·박멸하는 운동에 적극적이던 서민이 그 소멸 직전에 요괴문화에 대하여 향수를 느끼게 된 것인가, 아니면, 그것과는 다른 현대사회·문화에 그 어떤 사정이 있었던 것인가. 아무튼 이 시기부터 일반인들 사이에 요괴에 대한 관심이 부쩍 높아졌다. 때마침 그러한 시기에 간행된 것이 미야타 노보루宮田登의 『요괴의 민속학』[40]이었다.

40 宮田登, 『妖怪の民俗學』(岩波書店, 1985, 再版：岩波同時代ライブラリー, 1990).

미야타는 이 저서에서 야나기타의 요괴학을 존중하면서도 그 틀을 넘어서서 전근대 도시의 요괴를 비롯하여 현대의 실생활이나 픽션세계의 요괴까지 범위를 넓혀서 요괴를 논하고 있다. "우리들의 현실적인 일상생활에는 불가사의한 세계가 살아남아 있으며, 그것이 현실에 기능하며, 그리고 그 어떤 의미를 일상생활의 안에 반영하고 있다."라고 주장하며, 요괴가 먼 과거의 세계나 멸망해 가는 농촌세계뿐만 아니라, 현대인의 생활과도 상통하는 문제를 내포하고 있음을 설파했다.

흥미 깊은 것은 미야타가 여성에게서 특별한 영적 능력을 찾아내던 일본의 전통적 사고의 연장선 위에서, 현대 요괴담의 이야기꾼으로서의 여성들을 현대도시의 안에서 찾아내고 있다는 점이다. 그는 저서의 의도를 다음과 같이 말한다. "우리들은 민속자료가 도시에서 점차로 소멸해 가는 현상을 자주 지적하고 있다. 그러나 이런 현상을 하나의 경향으로 본다면, 민속은 재생산되어 가는 것이기 때문에, 여우나 너구리의 소행이라고 말하는 요괴 헨게의 구체적인 모습은 현대적인 형태로 바뀌며 동시에 젊은 여성의 입을 통하여 다양한 형태로 확대 발전해 갈 것이다. 오늘날 도시

<그림 4> 무사에게 퇴치되는 술
꾼동자

에 살며 활달하게 생활하는 젊은 여성들이 요괴들을 현실화시키는 존재라고 하는 것을 꼼꼼하게 논증하는 것이 이 책의 목적의 한 가지인 것이다."

농촌지역에 전승되던 요괴는 도시화의 물결과 함께 소멸되어 갔다. 그러한 지역에서는 과소화過疎化에 의해 전통적인 요괴담을 들을 사람을 잃었을 뿐만 아니라, 후계자를 찾을 수도 없고 이야기꾼도 감소해 갔다. 그러나 인구가 증대하는 현대도시에서는 요괴를 부정하는 과학적 주장을 납득하면서도 현대도시에 어울리는 요괴담을 생산하여 이야기하고 퍼뜨리는 젊은 여성들이 있다. 그녀들이 있는 한 요괴는 계속 살아갈 것이라고 하였다. 왜 그녀들

일본의 요괴학 연구

이 요괴담을 들려주고 싶어하는가. 이것이야말로 현대요괴학에 부과된 큰 과제의 하나이다.

그러나 실제로 현대 도시사회에 있어서 요괴담의 이야기꾼은 젊은 여성들뿐만이 아니었다. 학교에 다니는 어린이들도 좋은 이야기꾼이자 청자였다. 이런 사실을 풍부한 채집 자료를 통해서 밝힌 것이 마쓰타니 미요코松谷みょ子의 『학교』[41] 혹은 쓰네미쓰 도오루常光徹의 『학교의 괴담』[42]이었다.

현대의 요괴들에게 학교는 기분 좋고 신나는 모임의 공간이 되는 것 같다. 놀라울 정도로 다채로운 요괴류가 학교공간의 이 구석 저 구석에서 살고 있으며, 비좁다는 듯이 여기저기서 웅성대고

41 松谷みょ子, 『學校(『現代民話考・第II期II』)』(立風書房, 1987).
42 常光徹, 『學校の怪談』(ミネルヴァ書房, 1993); 참고 : 김종대 역, 『일본의 도시괴담』(다른세상, 2002).

있다. 요괴가 일으켰다는 괴이현상은 불가사의를 바라며 기다리는 아이들 사이에 소문으로 삽시간에 재생산되고, 여러 가지 형태로 퍼져나가면서, 학교에 호기심과 공포로 가득 찬 파문을 일으킨다. 이러한 괴이에 민감한 상황은 정도의 차이가 있기는 하지만, 초등학생은 물론 유치원생으로부터 대학생까지도 휩싸이는 현상으로서 오늘날도 일어나고 있는 일이다. 게다가 최근 요괴의 동료는 나날이 증식되는 경향이 보이고, 신종의 요괴가 화제에 오르는 것도 드문 일이 아니다(『학교의 괴담』).

젊은 여성이나 아이들은 '미신'에 물들기 쉬운 성격을 가지고 있기 때문에 그들을 찾아가서 요괴 박멸을 계속하려는 이노우에 엔료井上円了의 뒤를 잇는 요괴학자가 있어도 좋을 것 같다. 그러나 최근 100년 사이에 축적된, 요괴연구를 통해서 밝혀진 것은, 아이들뿐만 아니라 어른들마저도 불가사의나 요괴의 출현을 무서워하면서도 기대하며 기다리고 있다는 것이다. 그것은 인간의 정신활동의 중요한 일부분을 구성하고 있는 것이다. 아무리 부정해도 잇달아 새로운 요괴가 등장한다. 사회의 내부나 현대인의 마음 속에 공포나 불안을 야기하는 것이 있는 한, '어둠'이 있는 한, 요괴는 소문의 형태로, 혹은 픽션 가운데서 요괴들은 모습을 달리 하여 새롭게 태어난다. 그 매개자·애호자는 젊은 여성이나 아이들인 셈이다. 그들은 그 민감한 감수성으로 사회의 부조화나 왜곡, 질서의 혼란 등을 요괴를 통해서 설명한다고도 말할 수 있다.

요괴학이라고 할까, 일본의 요괴문화는 최근 전혀 새로운 시대에 들어간 것처럼 보인다. 많은 사람들이 최근 10년 사이에 요괴에게 큰 관심을 가지기 시작하여, 상당한 수의 요괴연구서나 요괴그림, 해설서 등이 간행되기 시작했기 때문이다. 간행물의 내용은 분명히 말해서 옥석이 뒤섞여 있다. 그러나 이러한 요괴 붐의 도

래는 치밀하고 논리적인 요괴연구가 기대되고 있다는 의미이기도
하다. 거기에 대응할 수 있는 '새로운 요괴학'이 구축되지 않으면
안 된다.

애초부터 이 책은 이러한 상황에 충분히 대응되는 내용으로 쓰
인 것은 아니다. 오히려 그 전제가 되는 기초적인 사항을 개관하
고 있음에 지나지 않는다. 제1부에서 민중의 요괴신앙을 유지해
온 '어둠'에 초점을 맞춰서 일상생활 가운데 나타나는 요괴 본연의
모습을 살펴보고, 제2부에서는 일본의 요괴신앙의 기본적 특징을
고찰함에 머물렀다. 그러나 나는 이 책을 통하여 '요괴'가 일본인
의 정신구조를 파악하는데 중요한 연구영역이 되며, 의아한 학문
이라는 이미지로 인식되는 '요괴학'이 실제로는 '인간학'을 이해하
는데 기본이 되는 학문으로 다시 태어나야 한다는 점을 진지하게
논하고 싶다.

1. 요괴란 무엇인가

공포 · 공간 · 요괴

인간은 다양한 것에 공포를 느낀다. 왜 공포를 느끼는 것일까. 말할 필요도 없이 공포의 대상이 자신이나 가족이나 자신이 속해 있는 집단을 파괴하거나, 사멸시킬지도 모른다고 생각하기 때문이다. 지리학자인 이푸 투안은『공포의 박물지』에서 문명사적 관점에서 이 문제를 고찰하고 있다.

그는 '풍경'(경관)과 결부시켜서 공포를 이야기하고자 한다. "공포의 풍경. 귀에 익지 않는 말에 어리둥절하겠지만, 조금 생각해 본다면 다양한 공포의 이미지가 떠오를 것이다. 어렸을 때라면 어두움이 무섭고, 양친에게 버림받을지 모른다는 불안도 있었을 것이다. 익숙하지 않은 환경이나 상황에 놓이면 불안해진다. 사체를 보면 소름끼치고, 우연히 초자연현상을 만나면 엉겹결에 흠칫한다. 병, 전쟁, 자연 재해도 무섭다. 병원이나 형무소를 보면 기분이

1 역주 ; 이푸 투안(Yi-Fu Tuan, 段義孚, 1930년생 중국계 미국인)은 위스콘신대학의 지리학 교수이며 오늘날 인문지리학의 커다란 조류를 이루고 있는 '인문주의 지리학' 혹은 '현상학 지리학'의 제창자로 알려져 있다. 그가 대상으로 하는 공간 내지 환경은 사람들이 살아온 공간, 인간이라는 주체를 통하여 파악된 공간이다. 따라서 그는 감각, 감정, 사고 등의 3가지 경험을 중시한다.

안정되지 않고, 아무도 없는 도로, 혹은 인적이 없는 곳에서 강도에게 습격당할 걱정도 있다. 때로는 세계의 질서가 무너져버릴 것 같은 불안에 휩싸인 경험이 있을 것이다."[2]

또 투안은 공포란 "경계심과 불안이라는 분명히 구별되는 두 가지의 심리적 긴장이 서로 얽힌 감정"이며, 그것은 "마음 가운데 있지만, 병적인 경우를 제외하고, 공포를 낳는 객관적인 위험인자는 외부의 환경에 존재한다."라고 설명하면서, 다음과 같이 '공포의 풍경'의 본질을 지적한다.

> 공포의 풍경. 그것은 자연의 힘이나 인간의 힘으로 혼돈을 만들어 내는 힘이 무한히 큰 상태를 말한다. 혼돈을 만들어 내는 힘은 모든 곳에 존재하고, 그 힘을 막으려는 인간의 시도 또한 모든 곳에서 볼 수 있다. 어떤 의미로, 인간의 손으로 만들어지는 것은 물질적인 것이거나 정신적인 것이거나 모든 것이 공포의 풍경을 구성하는 요소가 된다고 해도 좋다. 왜냐하면, 인간이 만들어 낸 모든 것은 혼돈을 봉해버리기 위해 만든 것이기 때문이다.[3]

다시 말해서 인간을 둘러싸는 환경은 자연이거나 인공물이거나 간에, 공포 즉 '경계심과 불안'의 대상으로 변모할 가능성을 내포하고 있는 것이다. 그 공포심이 인간의 상상력을 동원해서 초월적 존재를 만들어 내고, 공동 환상이라는 문화를 만들어 내고 또한 전승시킨다. 공포에 결부된 초월적 현상·존재, 그것이 곧 '요괴'이다.

요괴는 모든 곳에 출몰할 가능성을 가지고 있다. '경계심과 불안'을 품게 하는 존재는 도처에 실재하고 있기 때문이다. 편안하고 한가로운 전원의 풍경 가운데도, 자신의 집 거실에도, 초근대적인

2 イーフー・トゥアン, 金利光 譯, 『恐怖の博物誌』(工作舍, 1991).
3 イーフー・トゥアン, 金利光 譯, 『恐怖の博物誌』(工作舍, 1991).

4 예를 들면 山口昌男, 『文化と兩義性』(岩波書店, 1975). イーフー・トゥアン, 山本浩 譯, 『空間の經驗』(ちくま學藝文庫, 1993) 등을 참조.

빌딩의 안에도, 요괴는 출몰할 수 있는 것이다. 특히 그 가운데에서도 요괴가 나올 것 같은 공간이 따로 있다. 이것은 인간이 넓디넓은 공간을 멋대로 분할하여, 안전한 공간과 위험한 공간으로 분류하고 있기 때문이다.

이와 같은 공간분류는 인류학자들의 조사보고가 말해주는 것처럼 자신을 중심으로 이루어진다. 이 공간의 분류·조직화는 복수의 원리에 의해 행지고 있다.[4] 첫 번째 원리는 원근에 의한 분류다. 공간적으로 가까이에 있는 것은 익숙해져 친숙함으로 안전하고, 먼 것은 그렇지 않으므로 불안해지게 된다. 두 번째 원리는 전방과 후방의 구별에 근거하는 분류로, 전방은 눈으로 직접 보고 판단을 할 수 있음에 대하여, 등 뒤쪽은 보고 확인할 수 없기 때문에 위험한 공간이 된다. 세 번째 원리는 위쪽과 아래쪽이라는 분류로, 위쪽이 바람직한 공간으로, 아래쪽이 바람직하지 못한 공간으로 인식된다. 이것은 위쪽이 태양의 햇살이 쏟아지는 밝은 공간인 것에 대하여, 아래쪽의 대지 아래는 어두운 공간이라는 것과도 관련된다. 그리고 네 번째 원리는 태양이 떠오르는 방향의 공간과 태양이 떨어지는 방향의 공간에서, 전자는 바람직한 공간, 후자는 바람직하지 못한 공간으로 여기는 경우가 많다. 그리고 나아가 다섯 번째 원리로서 신체의 오른쪽 공간과 왼쪽 공간으로 나누고, 오른쪽이 바람직한 공간으로 왼쪽을 그렇지 않은 공간으로 인식하는 경우이다. 이러한 분류 원리를 조합시켜서 공간을 조직화하고, 인간은 그 중심을 가장 안전한 공간으로 여기고 있는 셈이다.

말할 필요도 없이 여기에서 말하는 그 '중심'이란 자신의 신체이며, 자신의 집이며, 자신이 사는 마을이나 도시라고 할 수 있다. 사람들은 그 중심에서 가까운 곳을 선명하고도 세세한 부분까지 인식할 수 있지만, 물리적, 사회적 혹은 심리적으로 먼 곳에 있는 공간은 어둡고 애매해서 공허한 공간으로 결정짓고 있다. 그런 곳이 요괴들이 출몰하는 공간이었다. 그리고 밤이 되면, 옛날에는 대부분의 공간, 즉 난로의 주위 등 얼마 안 되는 공간을 제외하면 집안까지도 온통 어두움에 싸여버리는 것이다. 낮으로 분류되었던 공간은 밤의 어둠에 용해되어버려서 혼돈에 빠져버린다. 이 하루의 절반인 깊은 어둠의 밤이야말로, 낮의 밝음 때문에 주변으로 배제되고 갇혀 있었던 요괴들이 밀물처럼 찾아들어 이리저리 날뛰는 시간이었다.

불가사의 · 재액 · 요괴

요괴연구의 기본적 전제는 사람들이 '이상한 것, 이상한 일'이라고 생각하는 현상이 자기들의 생활 세계에 존재하고 있다는 것이다. 그러한 현상이 존재하지 않으면 신이나 요괴들도 사람들의 생활 세계 가운데 존재할 여지가 없다. 초월적 · 초자연적 존재나 초월적 능력을 지닌 존재를 상정하고, 그것에 의해서 그 이상한 현상을 설명하고자 할 때, 신이나 요괴가 발생된다.*

예를 들면, 어떤 가족이 잇달아 무서운 병에 걸려 죽어 갔다고 하자. 의사는 그 하나 하나에 이유를 들어 '위암' 때문이라든가, '심장병' 때문이라든가 라고 설명해줄 것이다. 이 설명에 납득하여 더 이상의 것을 포기해버리는 사람 앞에는 요괴현상이 나타나지 않는다. 요괴를 믿지 않는 사람은 '불가사의'라고 생각되는 현상이 있었다고 해도 자기들이 당장 이해하지 못한 것뿐이지, 그 어떤 합리적인 이유 때문에 생긴 일일 것이라고 생각하여, 그대로 방치하여 잊어버리고 만다. 바꾸어 말하자면, 한 사람 한 사람의 병에 대해서, 왜 병이 난 것인가, 왜 그 가족에게 잇달아 죽음이 찾아오는

* 후에 자세하게 설명하겠지만, 여기에서 말하는 '신'이란 사람들에게 제사를 받는 초월적 존재이며, '요괴'란 제사를 받지 못하는 초월적 존재이다.

것인가라는 의문을 품는 사람들이 그들의 죽음을 '불가사의'한 현상으로 느끼며 요괴와 관련짓는다고 할 수 있다. 즉 신이나 요괴는 '불가사의'를 설명하기 위해서 존재한다고 해도 좋을 것이다. 그리고 특별히 '재액·불행'을 설명할 때 요괴를 이용했다. 그리하여 여기에서는 요괴를 믿는 사람이 많았던 시대 혹은 요괴를 전제로 하여 이루어지는 관습이 많았던 시대, 즉 전근대 시대를 염두에 두면서 다음의 논의를 진척시키기로 한다.

솔직하게 말해서 '신'과 '요괴'의 구별은 쉽지 않다. 나는 우선 '신'이란 사람들이 모시며 섬기는 초월적 존재이며, '요괴'란 제사의 대상이 되지 않는 초월적 존재라고 구별하고 있다. 그러나 예를 들면, 오랫동안 제사의 대상이 되던 도소신道祖神[5]이 제사 지내는 사람이 없어져서, 제사를 받지 못하는 경우, 그 전의 제사를 모시던 사람의 친족에게 빙의하여 병이 들게 하고, 기도사의 기도 가운데 정체를 드러내며 "나를 제사하라."라고 병자의 입을 빌려서 말했을 때, 이 도소신을 '요괴' 또는 '요괴화한 신'이라고 불러도 좋은 것인가, 고민스러운 문제이다. 오히려, 병의 원인을 모르지만 그것은 초월적 존재에 의해 생기는 현상이라고 간주되고 있는 단계에 있는 도소신은 요괴라 할 수 있다. 도소신이 병의 원인이라고 정체가 밝혀진 단계에서는 '악신'이라든가 '지벌신'이라고는 표현할 수 있겠지만, '요괴'라고 표현하는 것은 문제라고 할 수도 있다.

이렇게 생각하고 보면 초월적 존재를 '신'으로서 제사를 받았던 존재와 제사를 받아본 적이 없는 존재로 구별하고, 전자는 사람에게 재액을 초래해도 요괴는 아니고, 후자가 사람들에게 재액을 초래하고 있을 경우에는 '요괴'로 인식한다고 할 수 있다.

이러한 문제를 생각할 때 참고가 되는 것이, 제2부에서 자세하게

5 역주 : 도로의 악령을 막아서 행인을 수호한다는 신이며, 길가나 마을의 경계 혹은 언덕에 돌로 남녀 한 쌍을 만들며 여행의 안전, 역병, 인연맺기, 성(性)의 신으로 신앙된다.

분석하는 고대 신화의 야마타노오로치八俣遠呂智와 야쓰노카미夜刀の神의 예이다. 야마타노오로치는 1년에 한 번씩 젊은 여성을 희생제물로 받고 그 대가로 지역을 지켜주며, 자신에게 제사를 지내는 사람들에게 축복을 내리던 초월적 존재이다. 그런 의미에서는 그 지역의 '토지의 신'으로서는 좋은 존재가 될 수 있지만, 본격적인 '신'이라고는 표현되지 않는다. 그런데, 이것과 같은 존재라고 말할 수 있으며, 퇴치·추방당하는 존재로서 여겨지는 야쓰노카미는 '신'이라고 표현되어, 퇴치당한 후의 잔당이 '신'으로서 제사를 받고 있는 것이다. 야마타노오로치는 '요괴'로, 야쓰노카미는 '나쁜 신'일까. 아니면 야마타노오로치의 쪽이 '나쁜 신'이며, 야쓰노카미 쪽이 '요괴'일까.

오에야마大江山에 본거지를 두고 수도인 교토京都에 출몰하여 사람을 납치해갔다는 유명한 오니인 술꾼동자도 '신'이라고 표현된다. 쓰다가 낡아 버려진 도구 따위가 오니로 변하여, 도구를 만들었던 사람이나 쓰는 사람에게 재액을 초래하는 존재도 '쓰쿠모신付喪神'[6]이라 불린다. 다시 말하여 '신'이라는 말은, 예전의 일본인에게는, 초월적 존재 곧 영령적 존재를 표현하는 말로서 쓰였다. 그리고 '요괴'라는 말은, 괴이한 존재 곧 불가사의한 현상을 뜻하는 근대 이후에 만들어진 말로서, '신'과 대비되는 개념을 가리키는 용어가 아니었던 것이다. 요컨대, 요괴도 '신'의 일종이었던 것이다. 즉 요괴라는 학술용어는 '신'의 부정적 측면을 분리시킨 개념으로서 쓰이고 있는 것이다.

요괴를 정의한다

나는 일찍이 '야마우바山姥'[7]을 논한 한 글에서 요괴의 정의를

6 역주 : 사람들이 쓰던 빗자루, 솥, 악기, 신발, 모자, 방망이 등의 집기에는 영력이 깃들어 있어서 함부로 버리면 초능력을 발휘하여 쓰던 사람에게 해코지를 한다고 하며 이런 존재를 쓰쿠모신이라 한다.

7 역주 : 깊은 산속에 살며 괴력을 발휘한다는 전설적인 여자. 야만바, 야마온나(山女), 기조(鬼女), 야마바바(山婆), 야마히메(山姫)라고도 한다. 대개 노파로 묘사되지만 때로는 젊은 여인으로 묘사되며, 많은 아이를 낳아 잘 기르는 모성애를 보이기도 하며, 사람들에게 찾아와 행운을 안겨주고 사라지기도 한다.

8 小松和彦, 『憑靈信仰論』(傳統と現代社, 1982, 再版 : 講談社學術文庫, 1994).
9 中村禎里, 『狸とその世界』(朝日新聞社, 1990).

시도해 본 적이 있다.[8] 또, 이 책의 제2부에서도 같은 주장을 하고 있다. 다시 말하여 앞에서 논한 인간에게 제사를 받는가 아니면 제사를 받지 못하는가를 지표로 설정하며, 초월적 존재 즉 영령적 존재를 '신'과 '요괴'로 연구의 필요상 구별할 수 있었다. 이 구별은 고정적인 것이 아니다. 즉 극단적인 표현을 하자면, 명명되어 있는 모든 존재에 영적인 능력을 인정하는 경향 즉, 애니미즘적 신앙이 있는 일본에서는, 명명된 모든 존재 즉 인간, 동물, 식물, 인공물 등은 '신'이 될 가능성과 '요괴'가 될 가능성을 동시에 지니고 있음을 지적했다. 다음은 이런 관계를 도식화한 것이다.

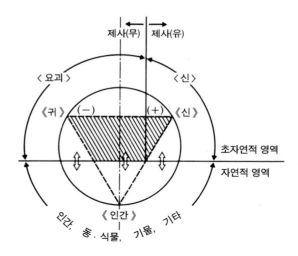

〈그림 5〉 신 · 요괴 · 인간의 관계개념도

나카무라 데이리中村禎里는 『너구리와 그 세계』에 있어서, 신과 요괴의 관계를 지금까지의 요괴연구를 바탕으로 다음과 같이 파악하였다.[9] 그는 매우 구체적으로 다방면에 걸쳐서 설명하고 있다. 상세한 것은 그 저서를 참고하도록 하고, 여기에서는 내가 특히 중요하다고 생각한 점을 몇 가지 소개하고자 한다. 우선, 관념상의 존재인 요괴는 관념상의 '역외域外' 즉 이역異域에 존재하며, 그 곳으로부터 인간세계를 왕래한다. 이 관념상의 역외는 공간과 시간의 2중의 형태를 지니고 나타난다. 하나는 모든 지역의 사이[間隙], 특별히 산 속의 어두운 골짜기이며, 또 하나는 시간적으로 과거이다. 요괴는 공간적 이역으로 추방되기도 하며, 과거로 추방되는가 하면, 때로는 그 두 가지가 동시에 나타난다.

다음에 나카무라는 내가 작성한 신과 요괴 사이의 변환 관계 도식(앞 페이지의 도표)을 발전시켜 귀신을 예로 들면서, 다음과 같은 그림으로 신과 요괴의 전화轉化의 관계를 설명한다.

나는 신이 요괴로, 요괴가 신으로 전화될 때, 플러스 속성을 발휘하는 경우와 마이너스 속성을 발휘하는 경우로 나누어, 신과 요괴를 2항관계로 설명한 셈이다. 그러나 나카무라는 신과 요괴의 중간점에 '귀신'이라는 항목을 설정하여, '신'과 '요괴'와 '귀신'의 3항관계로 설명하는데 특징이 있다. 이 도표에서는 퇴치되기 이전에 인간세계에 출현하고 있는 상태의 요괴를 귀신이라고 하고, 퇴치되어 추방된 귀신을 요괴라고 하였다. 이론적으로 말하면, '요괴 → 귀신 → 신 → 귀신 → 요괴'라고 하는 순환 구조를 가진다고 할 수 있다.

확실히 '귀신'의 항목을 추가하여 설명하면, 신과 요괴의 전화 관계는 훨씬 이해하기 쉬워진다. 예를 들면, 스사노오에 퇴치당하는 야마타노오로치는 퇴치될 때까지는 부정적으로 받아들여지기는 했지만 그 지역의 신이었다. 스사노오는 이 신을 '귀신'으로 파악하고,

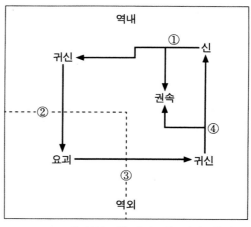

〈그림 6〉 신과 요괴의 순환관계

① 불신　② 배제　③ 신뢰　④ 수용

'요괴'로 여겨서 퇴치한 것이다. 퇴치당한 결과 이 지역 사람들도 야마타노오로치를 요괴로 인정하기 시작한 셈이다. 따라서 죽음을 당하고 이 세상에서 추방되어버린 오로치는 '요괴'이며, 인신 공양을 요구하고 있는 오로치는 '귀신'이지 '요괴'는 아니었다는 것이다. 또, 야하즈노마타치箭括麻多智[10]에 의해 추방된 토착신 야쓰노카미의 경우, 야쓰노카미를 야하즈노마타치는 '귀신'이라고 판단하여 일부는 퇴치하며 '요괴'로 여기지만, 남은 야쓰노카미를 산으로 추방해서 '요괴'화시킨 뒤에 다시 신전을 마련해서 '신'으로 전환시켰다고 설명할 수 있다.

그렇지만 나카무라설에서는, 이역에서 갇힌 상태에 있는 거친 성격의 영령을 '요괴'라고 하고, 그것이 인간의 세계에 등장한 상태는 '귀신'이지 요괴가 아니라고 논한 점에는 동의할 수 없다. 이 설명은 다시 살펴보아야 할 의문점이 있다. 예를 들면 눈앞에 갓파가 나타났을 때, 나카무라설에 의하면, 이 갓파는 요괴도 아니고, 신도 아니다. 그 갓파가 나쁜 짓을 하여 퇴치당하게 되어야 비로소 갓파는 요괴라고 여기게 된다. 그러나 이 갓파가 농사일을 도와주면, 반대로 신이라고 하게 되는 셈이다. 이것은 결국 갓파와 인간과의 개별적 관계에서 일어난 사건의 결과로써, 갓파를 요괴라고 해야 할지 아닐지가 결정된다고 할 수 있다. 이렇게 되면 내가 생각하는 요괴의 설명과 그다지 차이가 없는 것 같다. 오히려 '신'으로 모셔지거나 퇴치당할 때까지는 단지 '이상한' 존재이지만, 이상한 짓을 하여 사람들에게 불안을 불러일으킴으로써, 갓파는 사람들에게 '요괴'라고 여겨지게 되는 것이다.

나는 요괴를 두 가지 레벨에서 파악하고 있다. 하나는 '불가사의'와의 만남이다. 이것을 '요괴체험'이라고 할 수 있다. 예를 들면, 매일 밤중이 되면 천장에서 '이상한 소리'가 났다고 하자. 이것을 이상하다고 생각하면, 그것이 요괴체험이 된다. 이것이 쥐의 탓이었음을 알고 납득해버리면, 그 후에 이상한 소리가 계속되어도 요괴현상이라고 생각하지 않게 된다. 그런데 거기에 초월적 존재의 활동을 인정한다면, 모습이 확인되지 않았다고 해도 그것은 '요괴'가 된다. 이럴 경우 점쟁이에게 그 길흉을 물어 점친다. 점괘가 불길하다고 나오면, 기도사를 불러서 기도하게 된다. 그로 인해서 이상한 소리가 나지 않게 되었다면, 요괴를 추방했기 때문에 조용해진 것이라고 기분좋아한다.

여기에서 또 하나의 레벨의 요괴가 등장하고 있다. 즉 추방해야 할 존재로서의 요괴다. 나의 요괴설명 이론으로는 어느 한 방향의 맨끝 지점에 퇴치·추방해야 할 존재로서의 요괴를 설정하고, 다른 한 방향의 맨끝에 요괴·불가사의현상을 설정하고 있는 셈이다. 요괴란 그 사이의 어딘가에 위치하고 있는 초월적 존재라고 하는 셈이다. 퇴치되어 '산'이나 '과거'에 잠들어 있어서 인간과 접촉하지 않는 요괴는 인간에게 아무런 의미도 없는 존재, 존재하지 않는 것과 마찬가지인 요괴이다. 반대로 말하자면, 인간에게 의미가 있는 요괴는 퇴치되기 이전의 요괴이다. 이 점이 나카무라와는 다른 내 방식으로 규정한 요괴의 특징인 셈이다. 실제로 많은 일본인이 들려주고 또한 전해온 요괴이야기는, 먼저 이상한 현상이 생기고, 그것이 영령적 존재의 소행이라고 판단되어, 그 후에 퇴치된다는 내용으로 구성된다.

그런데, 이상과 같이 생각하면, 요괴란 일본인의 '신'관념의 부정적인 '반원半圓'임을 알 수 있다. 즉, 전통적 신관념에서 보면 '요괴'는 '신'이다. 그렇다고 하면, 앞서 의문을 남겼던 재앙을 가져다주는 도소신은 '요괴'라고 함이 마땅할 것이다. 동북지방의 유명한 '요괴'인 자시키와라시[11]도 '신'이며, 오래 쓰던 우산이 변

11 역주 : 오래된 집에 깃들어 살며 복을 준다고 하는 가신(家神). 빨간 얼굴에 어린이 형상으로 머물다가 사라지면 그 집안이 망한다고 한다. 깊은 밤에 안방에 나타나서 걸어다니기도 하고 자는 사람의 베개를 옮겨놓기도 한다고 여긴다.

하여 '신'이 된다. 그것이 인간에게 조금이라도 부정적으로 행동했을 때, 요괴연구자 관점에서 보면 '요괴'가 된다는 셈이다.

따라서 인간에게 부정적으로 파악된 불가사의현상은 모두 요괴현상이며, 그렇게 설명할 수 있는 초월적 존재도 요괴존재라는 것이다. 극단적인 예를 들자면 대일여래大日如來도 사람에게 재액을 초래하면 '요괴'가 되며, 아마테라스도 사람에게 재앙을 가져다주게 되면 '요괴'라고 하게 된다. 반대로 말하자면 사람을 놀라게 하는 '변신한 우산'도 사람에게 행복을 초래하면 '악신'이 아니라 '선신'이 되어 제사를 받을 수 있다는 것이다. 이런 관점에서 동북의 자시키와라시가 '신'인가 '요괴'인가라고 하는 문제를 해결할 수 있다. 다시 말해 자시키와라시는 전통적인 관념을 따르면 '신'이지만, 인간을 지벌하거나 괴롭히는 경우에는 연구자가 '요괴'라는 라벨을 붙이게 된다는 것이다.

요괴와 사회관계

그런데 나카무라는 또 하나 중요한 점을 지적하고 있다. 그것은 인간 사회에 있어서의 집단 간의 관계가 신과 요괴의 관계에 영향을 준다는 것이다. 예를 들면 A집단의 '신'이 B집단에서는 '요괴'라고 인식되는 경우가 생긴다. 시코쿠四国에서 전승되고 있는 '이누가미犬神'[12]는, 특정한 집안에서 제사를 지내며 받들어 섬긴다고 믿고 있었다. 문자 그대로 그런 집에 부를 가져다주는 '신'이었다. 그러나 주위의 사람들은 이것을 사악한 신 즉 '요괴'로 간주하고 있었다. 그 까닭은 이 신은 남에게 재액을 초래하고 그 반대급부로 집안을 행복하게 해준다고 믿기 때문이다. 또 밀교

12 역주 : 인간에 빙의한다는 개의 영으로 그 정체는 쥐보다 작다고도 하고 보이지 않는다고도 하며, 개와는 다르다. 빙의한 사람은 병이 들게 되며, 잘 모시면 부귀를 누리게 되지만, 잘 못 모시면 영락한다고 하며, 특히 잘 찾아드는 집안이 있으며 주위에서는 이런 집안을 두려워한다.

일본의 요괴학 연구

에서는 '조복법調伏法'이라고 '저주'하는 주술이 있었다. 이것은 부동명왕 등의 신불로 하여금 적을 공격시키는 것이었다. 이러한 주술을 행할 때, 저주하는 측에서 보면 부동명왕은 '신'이지만 저주받는 측에서 보면 부동명왕은 '악신'이자 '요괴'라고 여기게 된다.

이것을 나 나름대로 표현하면, 제어된 영령적 존재와 제어되지 않은 영령적 존재의 차이라고 설명할 수 있다. 조복하는 쪽에서 보면, 부동명왕은 제어할 수 있는 존재가 되고 있지만, 조복당하는 쪽에서 보면, 부동명왕은 자기들의 제어할 수 있는 영역 바깥에 있는 존재이다. 그리고 사람들은 이 '악신=요괴'에 대하여, 보다 강력한 주술로 추방하거나, 제압하거나, 제어할 수 있는 존재로 바꾸는 일도 가능했다. 그것이 이른바 '악령퇴치'였다.

여기서 이 집단A와 집단B의 관계에 대하여 몇 가지의 타입을 상정할 수 있을 것이다. 하나는 자기들의 '생활세계' 즉 공동체 내부에 속하는 집단 사이의 관계이다. 소위 '빙의되는 혈통'과 '빙의되지 않는 혈통'의 관계가 그 전형이 될 것이다. 또 하나는 공동체의 내부의 집단과 그 외부에 속하는 집단과의 관계이다. 야마타노오로치나 야쓰노카미는 그러한 관계를 이야기해주고 있다. 이것과 같이 공동체 내부에 있는 집단과 특정한 개인(대부분은 종교자)의 관계, 혹은 공동체 내부의 집단과 그 외부에 있는 개인의 관계도 생각할 필요가 있다. 이것은 예를 들면 '저주받고 있는 집'을 생각해 보면 알 수 있을 것이다. 그 구체적인 요괴현상으로서, 그 집에서 이상한 소리가 나거나 병이나 죽음, 악몽, 사회적 몰락 등이 생긴다.*

이러한 사회집단간의 관계에는 당연한 것이지만, 지배와 피지배, 정복과 피정복, 권력과 종속이라고 하는 정치적·경제적, 혹은 종교적인 권력관계도 복잡하게 얽혀 있다. 예를 들면 야마타노오로치는 정복당한 자들의 신, 오래된 시대의 신이라고 할 수 있을

* 이 점에 대해서는 제1부 '요괴와 현대인'의 '유령의 저택' 부분을 참조하기 바란다.

것이다. 오에야마大江山의 술꾼동자전설에서도, 술꾼동자 스스로 "자신은 선조 전래의 영지였던 히라산比良山으로부터 간무恒武천황과 덴교대사傳敎大師에게 쫓겨났다."라는 원한 맺힌 사연을 말하고 있다. 이것은 다른 말로 하면, 사회집단 간의 관계에서는 중요한 분류 축으로서, 시간 축을 생각하지 않으면 안 된다는 것이다.

새로운 신의 등장으로 낡은 신은 배제당하고 억압되어, 요괴화되기도 한다. 또 그러한 낡은 신은 새로운 신을 받드는 측 사람들에게 탈을 일으키는 부정적인 존재로 여겨지는 것도 당연할 것이다. 일본의 제사구조·신사神社형식의 대부분은 이런 측면이 강하게 의식되고 있다. 신사의 본전의 배후에 위치하는 '안쪽의 신사奧社'의 제신의 대부분이 원래부터 그 지역민들이 섬기던 신이라는 점은 그런 과정을 잘 설명해주고 있다. 나카무라가 요괴는 과거로 추방된다고 말한 것은 이런 점을 말하는 것이다. 그리고 이러한 '안쪽의 신사'라는 존재는 일본인의 코스몰로지의 중요한 특징인 '안쪽[奧]'[13]에 대한 관념의 하나의 표현이었다.

자연의 요괴와 인간의 요괴

투안도 지적한 바와 같이 "공포는 마음에 있지만, 병적일 경우를 제외하고, 공포를 낳는 객관적인 위험인자는 외부의 환경에 존재한다."[14] 이 외부의 환경이란 일본의 경우, 다음과 같은 3가지로 구별할 수 있을 것이다.

하나는 자연이다. 자연이 언제나 위험하다는 것은 아니다. 자연의 특정한 상태가 사람들에게 불안이나 경계심 즉 공포를 품게 하며, 그것이 형상화되어 요괴를 환상幻想하게 한다. 지진, 천둥, 화

13 역주 : 안쪽, 깊은 곳은 사물의 비밀, 심원하여 알 수 없는 곳 등이라는 물리적인 의미뿐만 아니라, 미지의 세계, 신의 영역, 인간이 궁극적으로 피신할 곳 등의 의미를 지닌다.
14 イーフー・トゥアン 著, 金利光 譯, 『恐怖の博物誌』(工作舍, 1991).

재, 홍수 등 다양한 자연현상이 공포의 대상이 되고, 그 가운데에서 요괴가 태어나거나 이미 존재하는 요괴와 결부되기도 한다. 특정한 야생 동물도 요괴가 된다고 여기고 두려움의 대상이 된다. 예를 들면, 일본에서는 여우나 너구리, 뱀 등이 그런 가능성을 가진 대표적인 동물이었다. 나아가 인간이 만든 도구나 건조물 등도 위험한 존재로 변화할 가능성을 지니고 있었다. 소위 '쓰쿠모신'이라고 불리는 기물의 요괴나 '유령의 저택'이라고 불리는 괴이한 일이 일어나는 저택 등이 이것에 해당될 것이다. 또 하나의 유형은 인간이다. 인간도 특별한 상황에 놓이면 위험한 존재로 간주되어 요괴가 된다. 죽은 사람의 영령이나 살아 있는 사람의 영이 사람을 습격하는 일이 있다고 여기는 것이다.

그러면, 어째서 그러한 자연이나 기물이나 인간이 인간을 공격하는 것일까. 일본인이 생각한 기본적인 이유는 모든 존재에는 영이 깃들어 있으며, 그것들은 살아 있는 인간과 같이 감정을 가지고 있다고 여기기 때문이다. 즉 희로애락의 감정을 느끼는 존재로 간주하고 있었던 것이다. 그 때문에 어떤 인간이나 집단이 그 영적 존재와 관계하거나 접촉을 가질 때, 그 영적 존재를 기쁘게 하기도 하지만, 반대로 원한이나 분노를 품게 하는 수도 있어서, 그 결과로 신비적인 제재나 공격을 받게 된다고 생각했다. 그것이 다양한 괴이현상으로 나타나거나, 병이나 죽음 혹은 집안의 몰락이라는 '불행' 즉 이상異常으로 나타났다. 그리고 그 현상을 바탕으로, 요괴를 믿고 있는 사람들은 요괴의 구체적인 모습을 환상할 수 있었던 셈이다.

흥미로운 것은 그러한 요괴가 출몰한다고 여겨지는 공간이란, 그것을 믿는 사람들에 있어서는 주변적이어서 애매한 공간, 붕괴나 죽음을 암시시키는 공간, 예를 들면 묘지나 길모퉁이 혹은 고갯 길 등의 외진 곳이다. 다른 각도에서 말하자면, 그러한 공간에 나타나는 존재는 요괴로 간주될 가능성이 높았던 것이다.

앞에서 인간에게 있어서 자기 자신이야말로 가장 안심할 수 있는 곳이라고 말했지만, 실제로 인간은 그 마음의 내부에도 깊은 '어둠'을 안고 있다. 자신이 사회적 존재로서 살아가기 위해서 획득한 이성·윤리만으로는 완전히 제어할 수 없는 '무의식'의 영역이 그것이다. 거기에도 역시 요괴가 잠복하고 있다가 기회만 있으면, 제어된 '의식'의 영역에 침범하여 그 인간을 지배하려고 한다. 그것은 어떤 사물에 지나칠 정도의 집착으로 나타나고, 그것이 그 인간의 행동을 지배하고 결국은 남에게 해를 끼치기에 이른다. '집착'이 '마음의 오니'가 되고, 반사회적인 것을 행하는 '행위로서의 오니'가 되어, 결국은 '오니의 모습을 지닌 오니'가 되는 것이다.

예를 들면 남편이 새로운 여자를 만들었기 때문에, 미친 듯이 노한 나이든 아내가 귀신이 되어, 원한을 풀려고 하는 〈우지宇治다리의 공주〉[15] 전설의 다리공주는 그러한 관념을 바탕으로 생긴 전형적인 사례일 것이다. 즉, 자신의 '마음속의 어둠'으로부터 발생된 요괴가 남을 공격하고, 병이나 그 밖의 재액을 초래하고 있을지도 모른다고 상상하는 관습이 있었던 것이다. 헤이안平安[16]시대의 '모노노케物の怪'[17]는 이런 관습을 바탕으로 발생된 요괴로서 자신의 원한을 풀기 위해서 남의 몸에 들어가서 병이 들게 한다.

'마음속의 어둠'은 다른 각도 즉 병 등의 재액을 당하는 측에서 보면, 자신을 원망하는 상대방의 공격 때문이기도 하지만, 자신의 마음의 속에 있는 '죄의식' 또는 '피해자 의식'과도 결부시켜서 설명할 수 있다. 자신은 남에게 원망을 살만한 일을 많이 하고 있고, 신비로운 공격을 받을 가능성은 충분히 있다는 의식적 혹은 무의식적인 생각을 가지게 된다. 자신의 내부에서 자신의 신체를 공격

15 역주 : 사가천황시대에 질투 때문에 원한이 쌓인 여자가 음양사의 조언에 따라서 밤마다 우지 다리 아래의 강물 속에 들어가서 오랫동안 정진하여 귀신이 되어, 교토의 남녀를 닥치는 대로 잡아먹었다는 설화.

16 역주 : 도읍을 나라(奈良)에서 헤이안(平安)으로 옮긴 뒤부터 가마쿠라(鎌倉)막부가 성립될 때까지의 약 400년을 헤이안시대라 하며, 도읍지를 헤이안, 헤이안교(平安京) 혹은 교토(京都)라 한다.

17 역주 : 사령이나 생령 등이 해코지를 일으키는 일. 혹은 사령이나 생령 그 자체. 인간의 원한이 분출되어 나타났다는 사악한 기운. 원령(怨靈). 특히 헤이안시대의 문학작품에도 자주 등장된 소재.

일본의 요괴학 연구

하는 요괴를 길러내고 있다는 것이다. 즉, 자신의 공포심이 자신의 병을 초래했는데도 불구하고, 그 원인을 남의 원령이 공격하기 때문이라고 해석하는 것이다. 아마도 지배자나 권력자들은 끊임없이 이러한 죄의식을 안고 있었을 것이다. 이는 많은 사람들의 목숨을 빼앗거나 불행하게 하였기 때문이다. 그러한 의식은 많은 원령에 의한 재앙을 촉진시키게 되었다고 말할 수 있다. 원령의 존재를 믿는 사람의 수는 그 권력의 크기에 비례할 뿐만 아니라, 출현했던 원령의 종류도 많았을 것이다.

요괴의 예방과 구제

그렇다면 과연 어떤 방법으로 요괴의 공격을 막을 수 있을까.

우선 생각할 수 있는 방법은 요괴를 만나지 않도록 유념하는 것이다. 밤은 요괴들이 배회하는 시간이므로 될 수 있는 한 야간의 외출은 삼가지 않으면 안 된다. 밤에 외출하지 않으면 안 되는 경우에도 요괴가 나올 것 같은 곳은 될수록 피하도록 하는 것이 안심이다. 산이나 강가, 절이나 묘지, 마을 변두리의 길가, 신사神社, 숲 등은, 낮에도 불안을 느끼게 하는 공간이며, 밤에는 각별히 공포심을 불러일으키는 공간으로 정해져 있으므로 피하고 싶은 장소다. 또 만일, 요괴를 만나버렸을 때를 대비하여 영험이 있다는 부적을 몸에 지니고 있으면 좋을 것이라고 한다.

일본에서는 옛날부터, 밀교 계통의 부적과 음양도陰陽道 계통의 부적이 효험이 있다고 믿었다. 그러나 근세 이후로 신사神社나 사찰에 모셔져 있는 신이나 부처들도 분업·전문화가 이루어졌으므로, 어떤 경우에 어떤 영험이 있다고 하는지 조사해 볼 필요가 있다. 예를 들면 지치부秩父 지방에서는 여우의 요괴가 사람에게 빙의한다고 믿기 때문에, 이것을 격퇴하기 위해서는 '미쓰미네三峯 신사神社'의 부적이 특히 효력이 강했다고 한다. 이것을 이용하지 않고, '에비스신'의 부적으로 대용해서는 효과가 없는 모양이다. 부적의 주문이나 경을 외워두는 것도 좋을 것이다. 내 친구 가운데도 신비로워서 불안을 느끼게 하는 공간에 출입할 때에는 또박또박 반야심경을 외우는 사람이 있다. 미리미리 조심하는 것이 가장 좋다고 할 수 있다.

밤의 외출은 따지고 보면 불안하며 위험한 공간을 찾아가는 것과 같다. 신체의 피부나 몸 주위가 곧 요괴의 세계와의 경계가 된다. 부적이나 주문은 위험으로부터 몸을 지켜준다. 그것은 주술적인 울타리를 만들어준다고 할 수 있다. 그런데 외출하지 않고 집에 틀어박혀 있을 경우, 그 집은 여러 겹으로 요괴의 침입을 막기위한 주술적 울타리를 칠 수 있다. 요괴가 침입하는 외부의 문, 집안 내부의 문, 더욱 각 방의 입구 등에 부적이나 주술적 경계의 표시인 금줄 등을 설치하는 것이 좋을 것이다. 실제로는 이러한 작업을 통해서 사람들은 공간을 분할·조직하고 있는 것이다. 그리고 그것은 또 요괴가 그 경계까지 침입한다는 것을 말해주는 셈이다.

이것과 같은 것은 생활 영역으로서의 마을의 공간적 경계, 이른바 마을 변두리의 경계에 대해서도 적용해볼 수 있다. 거대한 종규鐘馗의 인형이나 귀신과 같은 얼굴의 인형을 만들어서 세워두거나, 악령의 침입을 막는 금줄을 치거나, 도소신의 석상을 세우거나 하는 것은 악마를 퇴치하기 위한 것이다.

공간적인 예방을 위하여 경계선을 설정할 뿐만 아니라, 사람들은 시간이나 계절이 바뀌는 틈 사이에 있는 요괴의 출입구를 찾아

56

내었다. 일본에서는 중국의 역법을 도입하고, 달이나 별의 운행, 지상의 자연의 변화와 반복에 근거하여, 자연의 변화 가운데서 분할을 위한 경계를 설정한 것이다. 그 기본이 되는 분할이 1년이라는 분할이다. 그것을 2분할하고 다시 그것을 2분할해서 사계절이 성립되었다. 또, 1년을 하나 둘, 또는 윤월을 넣어서 13월로 분할하기도 했다. 간지의 이념을 바탕으로 12년이라고 하는 년의 통합, 그것을 5개 합친 60이라고 하는 통합을 만들어 냈다. 개인의 차원으로 말하면, 소위 이 60의 연수가 인간의 시간의 완결한 형태로서 그 한 바퀴를 환갑이라고 하는 셈이다.

이러한 '시간'의 분할이 있음으로 인하여, 요괴들은 어떤 '시간'으로부터 다음 어떤 '시간'의 경계선의 틈을 타고 인간 사회에 침입해 들어오는 것이다. 1년의 마지막 날인 섣달 그믐날은 새로운 해의 영혼을 가져 오는 '설날님'이 내방해 오는 '시간'임과 동시에 귀신이나 조상의 영이 내방해 오는 '시간'이었다. 이는 동시에 인간세계의 내부에서 배회하던 요괴들을 이 '시간'의 갈라진 틈으로 쫓아내버리는 '시간'이었다. 섣달그믐의 악귀 '대추방'이나 6월의 '여름을 무사히 넘기기 악귀 대추방', 춘분 전날밤의 '절분節分의 오니 추방鬼道' 등의 행사는 그러한 관념으로부터 생긴 것이다. 따라서 이러한 '시간'의 경계가 닿아 있는 날에는 외출을 삼가고, 집에 있거나 신사神社나 불각에 가만히 들어앉아 있는 것이 가장 좋았던 것이다.

1년 가운데 요괴가 가장 빈번히 등장하는 시기는 두 차례이다. 하나는 1년의 끝부터 새로운 해가 시작되는 시기로, 이 시기가 되면 귀신들이 각지의 축제에 등장한다. 그리고 또 하나는 6월말부터 8월 중간까지로, 이 시기에는 선조를 모시는 백중맞이[お盆] 행사가 있어서 인간의 요괴인 유령이 등장하기 쉬운 시기로 여겨지고 있

다. 단, 공간분할의 때도 그랬던 것같이, 신이나 요괴를 출몰시킴으로써 시간의 경계를 만들어내었다고 이해할 수도 있을 것이다.

그런데, 사람들은 공간의 경계, 시간의 경계에도 주의를 하고, 거기에 다양한 부적이라는 장치를 준비하지만, 그래도 침입하여 해코지를 하는 요괴에 대하여 어떻게 행동하면 좋을까. 의례적인 수준으로 말하면, 신사神社 불각에 참배해서 그 영험을 기대하는 것도 하나의 방법이지만, 대부분은 요괴퇴치 의식을 종교자에게 의뢰하게 된다. 신화적인 차원에서는 술꾼동자 퇴치와 같은 이야기가 여기에 해당된다.

이러한 요괴 퇴치에 특별한 능력을 발휘한 종교인은 밀교계의 승려이며, 음양도 계통의 종교자인 음양사陰陽師였다. 요괴 퇴치에 관한 대다수의 이야기는 그들이 행하는 요괴 퇴치나 병 치료 등의 재액제거의 효과를 자랑하기 위하여 꾸며냈다는 측면이 있다. 중세에 제작된 『다마모노마에玉藻前 이야기』[18] 등은 음양사의 아베노 야스나리安倍泰成가 여우가 빙의하여 병이 든 상황上皇에게서 요괴 여우를 퇴치하는 의례에 관한 이야기이며, 요괴인 악령을 퇴치하는 의례와 요괴퇴치 이야기는 서로 깊은 관계가 있음을 잘 그려내고 있다.

즉, 요괴에게 공격당하여 고통받을 때는 주술영험이 뛰어난 종교자에게 도움을 청하는 것이 최선의 방법이었다. 오늘날에도 그러한 주술의 힘을 획득하기 위하여 수행을 쌓은 종교자는 천태종이나 진언종 혹은 일연종 나카야마법화경사파中山法華經寺派의 승려 가운데 많이 있다. 내가 오래 전부터 조사하고 있는 고치현高知県 가미군香美郡 모노베촌物部村에는 요즈음에는 대단히 진귀한 음양도 계통의 「이자나기류」라고 하는 민속종교가 전승되고 있다. 이곳에도 요괴를 항복시키기 위한 강력한 주술이 전승되어 왔지만, 유감스럽게도 지금은 그 전통도 후계자도 단절되어 소멸위기에 있다.

18 역주 : 작자 미상인 중세소설로 미녀로 둔갑하여 상황의 목숨을 노린 여우의 전설을 소재로 하였다. 미녀 다마모노마에는 매사에 정통하여 총애를 받았으나, 상황은 깊은 병이 들어 음양사 아베노야스나리에게 점을 쳤더니, 다마모노마에는 나이 800세에 꼬리가 둘 달린 여우이기 때문이라 하였다. 야스나리가 기도하자 다마모노마에는 사라졌고 상황의 병이 나았다는 이야기.

〈그림 7〉 요괴를 불러 모아 대
접하며 이곳을 떠나라는 의식을
치르는 음양사

'생활사회'의 3가지 유형과 요괴

　이하에서는 일본의 요괴를 육성한 풍경(경관)이나 사회환경이 어
떤 것인가에 대하여 간단히 말해 두고 싶다. 무심결에 놓쳐버리는
경향이 있지만, 일본의 요괴가 어떤 풍경이나 환경을 배경으로 하
여 생겨나게 되는가라는 문제는 일본의 요괴연구에 불가결한 과제
이다. 그리고 이 제1부에서 특히 주목하고 싶은 문제이다.

　잘 알려져 있는 바와 같이, 지금까지의 민속학은 그 주된 연구

역주 : 마치(町)는 시골의
마을(村)보다는 번화하고 도시
보다는 작은 지역을 구분해서
쓰는 행정단위의 명칭이다.
'街'를 마치라고도 읽으며 상
점이 늘어서 있는 번화한 지역
을 가리킨다. 근세에 마치는
성을 중심으로 조카마치(城下
町), 사찰을 중심으로 몬젠마
치(門前町), 항구에는 미나토
마치(港町) 등이 형성되었다.
오늘날의 지방지치단체의 단
위는 현(縣)을 최고단위로 하
여 규모에 따라 시(市), 정
(町), 촌(村)으로 구성된다.

대상을 농촌사회의 생활과 문화에 두어 왔다. 일본민속학이 태동
기에 있던 시기에 일본인의 약 7할이 농민이었던 것을 생각하면
그 전략을 수긍할 수 있을 것이다. 야나기타는 일본인의 다수를
차지하는 농민문화 가운데서 '일본인'상을 떠오르게 하여, 그것을
재구성하려고 했다. 그렇지만 그 결과, '민속'이라는 용어에는 항
상 농촌 즉 시골 '마을'의 사회·문화라고 하는 이미지가 항상 따
라다니게 되었다. 물론 지금까지도 많지는 않지만 '마치'[19]에 대한
연구가 이루어졌고, 최근에는 '민속'의 개념을 확대하여, 어촌이나
시가지 나아가 도시에도 민속이 있다고 하는 주장도 제기되어 있
다. 그러나 도시연구 가운데 민속학만이 독자적인 성과를 올릴 수
부분은 아직도 지극히 적은 것같이 생각된다.

따라서 나는 그러한 '민속'이라는 용어에 딸려 있는 이미지로부
터 벗어나기 위해서, 사람들이 날마다의 일상생활을 하고 있는 세
계를 '생활세계'라고 부르고, 그러한 사람들이 모여들어서 복잡한
사회적 관계·네트워크를 형성하고 있는 사회를 '생활사회'라고
부르고자 한다. 그리고 그 사회의 구성원을 '생활자' 또는 '주민'
이라고 부르기로 한다. 이 '생활사회'는 대략적으로 나누어, '마을
[村]'·'마치町'·'도시都市' 등 3가지로 분류할 수 있다. 여기에서
말하는 '마을'이란 사회 구성원의 대부분이 같은 생업에 종사하고
있다고 할 수 있는 사회로서 농촌이나 산촌, 어촌 등을 상기하면
좋을 것이다. 이 사회에서는 기본적인 사회규범, 습관, 코스몰로지
를 사회의 구성원이 공유하고 있기 때문에 자립적인 집단으로서
의 성격이 강하며, 그 사회의 외부의 인간에 대하여 배타적인 경
향이 있다.

'마치'는 '마을'과는 다르고 기본적인 생업형태를 화폐경제를 기
반으로 하는 '교환'에 두고 있는 지역사회다.

'마치'의 어원은 '마사이＋치-길'이며, '미치-길'이나 '이치-시, 시장', '지마타거리, 시가'의 친척어인 것으로도 알 수 있는 것처럼, 이웃의 마을이나 마치에서 사람들이 다양한 것을 교환하기 위해서 모여드는 곳이다. 당연한 것이지만 마치는 교통의 요지에 형성된다. 이 사회는 이중 구조로 되어 있어서, '마을'과는 다르고, 교환할 목적에서 오는 사람들에 대하여 사회는 항상 개방되어 있지만, 한편은 '마치'의 정주 구성원은 그들의 '생활사회'를 형성하고, 그 사회의 수준에서는 '마을'과도 같이 강한 사회적 유대를 가진 배타적인 지연집단이 된다.

이와 달리 '도시'는 '마치'를 넘어선 곳에 성립되어 있는 사회다. 여기서 내가 생각하고 있는 것은 근대적인 대도시이다. 물론 근대 이전의 에도江戸와 같은 '도시'는 근대 도시의 특징과 유사한 면이 많지만, 동시에 거대한 '마치'의 집합체라는 특징도 많다. 이러한 도시의 구성원은 다양한 '교환'을 생업으로 하는 사람들의 집합이지만, 모든 사람들이 직접적 혹은 간접적으로 서로 관계하고 있는 것은 아니다. 같은 지역에 살고 있지만 서로 같은 습관이나 가치관이나 윤리관, 코스몰로지를 공유하고 있을 이유는 없다. 같은 '생활세계'에 속하면서 도시민의 '생활사회'는 가족이나 개인에 따라서 크게 다르게 전개된다. 특별히 지연적 집단으로서의 통합은 '마을'이나 '마치'에 비교해서 현저하게 약하다. 사람들은 지연과는 다른 인연에 의한 사회관계를 맺으며 생활하고 있는 셈이다. 이러한 대략적인 분류를 했지만, 물론 '마치'에도 '마을'적인 특징이 나타나거나, '도시'에도 '마을'이나 '마치'의 특징이 나타난다는 점을 잊어서는 안 된다.

그러면 이러한 3가지의 '생활사회'에 있어서, 요괴는 어떤 형태로 사람들과 관계를 맺고 있는 것일까. 우리들이 여기에서 고찰하고 싶은 것은 바로 이 점이다.

　요괴연구와 관련지어 '마을'을 생각할 때, 특히 중요한 것은 그 환경이다. '마을'에는 사람들이 사는 촌락이 있고, 그 주위에 전답이 있으며, 그 바깥이 산으로 둘러싸여 있는 것이 일반적이다. 후쿠다 아지오福田アジオ는 마을 세계를 '촌락－들판－산'이라는 동심원적 구조로 모델화할 수 있다고 논했지만,[20] 요괴의 주된 활약 장소는 이 가운데서도 전답이 있는 들판이나 산이라고 해도 좋을 것이다. 거기는 자기들이 사는 중심에서 보면 주변부에 해당되며, 인식론적으로 보면 어둡고 애매하기 때문에 위험한 공간이 되기 때문이다. 널리 알려진 야마우바나 갓파, 텐구와 같은 요괴들이 출몰하는 장소는 전답이나 강변, 산이었다.

　그러면 '마치'는 어떠한가. '마치'도 주위가 산이나 전답으로 둘러싸여 있는 경우가 많다. 그러나 '마을'과는 달라서 촌락(인가)이 밀집되고, 그 사이에 크고 작은 골목길이 발달되어 있다. 따라서 요괴가 출몰하려면 주위가 인가로 둘러싸인 골목길을 통과하지 않을 수 없다. 예를 들면, '백귀야행百鬼夜行'[21]이라고 불리는 요괴들이 있다. 이것은 밤중에 거리를 행진하는 요괴의 무리인데 '마치'에 출몰하는 요괴의 대표라고 해도 좋을 것이다.

　단, 이런 마치의 공간에도 잘 익숙해져 친숙한 공간과 그렇지 않은 공간이 있다. 어떤 골목길의 이쪽과 저쪽, 마치 변두리의 길, 출입이 금지되어 있는 건물 등은 불안을 느끼기에 충분한 공간이다. 즉, 마치세계의 코스몰로지의 특징은 많은 건조물과 큰길과 골목 등의 존재로 구성된다고 할 수 있다. 따라서 후쿠다 아지오의 모델을 변형시켜서 '마치'를 모델화하면, '마치－길과 골목－들판－산'이라는 동심원을 그릴 수 있다.

　그런데 이것이 '도시'(거대한 마치)가 되면, '들판－산'이라는 부분

---

20 福田アジオ, 『日本村落の民俗的構造』(弘文堂, 1982).
21 16세기의 두루마리 그림에 묘사된 백귀야행에는 청귀(青鬼), 적귀(赤鬼) 이외에 괴[琴], 비파, 생 등의 악기, 구두, 부채, 남비, 가마, 삼발 등의 기물이 변한 요괴가 행진한다.

일본의 요괴학 연구

이 대부분 소멸해버리게 된다. 특히 현대도시에서는 '들판'은 건물의 '바다' 또는 '시가지'로 변하고, '산'은 고층의 건조물의 '숲'으로 변해버렸다. 즉 '도시'는 주로 크고 작은 건조물과 그 사이를 꿰뚫고 달리는 많은 도로로 구성된 세계라고 할 수 있다. 흥미로운 점은 그러한 세계에도 요괴는 출몰한다는 것이다.

2. 요괴가 있는 랜드스케이프

일본인의 '고향'으로서의 소분지 우주

앞에서 우리들은 일본의 요괴를 이해하는 전제로서, 일본인의 '생활사회'를 3가지로 분류했다. 여기에서는 그러한 사회에 사는 사람들이 어떻게 요괴를 상상하고, 그것을 생활 가운데서 어떻게 체감하였는지에 대하여 구체적으로 검토해보고자 한다.

이에 앞서 요괴를 생각하려는데 필요한 '경관(landscape)'에 대하여 좀더 상세하게 검토해두고자 한다. 일본의 경관에 대해서 가장 설득력 있는 이론을 전개한 히구치 다다히코樋口忠彦에 의하면, 일본인은 분지에 대하여 각별한 생각을 품고 있다고 한다.

분지는 말할 필요도 없이 주위가 산으로 둘러싸인 폐쇄성이 강한 공간이다. 그 경관은 하나로 명확하게 통합되고 있으며, 하나의 완결된 세계라는 이미지를 지닌다. 그리고 분지의 경관은 왜 그런지는 모르지만 사람의 마음을 평온하게 해주는 휴식감에 찬 분위기를 느끼게 한다. 안식을 느끼게 하는 땅에 사람들이 정착하여 살고 싶어 한다는 점은 너무나도 당연한 일이다. 철새는 어떤 일정한 형태의 경관을 가진 장소에 보금자리를 정하는 것 같은데, 일본인도 또한 주위가 산으로 둘러싸인 분지의 경관에 마음이 끌렸던 것이라고 생각된다.[22]

22 樋口忠彦, 『日本の景觀』 (春秋社, 1981, 再版: ちくま學藝文庫, 1993).

히구치는 분지를 일본인이 마음에 품고 있는 '고향'의 기본형, '풍경'의 원형, 나아가 일본문화의 모태가 되고 있다고 생각한다. 히구치는 일본의 경관을 '분지의 경관', '산골짜기의 경관', '산자락의 경관', '평야의 경관'으로 분류하고 있지만, 이 가운데 '평야의 경관'만이 '분지'와는 다른 경관이다. '산골짜기의 경관'은 '골짜기를 흐르는 물로 산간이 움푹 들어간 곳에 있는 소분지'이며, '산자락의 경관'은 '배후에 산을 짊어지고, 좌우는 구릉에 한정되어, 전방만 열려 있다는 타입의 경관'으로, 이것은 분지의 일부 또는 분지의 절반에 상당하는 것 같은 모양의 지형이다. 즉, 일본의 경관에는 분지형과 그것에 대비되는 평야형의 두 개의 경관이 있으며, 이 가운데서도 주요한 경관은 분지형이라는 것이다.

이 경관 이론에서 흥미로운 것은 이러한 경관의 안에 '도읍지'나 '마치', '마을'이 감싸여 있다는 점이다. 다시 말해서 우리들이 앞에서 분류한 3가지의 '생활사회' 가운데서 '마을'과 '마치' 경관의 대부분은 분지적 경관이다. 따라서 근대의 '대도시'의 경관은 '평야의 경관'에 상당한다.

아무튼 히구치의 관심은 어디까지나 경관이며, 그 경관 안에서 생활하는 사람들의 문화내용에까지는 깊이 파고들지 않았다. 이에 대하여 이 경관 이론에 호응하는 형태로 분지세계의 문화인류학적

〈그림 8〉 주위가 산으로 둘러싸인 전형적인 분지

연구의 필요성을 제안한 사람은 요네야마 도시나오米山俊直이다. 요네야마는 저서 『소분지우주와 일본문화』에서 일본문화를 재검토하여 그 지역성을 특징적인 요소로 파악하기 위해서 '소분지우주'라는 개념을 제창한다. 이것은 지금까지의 민속학의 연구방법에 대한 엄격한 비판을 포함한 대단히 시사적인 사고방식이다. 예를 들면 다음과 같이 주장한다.

소분지를 중심으로 하는 문화영역은 이른바 하나의 세계이다. 이세계를 나는 '소분지우주'라는 이름으로 부르기로 한다. 소분지우주란 분지 가운데 사람, 물건, 정보가 모이고 흩어지는 거점으로서의 성이나 성 주위의 마치[城下町] 혹은 시장으로 이루어지며, 그 주위에 평탄한 농촌지대가 있다. 그 외곽의 구릉지대에는 계단식 논이 펼쳐지고, 밭과 과수원이 있고, 그 배후에 산림과 분수령에 연결되는 산지를 가진 세계이다. 전형은 도노(遠野)지방과 같이 고립되어, 사방이 산으로 병풍처럼 둘러싸여 있지만 분지에 모인 물은 한곳에 모여 한 방향으로 분지의 밖에 흘러 나간다. 이러한 지형을 특징으로 하는 세계에서 주민이 구축해 온 정신세계를 소분지우주라고 부른다.[23]

23 米山俊直, 『小盆地宇宙と日本文化』(岩波書店, 1988).

다시 말해서 요네야마는 '마치'나 '마을'을 분단하여 그것을 개별적으로 고찰하는 것이 아니고, 소분지우주를 구성하는 일부 혹은 통합체의 일부로 간주하고, 그 통합체의 시스템 안에서 전체를 이해해야 한다고 주장했다. 그런데 야나기타는 일본 지방문화의 전통을 일본의 국민문화형성에 활용하기 위하여, 구비전승을 중시하여 그 정보원情報源을 농촌·어촌에서 구하고, 문자문화를 가진 변동하기 쉬운 '마치'를 정면에서 다루기를 회피하고, '마치'와 '마을'의 교류 네트워크도 무시해버렸다고 한다. 이 결과 요네야마는 "일본의 근대국민문화형성을 위해서 소분지우주의 문화적 통합은 철저하게 무시되었다. 지방문인은 중앙문인에게 압도되었으며, '지방사가地方史家'는 지방에 있다는 이유만으로 경시된다."는 현상을 초래하였다고 지적한다. 후쿠다 아지오가 '마을-들판-산'이라는 한정된 구조로 '마을세계'를 파악할 수밖에 없었던 것은 이러한 이유 때문일 것이다.

마치로부터 평지의 농촌, 산골짜기 마을, 산촌까지 포함한 '소분지'의 세계를 하나의 통합체 즉 시스템으로서 재인식해야 한다는 요네야마의 제안에 나는 찬성이다. 그 제안이 민속학계에 근원적 비판을 제기하고 있다는 것도 알고 있다. 그러나 유감스럽게도 요네야마의 작업은 '소분지우주' 즉 '코스모스'의 지적과 일본문화를 이해하려는 경우의 연구방법상의 필요성을 역설하는데 머물고 있어서, '소분지우주'의 내부를 파헤쳐서 그 구조를 구체적으로 조사·분석하고, 그 '코스몰로지'를 제시하는데 이르지는 못했다.

그러한 한계는 있지만, 요네야마의 지적은 내가 열을 올리고 있는 요괴연구에도 매우 많은 시사점을 제시해 주었다. 예를 들면 요네야마는 소분지우주의 안에서 생활하되 다른 생업에 종사하는 사람들을 포함하여 '주민'이라고 표현하고 있다. 이것은 우리들이 '생활자'라고 부르는 사람들과 대부분 중복된다고 할 수 있다. 물론, 이 '주민 즉 생활자'라는 내적구성을 음미하면, 지배와 피지배, 지주와 소작, 차별과 피차별로 구성되는 '주민 즉 생활자'라는 계층의 차이가 문제점으로 떠오른다. 소분지우주의 재평가를 주장하는 요네야마도 그가 말하는 완결성 가운데서도 서로 다른 생업의 결합·교섭에 의하여 차별이 발생한다는 점을 인정하고 있다.

그러나 여기에서는 분지라고 하는 '생활세계'에는 그러한 사회관계가 있다는 점을 잘 파악한 상태에서 '생활자 곧 주민'이라는 용어를 쓰고 싶다. 왜냐하면 '무사', '농민'이라든가 '상인', '장인' 등, 생업·신분에 의한 구별에 따라서 명확히 다른 요괴가 환상되었던 것은 아니기 때문이다. 요괴환상은 분지우주라고 하는 '생활세계' 가운데서 살고 있는 사람들이 공유하는 환상이며, 그것은 그러한 사회적 신분의 차이를 넘은 곳에 존재하고 있다는 측면을 포함하고 있는 것이다. 오히려 요괴연구에 있어서 중요한 것은 '생활자'를 둘러싸고 있는 자연과 인공물이 만들어 내는 경관이며, 자연과 인공물 사이에서 이루어지는 사람들의 관계이다.

마을의 코스몰로지, 마치의 코스몰로지

요괴이론을 전개하려는데 중요한 단서가 되는 경관을 음미해 보면, 크게 2가지로 구분할 수 있다. 하나는 자연, 또 하나는 유사자연적 공간으로서의 경관이다. 산이나 강이나 전답, 숲과 같은 자연공간이 있다. 또 하나는 인공적 공간으로서의 경관이다. 이것은 주거, 사원, 신사와 같은 건물을 비롯하여, 거리, 가로와 같은 공간이다.

거기에서 이러한 '마을'과 '마치'의 코스몰로지를 정리하고, '시골의 코스몰로지'라고 부르려고 한다. 이 코스몰로지는 '주민 즉 생활자'에게 공유되는 코스몰로지이며, 그 대부분은 '마을'의 코스몰로지가 차지하고 있지만, '마치'에는 그 규모 때문에 '마을'에는 나타나지 않는 독자적인 코스몰로지가 형성되었다. 그러나 많은 소분지우주의 안에 있는 '마치'에서는 '마치'다움을 드러내는 독자적인 부분이 차지하는 비율이 그다지 크지 않았다.

여기서 '시골'이라고 부르는 어법에 저항감을 느끼는 사람이 있을 지도 모른다. 여기서 '시골'이라는 용어를 쓰는 까닭은 '소분지우주'의 어딘가에 사는 사람들이 소분지가 만들어 내는 전체의 경관을 공유하고, 거기에 코스몰로지를 육성해 왔다고 추측하기 때문이다. 예를 들면 분지의 중심지인 큰 '마치'의 안에 태어났지만, 지금은 그 땅을 떠나서 다른 곳에 살고 있는 어떤 사람이 "당신이 태어난 곳은 어디입니까?"라는 질문을 받으면 태어난 곳이 현재는 지방도시라고 불릴 정도로 번성해졌다고 하여도, 질문을 받는 순간 머릿속에 떠올리는 것은 분지의 풍경이 아닐까. 나는 그것이 '시골' 또는 '고향'의 전형적 이미지라고 생각한다.

그러면 이 '시골의 코스몰로지'에 대비되는 것은 어떤 코스몰로지일까. 히구치에 의하면, '분지의 경관'에 대비되는 것은 '평야의 경관'이며, 요네야마에 의하면, '소분지우주'에 대비되는 것은 '평야우주'이다. 따라서 이런 방식으로 생각하면 평야에 전개된 '마을'이나 '마치'의 코스몰로지라고 해야 되지만, 분지 지형에 상응되는 통합체를 이루고 있는 '마을'이나 '마치'는 매우 적다. 대개는 소분지우주에서 볼 수 있었던 코스몰로지를 평야의 공간에 맞추어 변형시킨 듯한 코스몰로지를 소유하고 있음에 지나지 않는 것 같다. 여기에서 내가 '시골'이라고 하는 말을 '분지'에 대신해서 쓰려하는 것은 지형이나 자연경관과는 다른 시점에서 코스몰로지를 파악하려고 하기 때문이다. 다시 말해서 '시골'에 대비하는 공간으로서 '도시'를 설정하고 있는 것이다. '도시'는 '마치'가 거대화한 것이다. '시골' 가운데는 '마치'도 있다. '도시'의 안에도 매몰되거나, 혹은 흔적으로서 '마치'나 '마을'이 남아있는 공간이 많다. 그러나 '도시'는 '시골'에서는 찾아낼 수 없는 새로운 경관이나 사회관계, 코스몰로지를 만들어내고 있다.

'마을'로부터 '마치', '마치'로부터 '도시'로 변화하면서 생기는 차이는 어디에서 찾아볼 수 있는 것일까. 경관이론적 관점에서 말하면, '마치'와 '마을'에서는 그 경관면에서 차이가 있다. '마치'에는 '마을'에는 없는 거리나 골목길이 존재한다. 그러나 문제는 그 규모다. 촌락연구에서는 밀집 가옥이 몇 채 있으면 '마치'라고 말하는 것일까. 호수가 100도 되지 않는 마치도 있으며, 근세의 에도와 같이 몇 만에 달하는 인가가 모여 있던 '마치'도 있다. 따라서 경관도 '마치'의 규모에 의해 크게 달라진다. 작은 '마치'에서 생활하는 사람들은 작은 거리의 경관뿐만 아니라, 그 주위에 전답을 끼고, 그 배후에는 산이 둘러 있는 경관 안에서 살고 있었다. 그런 의미에서 그런 경관으로부터 형성되는 신관념, 요괴관념, 코스몰로지는 '마을'의 그것과 그다지 큰 차이가 있는 것은 아니다.

그러나 그 규모가 거대해지면, 전답이 좁아지고 먼 곳으로 밀려나간다. 배후의 산도 작아지고, 의식되는 크기도 조금씩 작아진다. 그것을 대신하여 거리, 크고 작은 길, 사람들의 모습이, 그리고 사람들이 만든 건물이나 기물 등이 사람들이 느끼는 경관의 중심이자 생활의 중심이 되고, 그 가운데서 신이나 요괴도 환상하게 된다. 이 환상의 안에 '마을'에서는 찾아낼 수 없었던 것도 뒤섞여 나타난다고 할 수 있다.

물론, 에도와 같은 거대한 '마치'에 살고 있었던 사람들도 '마을'에 사는 사람들과 같은 코스몰로지를 겸비하고 있었다. 지방의 '마치'나 '마을'로부터 온 사람들이 모여 살았기 때문에 당연한 현상이다. 그러나 그러한 거대한 '마치'는 그 거대함 때문에 '마치'다운 문화를 낳고, 신관념, 요괴관념, 코스몰로지도 만들어 냈다. 그리고 내가 여기에서 '마치'라고 구별해서 거대한 '마치'를 '도시'와 굳이 구별하려고 하는 것은 너무나 거대화되었기 때문에 '마치'의 생활자가 그 '마치' 전체를 통합적으로 파악할 수 없게 되어 버렸기 때문이다. 다시 말해서 '마치'의 넓이, '마치'가 만들어 내는 경관, 그리고 거기에 살고 있는 사람들의 생활에 필요한 기본적 문화, 그리고 코스몰로지가 그 '마치'의 '주민 즉 생활자' 모두에게 양해·공유되지 않게 되었다는 것이다.

'도시'에서는 '마치'가 세분화되어 경관은 인공물건으로 대치되고, 인간관계는 부분화·중층화되며 때로는 해체되고 있으며, 사람들의 코스몰로지는 개인화되어버렸다. 아마 고대나 중세의 교토, 혹은 근세의 에도나 오사카大坂 등의 거대한 '마치'에도 그러한 특징이 나타났으리라고 생각된다. 그러한 의미에서 이들 '마치'는 '도시'로서의 면모를 지니고 있었다. 그러나 한편은 '시골'의 모습에도 그에 못지않은 면이 있었다.

그런데 메이지明治 이후, 그 거대한 '마치' 혹은 전前근대 도시는 그러한 '시골'적 성격을 급속히 잃고, 앞서 말한 바와 같은 특징을 가진 새로운 거대한 '마치'로 변모해 간 것이다. 특히 고도성장기 이후, 고도의 과학문명을 유지할 수 있었던 현대도시에서는 자신이 이웃집의 사람과 같은 윤리관, 생활관습, 코스몰로지 등을 공유하지 않을 수도 있다. '시골의 코스몰로지'는 대체로 거기에서 사는 사람들에게 공유되어 있지만, '도시의 코스몰로지'는 부분화·다양화되어 있는 것이다. 따라서 현대의 도시에는 자신과 같은 코스몰로지를 지니고 있는 사람이 있을 수도 있고 없을 수도 있다. 있다고 하여도 서로가 직접 얼굴을 마주 보며 그것을 확인하는 경우는 지극히 적다. 요괴연구자는 그러한 현대 도시의 코스몰로지 가운데서도 요괴가 서식하고 있는 점에 주의를 하지 않으면 안 된다.

미즈키 시게루 소년의 요괴체험

최근 엄청난 인기를 모으는 만화가인 미즈키 시게루水木しげる가 그리는 요괴그림의 주된 소재는 근대이전부터 전해진 요괴들로 그 대부분은 마치나 마을에서 전승되어 오던 것이었다. 미즈키는 고도성장기 이후, 급속히 쇠퇴·소멸해 간 이런 요괴들에 깊은 애착을 느끼고, 마치 기념사진을 찍듯이 붓을 들어 그의 창작 요괴와 더불어 민간전승에 묘사된 요괴도 캔버스에 담아내었다.

그는 현재의 돗토리현鳥取県 사카이미나토시境港市의 항구도시에서 태어나 자랐다. 요네야마의 소분지 모델로 말하자면, 완전한 소분지우주가 아니고 미호만美保灣을 향한 '유사반원형 분지'

일본의 요괴학 연구

이며, 게다가 '분지의 바닥'에 해당되는 위치에는 '나카우미中海'가 자리잡고 있었다. 따라서 거기는 전형적인 농촌과는 약간 다른, 어촌과 그것을 배경으로 한 거리를 중심으로 구성된 지역이었다. 그러나 집집의 제사에 관여하는 '논논'이라 불리는 무당 노파가 어린 미즈키에게 들려주었다는 요괴의 이야기는 소위 '시골의 코스몰로지'라고 불리는 일본의 많은 지역에서 전승되고 있던 요괴문화와 거의 같은 것이었다. 그가 어릴 때의 자서전이라고도 해야 할 『논논할머니와 나』[24]를 통해서 미즈키가 어떤 요괴를 알고 있었는지 검토해 보자.

최초에 등장하는 것은 '천장 핥기[天井嘗]'라는 요괴다. 논논할머니는 어둑어둑한 부엌 천장의 그을음을 보고 "저것은 한밤중에 모두가 잠들어 조용해지면 '천장 핥기'라고 하는 요괴가 와서 칠한 것이다."라고 가르친다. 미즈키는 그럴 듯한 모양의 그을음을 찾아내서 '천장 핥기'의 존재를 확신한다. 이렇게 해서 그의 상상력이 눈으로 보이지 않는 세계를 구축해갔던 것이다.

민속학자인 이와이 히로미岩井宏実는 『생활 속의 요괴』에서 이 '천장 핥기'를 다음과 같이 설명하고 있다. "사람이 없는 사이에 집이나 초당에 나타나서 천장을 깨끗하게 핥아 주지만, 핥은 뒤에 반대로 그을음투성이인 천장의 여기저기 얼룩이 생긴다. 천장에 얼룩이 보이면 그것은 천장 핥기의 소행이라고 하지만, 그 모습을 본 사람은 아무도 없다. 그러나 사람들은 아마 천장까지 닿을 정도니까, 키가 크고, 혀도 긴 요괴일 것이라고 상상한다."[25] "아무도 모습을 본 적이 없다."고 말하면서도 실제로는 자서전을 쓰고 있는 미즈키도, 그 해설을 쓰고 있는 이와이도 완전히 꼭 같은 모습을 상상하고 있었다. 왜냐하면 에도시대 후기의 요괴화가 도리야마 세키엔鳥山石燕의 『화도백기도연대畵圖百器徒然袋』에 그려진 '천장

24 水木しげる, 『のんのんばあとオレ』(ちくま文庫, 1990).
25 岩井宏実, 『暮らしの中の妖怪』(文化出版局, 1986, 再版 : 河出文庫, 1990).

〈그림 9〉 검댕이가 묻은 천장을 핥는 요괴

핥기'의 모습을 두 사람 모두 알고 있었기 때문이다. 세키엔은 '천장 핥기'를 다음과 같이 설명하고 있다. "천장은 높고 등불은 어둡고 겨울에는 춥지만, 그렇다고 집을 비울 수도 없고, 실로 괴기하고 끔찍하여 꿈속에서도 나타난다." 등불이 미치지 않는 것은 천장이 높기 때문이 아니고, 이 요괴가 어두움을 만들어 내고 있기 때문인 것이다.

세키엔이 어디에서 이 요괴에 관한 정보를 얻은 것인지는 모른다. 아마 서민 사이에서 오고가던 이야기를 근거로 하여, 상상력을 구사해서 모습을 그린 것이리라. 어쩌면 산인山陰지방 사람들의 이야기에서 소재를 얻은 것일지도 모른다. 그러나 반대로 생각할 수도 있다. 산인지방에 이 요괴가 살게 된 것은 세키엔의 『화도백기도연대』 때문인지도 모른다.

'천장 핥기'의 발생지역은 마을이 아니라 마치였던 것 같다. 집에 천장이 없으면 이 요괴는 출현할 수 없기 때문이다. 방 위에 천장을 설치함으로써 이제까지는 하나의 공간이었던 방이 두 개의 공간으로 나뉘고, 천장 속이 어두운 공간으로 변하여 이계로서의 성격을 지닌 공간으로 바뀌게 되는 셈이다.

그렇다 치더라도 이 요괴는 도대체 무엇 때문에 천장의 더러운 그을음을 핥고 싶어 하는 것일까. 그 설명이 명확하지 않은 것도 이 요괴가 그다지 서민 생활 속에 뿌리내린 존재가 아님을 말해주고 있다. 만약 미즈키가 천장이 없는 가옥구조의 농가에서 태어나고 자랐다면, 이러한 요괴의 이야기를 논논할머니로부터 들을 일이 없었을 것이다.

다음에 등장하는 것이 '바다 스님[海坊主]'이다. 이것은 바다에 있

는 '몸통이 작은 대야 정도인 말뚝과 같은 형태의 외눈박이 요괴'
라고 한다. 논논할머니는 이런 옛날이야기를 했다. 옛날 요나고米
子(돗토리현) 부근 동네에 씨름을 아주 잘 하는 사내가 있었다. 어느
날 요나고 마을에 용건이 있어서 외출했다가 돌아가려니 이미 어
두운 밤이 되어버렸다. 바다쪽을 내다보니 앞바다에 빛나는 것이
있었는데, 조금씩 가까이 다가왔다. 자세히 보니까 외눈박이 요괴
가 바다 위를 걷고 있었다. 드디어 육지로 올라온 요괴는 그 남자
에게 다가와서 자꾸 엉켜 붙으며 몸을 기댔다. 힘센 사내는 요괴
를 밀쳐냈으나 요괴가 끈질기게 다시 다가와 엉켜 붙었는데, 그 요
괴는 몸이 온통 미끈미끈해서 붙잡을 수가 없었다. 사내는 기진맥
진했으나, 요괴도 이미 지쳐 있었다. 사내가 남은 힘을 다해 힘껏
밀치자 요괴는 푹 쓰러져버렸다. 이것을 단단히 묶어 집까지 질질
끌고 갔다. 다음날 아침 마을의 사람이 많이 모여 이 요괴를 구경
했지만, 그 이름을 아는 사람이 없었다. 그런데, 90살쯤 된 노인이
"이것은 바다 스님이라고 하고, 사람만 보면 쫓아와서 몸을 기대
고, 몸에 묻은 기름과 같은 것을 사람에게 칠한다. 아마 몸이 가렵
기 때문일 것이다."라고 이야기했다고 한다.

이 '바다 스님'은 유머러스한 느낌이 드는 요괴이다. '바다 스
님'이라고 불리는 요괴이름은 오사카나 시즈오카静岡, 도쿄東京, 미
야기宮城 등에서도 채집되어 있으므로, 넓은 지역에 걸쳐 해안부에
유포되어 있었던 요괴였다고 생각된다. 유사한 요괴이름을 가지는
요괴로 '바다 출가승[海入道]', '바다 두목[海座頭]', '바다 애송이[海小
僧]' 등이 있으며, '배유령'이라고 불리는 요괴의 일부에도 이와 유
사한 성격을 지닌 것이 있다. '바다 스님'의 아내는 역시 바다에
출몰하는 '바다 아내[海女房]', '바닷가의 여자[磯女]', '젖은 여자[濡
女]'라는 이름으로 전해지고 있다. 단, 바다에 나타나는 무서운 요

괴라는 점은 공통되지만, 그 속성은 지역에 따라 상당한 차이가 있다. 예를 들면 "큰 파도 위에 큰 검은 눈만 반짝반짝 빛나는 까까머리가 불쑥 나타나서, 귀까지 찢어진 빨간 입을 벌리며 히죽히죽 크게 웃는다."는 요괴도 있으며, 긴 국자를 빌려달라고 하는 '머리가 헝클어진 큰 바다 스님'이라는 요괴도 있고, 아름다운 여자로 둔갑해서 헤엄 솜씨를 겨루자는 바다 스님도 있다.

미즈키의 '바다 스님' 이야기 가운데 흥미로운 것은 힘이 센 사내가 바다 스님의 도전을 받아서 이겼다는 점이다. 사내의 힘은 요괴도 격퇴시킬 만큼 엄청났다고 하는 점이 그의 명성을 드높이는 동기가 되었을 것이다. 내게 흥미로운 점은 그와 이 요괴의 후일담이다. 대개 이것과 같은 모티브를 지닌 이야기는 갓파의 경우도 그렇다. 갓파의 경우, 승부에서 자기를 이겨서 자기를 해방시켜 준 남자에게 사례를 한다. 또 하나 주목하고 싶은 것은 남자가 이 요괴를 만난 곳은 마을로 돌아오는 밤길이었다는 점이다. 요괴가 나타나기 쉬운 장소이었던 것이다. 그리고 그 눈앞에 펼쳐진 밤바다는 광대한 이계였다.

논논할머니는 정말로 많은 종류의 요괴를 알고 있었다. 어느 날 논논할머니는 작은 배로 바다를 건너 고향인 시마네島根 반도의 북쪽 모로쿠이諸喰(八束郡 美保関町)에 미즈키 소년을 데리고 갔다. 할머니의 친척집에서 식사 때, 구운 소라가 나왔기에 제일 큰 것을 집으려고 하자, "소라는 나이를 먹으면 '소라 오니'라고 하는 요괴가 된다. 큰 소라는 소라 귀신일지도 모른다."는 말을 듣고 작은 소라를 먹기로 했다고 한다. 그런 요괴가 민간전승으로 이 지역에 유포되었다고 선뜻 믿기 어렵다. 그러나 나이를 먹은 것이 요괴가 될 가능성이 높다는 것은, 늙은 여우나 늙은 너구리, 혹은 낡은 도구의 요괴 등의 예를 알고 있는 우리들은 그다지 이상하다고 생각하지 않게 된다. 아마 미즈키 소년도 "과연 그런 요괴가 있을까."라고 생각했을 것이다. "할머니가 큰 것을 집지 않도록 하기 위해서, 순간에 생각해 낸 요괴가 아닐까."라는 생각이 뇌리를 스쳐지나갔음에 틀림없다. 그러나 한편은 음울한 동해의 넘실대는 파도 속에는 그런 요괴가 있을지도 모른다는 불안에 사로잡혀, 작은 소라 쪽에 손이 가버린 것이다. 대개 요괴담이라고 하는 것은 이것이 정말인가, 거짓말인가 하는 판단을 곧바로 내리기가 쉽지 않도록 하는 방식으로 전개된다.

돌아오는 길에서는 갈매기와도 비슷하고 고양이와도 비슷한 목소리를 듣는다고 한 논논할머니는 저것은 "강의 갓난아이"의 목소리라고 말하고, 어디에선가 '댕앵' 하고 종소리가 나면, 저것은 '들절野寺 스님'이라는 요괴가 사람이 살지 않는 황폐한 절에서 종을 울리고 있는 것이라고 한다. 부두가에 있는 낡은 빈집을 들여다보려고 하면, '하얀 물결'이라는 오래된 걸레의 요괴가 나와서, 목을 휘감는다고 한다. 이렇게 하여 이 짤막한 '여행'을 통해서 미즈키 소년은 이 지방의 경관 안에 살고 있는 요괴들의 환영을 찾아낸 것이었다.

신을 모시는 논논할머니의 사고는 우리들 현대인과 다른 형태를 지니고 있다. 논논할머니는 우리들이 오감으로 파악할 수 있는 세계의 현상을 눈으로 보이지 않는 영적인 세계와 끊임없이 결부시켜서 이해하려고 하고 있다. 그녀는 우리들보다 또 하나 차원이 높은 세계관으로부터 세계를 보고 있다고 말할 수 있을지 모른다. 같은 풍경이나 사물을 보고 있었다고 해도, 논논할머니와 우리들은 상당히 다른 차원에서 파악하고 있는 것이다.

이 외에도 미즈키 소년은 밤길에서 사람을 현혹시키는 '대머리 요괴'나 '요괴 너구리', 꼬리가 두 갈래로 갈라진 늙은 고양이 요괴 '두 꼬리 고양이', 작은 요괴와 같은 것이 일으키는 '집 울림', 목욕탕의 때를 먹는, 아이 모양을 한 빨간 색의 요괴 '때 핥기', 자신과 같은 나막신의 소리를 내며 뒤에서 따라 오는 '끈적끈적이' 등의 요괴에 관하여 알게 되었다. 미즈키 소년은 논논할머니라는 요괴문화 전문가를 통해서 충분히 그 문화에 흠뻑 빠져 자란 것이었다.

아무튼 이러한 요괴문화를 생각할 때 잊어서 안 되는 것은 경관과 장소이다. 신비로운 분위기가 감도는 장소 혹은 금기의 대상이 되는 장소는 모두가 미즈키 소년이 생활하고 있었던 세계 속에 있고, 그것이 불가사의의 세계 즉 이계의 입구가 되고 있었다.

예를 들면 미즈키 소년의 집에서 가까운 강을 1킬로미터 정도 거슬러 올라간 송림 속에 예전에 전염병 병원이었다는 작은 건물이 있었다. 미즈키 소년은 누군가에게서 이야기 들은 것도 아니지만, 멋대로 아이를 데리고 가버리는 '아이 잡아가는 중'이 병원 오두막집에 살고 있는 것이 아닐까라고 상상하고 있었다. 날씨가 좋은데도 비가 내리면 산 어디에선가 '여우의 결혼식'[26]이 행해지고 있다는 이야기를 바탕으로 집 앞의 바다 건너편에 보이는 산기슭에서 여우들이 결혼식을 하고 있을 것이라고 상상하였다. 또 학교의 가까운 고목나무 밑에 인형이 사체처럼 버려져 있는 것을 보고, 이 고목이 다른 세계로 가는 입구가 되는 것이 아닐까라고 생각하고, 그 부근의 작은 사당에서 흰 뱀이 나가는 것을 보고 그러한 생각을 한층 강하게 품게 되었다고 한다. 더욱 쇼후쿠사正福寺도 이러한 장소가 되었다. 이 절의 본당의 극락지옥 그림을 보면서 논논할머니에게 "죽으면 이러한 세계에 가는 것이다."라는 가르침을 받은 것이다.

이러한 기술로부터 미즈키 소년이 살고 있던 세계, 살아 있는

26 역주 : 많은 도깨비불(일본에서는 여우불)이 연달아 타오르면 신부를 맞이하는 제등행렬처럼 보인다고 하여, 여우의 결혼행렬이라 한다. 여우가 사람으로 변신하여 다양한 활동을 한다는 속신은 매우 광범위하게 분포되어 있다.

경관이 우리들 앞에 되살아나 다가온다. 아마 이 부근에 살고 있었던 아이들은 거의 같은 세계의 속에서 살았을 것이며, 미즈키와 같은 '원풍경原風景'을 공유하고 있음이 틀림없다. 미즈키 자신이 이야기하는 바와 같이, 많은 어른은 이러한 원풍경 속에 살아온 것을 가슴 깊은 속에 묻어두고 합리적인 세계로 들어가지만, 그는 이 세계에 절어든 채 어른이 된 것이다.

또 하나 중요한 것은 각 계절 그때마다 요괴나 이계를 체감시켜주는 시기가 있었다는 점이다. 정월의 금줄을 모아서 태우는 '돈돈산',[27] 이 기간에는 바다에서 헤엄쳐서는 안 된다고 하는 '오본'과 오본기간의 마지막 날에 하는 '등롱 띄워 보내기', 아이들이 땅에서 파낸 지장地藏 불상을 제사지내는 '지장축제', 친척의 '장례식', '해초를 뜯었다'는 은어로 말하는 가난한 가정에서 양육이 어려운 산아를 죽이는 일, 바다에서 어선이 조난당하지 않기 위해서 하는 연중행사나 인생의례, 그리고 여러 가지 사건이 직접 혹은 간접적으로 눈에 보이지 않는 세계와 결부되어 이 지방 사람들의 생활에 그림자를 드리우며, 경관에 심오함을 부여하였던 것이다.

오쿠노토 · 나나우라의 요괴들

우리들의 조사지역인 노토반도能登半島(石川県)의 북부 중심도시인 와지마시輪島市의 남서부에 위치하고 있는 후게시군鳳至郡의 큰 사찰 앞 마을인 나나우라七浦지구는 역사적으로 보아 촌락의 구성에 다소 차이는 있었지만, 마치로서의 기능을 갖추고 있는 미나즈키皆月를 중심으로 어느 정도 정비된 지역을 형성하고 있었다.

27 역주 : 정월 6일부터 14일 사이에 정초에 집안에 장식했던 것을 불을 피워 태우며 액을 쫓고 복을 비는 세시풍속.

중심지인 미나즈키는 작은 미나즈키만을 향하고 있는 촌락으로, 에도시대부터 메이지시대의 초기까지는 소규모이기는 하지만 기타마에부네北前船라는 대형 수송선의 기항지 중 하나이었다. 현재는 당시의 모습이 전혀 남아 있지 않은 작은 촌락이다. 그 지형은 해안까지 다소 완만하게 산의 사면이 이어져 있어서, 분지 아래에 평지가 없다. 평탄한 땅은 조금밖에 없고, 요네야마가 말하는 '소분지우주'의 반원형 분지 모델에도 부합되지 않는 지형이다.

따라서 나나우라 사람들의 경관은 분지와는 달리, 바닷가의 촌락과 산간의 촌락의 모습이 크게 다르다. 각 촌락은 각각 곶이나 산, 숲으로 가로막힌 좁은 경관을 가지고, 그 촌락 경관의 각각의 이미지를 머리 속에서 한데 모아 서로 연결시킴으로써, 사람들은 나나우라의 전체적 이미지를 만들어 내고 있는 셈이다. 인접 촌락과의 관계는 어느 정도 유지하고 있지만, 각각의 촌락은 고립된 폐쇄적인 성격을 강하게 드러내고 있다. 그것을 상징적으로 말해주고 있는 것이 도메카쿠마百成大角間 등 산간부 촌락의 과소화로 인하여 유명무실하지만 오늘날에도 여전히 강하게 의식되고 있는 호수戸數의 제한제도이다.

이러한 고립적 촌락과 좁고 작지만 서로 다른 촌락경관은 당연히 나나우라에 전해지는 민간전승에도 반영되어 있다. 예를 들면 이 지방에서도 '여우의 결혼식'이라는 말이 있지만, 좁은 경관 안에서도 '여우의 결혼식' 장소를 설정하는 방식은 촌락마다 다르다. 또, 예전에는 사람이 죽으면 화장하는 노천 화장터도 촌락마다 따로따로 있었다. 그 곳에는 대개 촌락에서 모시는 지장地藏이 자리잡고 있으며, 평소에는 접근하지 않는 장소가 되고 있었다. 이러한 촌락 사이의 차이점을 깊이 고려하지 않으면 안 된다. 그것을 염두에 두고 평균적인 시골의 요괴 실태를 알기 위해서, 군이 각 촌락의 경관의 차이를 무시하고, 이 지역의 많은 사람이 알고 있는 괴이·요괴현상 몇 가지를 소개해 본다.[28]

미즈키의 소년기의 이야기 가운데 '바다 스님' 이야기가 있었는데, 이 부근에서 이것에 상당하는 바다의 요괴는 '배유령'이다. 바다에서 죽어서 제대로 장사지내지 못한 사람의 혼이 바다에 남아있고, 그것이 배유령이 되어서 나타난다고 한다. 사루야마猿山 등대의 앞바다에서 배가 자주 난파했다. 전에 난파해서 죽은 사람들의 유령이 다른 배를 가라앉혀버리는 것이다. 밤에 그 근처를 배로 지나면, "국자 빌려줘라―, 국자 빌려줘라―"라고 말하는 소리가 들리며 배가 움직이지 않게 된다. 국자를 던져 넣으면 배가 움직이지만, 무심코 밑바닥이 막힌 국자를 바다에 던지면, 그 국자로 바닷물을 배에 퍼 넣어서 가라앉혀버리기 때문에, 밑바닥이 뚫린 국자를 바다에 던지는 것이 좋다고 한다. 등대를 설치한 뒤부터는 배유령이 나오지 않게 되었다. 즉 조난이 없어졌다는 것이다.

사루야마 등대는 나나우라지구의 남쪽 끝 어촌인 요시우라吉浦와 이웃한 모로오카諸岡지구에 속하는 후카미深見라고 하는 촌락한 가운데 위치한다. 이 앞바다는 암석이 많기 때문에 좋은 어장이 되고 있지만, 난파당하기도 쉬웠던 셈이다. 해상교통면이나 공간분류면에서 이 부근의 바다는 위험한 영역이었다. 또한 해안은 절벽을 이루고 있어서, 이 위의 고개를 '사바세계를 버리는 고개'라고 했다. 사슴 등의 야생 동물이 잘못해서 이 벼랑에서 떨어져 죽었기 때문에 이러한 이름이 붙었다는 것이 요즈음의 설명이지만, 한편 옛날에는 나이를 먹은 노인을 던져버리던 곳이라고 하는 '고려장 전설'과 비슷한 전승도 전해지고 있다. 또 이런 요괴전설도 전해진다. 옛날 사루야마에 큰 뱀이 살고 있었다. 드센 여울이

28 大阪大學日本文化學研究室,「能登半島門前町舊七浦村民俗調查ノート(1)」,『しつら(『七浦小學校同窓會誌』50호)』(1992).

라고 하는 암석 지대에 살고 있었던 거대한 낙지가 해변에서 게나 소라를 잡아서 먹고 있었을 때, 이 큰 뱀이 산으로부터 내려와 바다에 끌어넣으려고 하여, 힘겨루기가 벌어졌다. 결국, 승부는 비기고 말았지만, 거대한 낙지가 힘을 주며 참고 버티느라고, 먹을 하늘을 향해서 뿜기 시작하여, 이 먹이 연무가 되어서 요시우라吉浦에서 미나즈키皆月 방면의 해변에 쏟아졌다. 이 먹 때문에 이 부근의 바위는 검다고 한다. 등대를 설치하여 밝은 등불이 비칠 때까지 이 부근은 '어둠'의 이계였다.

바다 요괴의 대표가 '배유령'이라고 하면, 우라노카와浦川의 요괴의 대표는 '미즈시'와 '가와소'다. 원래 이 부근의 강은 작은데다가 하구에 해당되기 때문에 두 가지가 모두 바다에도 출몰한다. 미즈시의 속성은 잘 알려져 있는 '갓파'와 거의 같다. 오이나 수박을 먹고 강이나 바다에 들어가면 '미즈시'에게 붙잡힌다. 미즈시는 사람을 붙잡으면 항문으로 내장을 모두 빼버린다고 한다.

'가와소'는 '가와우소'의 방언으로 이 부근에서는 여우나 오소리와 같이 요괴동물로 간주되며, 그 모습은 족제비나 담비 혹은 고양이를 닮았다고 한다. 속성의 일부는 '미즈시'와도 중복되고 있다. 그러나 갓파의 피해가 익사와 결부됨과 달리, 가와소는 육지로 올라 와서 여러 가지 못된 짓을 한다는 점이 다르며, 피해가 심각하다는 이야기도 많다. 사람을 속인다는 점에서 여우나 오소리와도 공통되는 성격을 가지고 있다. 따라서 같은 사건을 사람에 따라서 가와소에게 당했다고도 하고 여우에게 당했다고도 하여 달리 나타난다. 가와소는 원인불명의 죽음과 결부시켜 이야기된다. 옛날, 미나즈키천의 다리에서 말뚝에 부딪쳐 죽은 사람이 있었다. 사람들은 가와소가 이 말뚝을 인간으로 보이게 하였고, 죽은 사람은 이 말뚝과 맞붙어 싸우다가 부딪쳐서 죽은 것이라고 생각했다. 또한,

야토쿠矢德에 사는 사람이 감자를 짊어지고 시집간 딸의 집을 찾아갔는데, 고개 가까운 강가에서 죽은 채로 발견되었다. 이것도 가와소에 속아서 죽은 것이라고 전해졌다.

가와소에게 속았다는 사람은 대부분 애주가여서, 술에 취해서 돌아가는 밤길에 피해를 입는다. 예를 들면 야토쿠에서 이기스五十瀨로 가는 도중의 강가에서 사람으로 둔갑한 가와소가 씨름을 걸기에 필사적으로 씨름을 하지만 다음날 아침이 되어서 살펴보니 나무 그루터기를 붙들고 씨름을 했다거나 또는 미나즈키에서 술을 마시고 돌아가는데 씨름을 걸기에 밤새 싸웠지만 승부가 나지 않은 채 날이 밝았다. 우연히 지나가던 사람이 돌을 부둥켜 안고 있는 그 사람을 발견했다고 하

〈그림 10〉 산속에 살며 온몸이 붉고 코가 큰 요괴 덴구

는 것 등이다. 그렇다면, 가와소는 왜 사람을 속이는 것일까. 나나우라 사람들의 대답은 애매하지만, 가와소는 사람이 잡은 물고기나 농작물을 가지고 싶어하거나 동료가 죽음을 당한데 대한 원한을 풀려고 한다는 등으로 설명한다. 이 부근 사람들은 밤의 강의 어두움 저편에 가와소나 미즈시가 살고 있는 또 하나의 세계를 환시幻視하고 있었던 것이다.

나나우라의 산속에는 '덴구'가 살고 있다고 한다. 이곳에서는 덴구의 특징을 다음과 같은 3가지로 말한다. 하나는 '산속의 괴이한 소리'를 덴구의 소행이라고 생각한다. 장마철의 황혼녘에 산으로부터 북소리가 들려온다. 이것을 "비가 내리네."라고 하며, 비가 내림은 덴구의 소행으로 간주한다. 또 하나는 신이 아이를 숨겨두

었다고 하는 '신이 숨김[神隱し]'[29]이다. 야토쿠의 한 아이가 혼자 놀러 외출하였으나, 저녁이 되어도 돌아오지 않자 온 집안 사람이 찾아 헤매었으나 발견되지 않았다. 덴구에게 납치당한 것이라고 여기게 되었다. 특히 덴구는 매우 힘이 세다고 여겨지고 있다. 덴구는 사람과 힘겨루기를 좋아하며, 또 어떤 사람은 덴구에게서 괴력을 선사받기도 한다는 것이다.

가와소나 덴구보다도 강한 전승성을 지니고 있는 것은 여우이다. 이 지역의 여우 요괴전승의 대부분은 전국각지에서 전해지고 있었던 것과 그다지 큰 차이가 없다. 가장 많은 이야기는 실종의 원인을 여우의 탓이라고 여기며, 가와소나 덴구도 같은 성격을 가지고 있지만, 가와소의 경우는 실종자가 강가에서 죽은 사건, 덴구의 경우는 아이가 먼 곳에서 실종되는 사건과 결부되는 경향이 있다. 예를 들면, 며칠 후에 특별히 상처도 당하지 않은 채 실종자가 발견되는 경우, 대개 그것은 여우의 소행으로 간주되었다.

이런 이야기가 전해지고 있다. 1937, 1938년 무렵이었다. 그 시기는 자동차가 통과할 수 있는 길이 없었으므로, 나나우라의 우편물은 미나즈키에서 몬젠의 우체국까지 산길로 운반하고 있었다. 어느 날, 우편물을 운반하러 간 우체국원이 해가 저물어도 돌아오지 않았다. 동사무소에 협력하게 해서, 마을사람 모두 찾아 헤맸지만 찾을 수 없었다. 여우나 오소리에게 속은 것이 아닐까라고 생각하여, 북과 주전자 등의 금속제품을 두들겨 소리를 울리며 찾았는데, 3일째 길가의 나무 위에서 정신이 돈 것 같은 상태로 발견되었다. 끌어내려 놓고 옆에서 악기를 요란하게 울리자 제정신으로 돌아왔다. 그후로 한동안 여우가 다시 찾아올 지도 모른다고 하여 집에 가두어 두었다. 이 우체국원은 우체국에서 우편물을 가지고 갔던 것까지는 기억하고 있었지만, 그 뒤는 전혀 기억하지 못하고 있었다고 한다.

이 경우 여우에게 속았기 때문이라고 하는 것은 사람들의 일방적 해석에 지나지 않는다.

그런데, 실종자가 실종 중의 상황을 기억하고 있는 경우도 있었다. 어떤 사람이 없어졌다가 이틀 만에 발견되었다. 발견되었을 때는 멍하니 서 있을 뿐이었다. 여우가 "좋은 곳이 있으니, 가보지 않을래."라고 유혹했고, 눈앞에 잇달아 깨끗한 길을 보여줬으므로 따라가 버린 것이라고 이야기 했다고 한다. 도중에 똥과 같은 것을 먹였던 모양이다.

이처럼 이 지역의 사람들 사이에 전해지고 있었던 여우 이야기는 대개 산길의 외딴집에 살고 있던 '산할머니'라고 불린 점쟁이 노파와 관련되어 있었다. 이 노파의 집은 빨간 도리이鳥居[30]가 있고 '이나리稲荷'[31]를 모시고 있었다. 이 이나리는 백여우로 이것을 이용하여 점을 했다고 한다. 앞의 우체국원이 실종되었을 때, 이 노파에게 점을 치게 하여 그 지시에 따라서 찾아낼 수 있었다는 이야기도 있었다. 또, 야토쿠 사람의 이야기로는 조카딸의 안질은 마루 밑에 넣어둔 저주의 짚 인형 때문이라고 점을 쳐서 알려준 적이 있다고 한다. 마루 밑을 조사해 보니, 틀림없이 많은 바늘이 찔린 짚 인형이 있었고 그 바늘을 빼버리자 눈병이 나았다고 한다. 어떤 여자가 조카딸을 자기 남편의 바람 상대라고 생각해서 심하게 저주했던 모양이다.

또 하나 나나우라 가운데서도 특히 미나즈키 사람들이 잘 알고 있는 전설로서 '오리야사마'라는 이름의 여우가 있다. 이 여우는 옛날 화장터에서 산쪽으로 들어간 곳의 동굴(이곳의 지명은 오리야)에 살고 있었다. 마을사람이 혼례 등 큰일이 있을 때, 식기나 일상생활용품이 부족해 난처해지면 동굴 앞에서 필요한 물건 무엇 무엇

을 제발 빌려달라고 부탁하면, 약속한 시간에 틀림없이 제자리에 희망한 물건이 가지런히 정돈되어 있었다고 한다. 이른바 〈공기 빌려주기 전설[椀貸し傳說]〉의 변형이다.

나나우라에는 이러한 전설이 층층이 쌓이고 쌓이며 이야기로 전해졌다. 사람들이 기억을 더듬어가며 들려주는 전설은 바로 '생활사회'의 '역사'라고도 해야 할 것이다. 나나우라에 있는 어떤 장소는 이야기와 함께 발생되고, 그 이야기는 사람들과 장소와의 주관적인 관계를 형성하고 있는 것이다. 그리고 요괴들은 그러한 '장소'를 만들어 내는데 커다란 큰 원동력이었다.

미즈키 소년의 체험은 사카이항境港이라는 '시골'의 감수성 풍부한 한 소년의 체험이었다. 거기에는 아이에게 이야기로 들려주는 요괴의 특징이 나타나 있지만, 아마 그 체험의 기본적 부분은 당시의 어른들이 지니고 있던 심성과 공통되어 있다고 생각한다. 그렇지만 그것을 확인하기 위해서는 사카이항의 당시의 민간전승을 채집하고 어른들이 살고 있던 경관을 해독해야 한다.

한편, 나나우라 아이들이 어른에게 어떤 요괴 이야기를 듣고 자란 것인지에 대하여 조사해볼 필요가 있다. 예를 들면 나나우라에서는 아이가 밤이 될 때까지 나가놀지 않도록 훈계하기 위하여 어디어디의 고개를 밤에 지나가면 "후지테고가 내려온다."라고 했다. '후지테고'란 칡넝쿨인데, 요괴가 되어 나온다고 협박한 것이다. 아이들은 '훈계'라는 형식을 통해서 그 지역 사람들이 공유하고 있는 주관적인 코스몰로지를 학습해간다. 그런데 어른들은 실제로 발생되었던 '사건'을 요괴와 결부시켜서 이야기해온 것이다. 이러한 차원에서는 '천장 핥기'나 '하얀 물결' 등의 요괴가 등장하는 장면은 거의 없다고 해도 좋을 것이다. 이러한 점을 충분히 이해할 수 있으면, 앞에서 말한 나나우라의 요괴와 관련된 코스몰로지는 사카이항을 중심으로 하는 요괴와 관련된 코스몰로지의 이해를 위한 단서가 될 것이다.

'시골'은 자연과 인공이 만들어 내는 랜드스케이프뿐만 아니라, 그 배후에 '또 하나의 세계'를 상정하고, 그곳에 형성된 요괴가 있는 랜드스케이프도 가지고 살았던 것이다. 아마 고도성장기 이전에 일본의 많은 마을의 요괴들은 사카이항이나 나나우라와 같은 경관에 살았으며, 요괴의 성격도 서로 비슷하였다고 해도 좋을 것이다.

3. 도노 분지우주의 요괴들

도노 마을의 요괴들

이와테현岩手県의 도노지방은 야나기타의 『도노 이야기遠野物語』[32]의 무대가 되기도 하여 유명한 곳이며, 요네야마 도시나오의 '소분지우주'의 모델이기도 하다. 『도노 이야기』는 일본민속학의 기념비적인 작품이라고 평가되지만, 최근에는 그것은 충실한 도노의 전승기록이 아니라, 도노 사람 사사키 기센佐佐木喜善이 이야기한 도노지방의 전승을 바탕으로 야나기타가 중세의 『우지 슈이 이야기宇治拾遺物語』나 근세의 『오토기 100가지 이야기御伽百物語』 등을 의식하면서 각색을 덧보태 만들어낸 현대의 설화문학 작품이라는 것이 밝혀졌다. 따라서 『도노 이야기』의 민속지로서의 가치는 이전과 비교해서 많이 떨어졌다고 해도 좋을 것이다.

그렇지만, 이러한 『도노 이야기』의 검증작업을 통하여 『도노 이야기』의 심층에는 도노 사람들의 생활에 뿌리를 내린 전승 세계가

32 柳田國男, 『遠野物語』(新潮文庫, 1973).

펼쳐지고 있었음이 밝혀지게 되었다. 『도노 이야기』를 단서로 그 배후에 감춰져 있었던 도노의 전승 세계를 도노측의 시각에서 해명한 것은 기쿠치 데루오菊地照雄의 『도노 이야기를 가다』[33]와 『산 깊은 도노 마을을 이야기하자』[34]였다.

이것에 대하여 외부자의 입장에서 『도노 이야기』의 심층을 규명하려는 사람도 나타났다. 예를 들면, 아카사카 노리오赤坂憲雄의 『도노/이야기고』[35]는 대표적인 것이다. 아카사카는 "도노라고 하는 지역의 여기저기에 파묻혀 망각의 세계로 사라져가고 있는 전승이나 역사의 파편을 찾아내고, 그것을 드디어 원래의 도노 이야기로 결실을 맺게 하는 것은 지금 도노에서 살고 있는 사람들이다. 나는 나 나름의 방식으로, 또 하나의 원래의 도노 이야기 길을 따라가 보고 싶다."라고 이야기한다.

그렇다손 치더라도 도노라는 곳은 행복한 곳이다. 야나기타가 『도노 이야기』를 썼기 때문에 '일본민속학의 다카마가하라高天原'[36]라고 알려져서, 많은 연구자나 관광객이 방문하여 여러 가지의 『도노 이야기』가 새롭게 구전되기 시작했다. 그에 따라서 전국의 많은 지역의 전승이 단 한번도 '이야기'로 기록되지 못한 채 변모되고, 쇠퇴·소멸해가고 있는 상황 속에서도 '동북지방에 위치한 일본열도의 마을의 대명사'라는 지위와 명성을 한층 드높이게 되었다.

나의 관심은 '일본열도의 마을의 대명사'라고 자주 언급되는 도노의 요괴들을 소개하면서, 지금까지 소개·검토해 온 지역의 요괴들과 비교하며 도노의 특징 등을 생각해 보고자 한다.

도노의 요괴들을 논의하고자 하는 이유 몇 가지를 간단히 말해 두자. 하나는 앞에서 말한 바와 같이, 도노 사람들의 마음의 구김살, 마음의 어두운 부분까지 파헤친 뛰어난 전승기록이라는

33 菊地照雄, 『遠野物語をゆく』(傳統と現代社, 1983).
34 菊地照雄, 『山深き遠野の里の物語せよ』(梟社, 1989).
35 赤坂憲雄, 『遠野/物語考』(寶島社, 1994).
36 역주 : 일본신화에서 천신(天神)이 살았다는 천상의 나라로 아마테라스대신(天照大神)이 지배했다. 이곳에서 국토, 자연, 문화 등을 관장하는 여러 신이 태어났다.
37 佐々木喜善의 『遠野物語拾遺』는 新潮文庫 1973年版 『遠野物語』에 수록되어 있다.

것이다. 여기에서는 주로 사사키 기센의 『도노 이야기 슈이』[37] 등 일련의 작품이나 기쿠치 데루오의 작품을 이용하지만, 『도노 이야기』를 인용할 때는 앞서 말한 사항을 염두에 두고 읽기를 바란다.

한 가지 특히 중요한 이유는 지금까지는 거의 주목받지 않았지만, 도노에게는 '성 아래 동네'라고 불리는 '마치'가 있으며, '마치'의 포크로어라고도 해야 할 독자적인 전승이 형성되어 있었다는 점이다. 산리쿠三陸 해안의 항구와 기타카미가와北上川 유역을 잇는 교류의 중계지로서 발전하고 있었던 도노가 중심을 이루는 도노의 마치는 1780년에는 이미 인구 약 6000명이라는 상당히 큰 마치를 형성하고 있었다. 이 때문에 농촌이나 산촌에 둘러싸여, 산이나 들판, 시골마을의 전승이 잘 녹아들어 있으면서도, 인가가 밀집된 거대한 '마치'였던 에도와도 공통되는 독자적인 요괴전승의 발생 조건을 갖추고 있었던 것이다.

또 하나의 이유는 요네야마가 '소분지우주'의 전형적 모델의 하나로서, 도노를 제시하고 있는 점이다. 요네야마는 소분지우주의 도노 모델의 특징을 다음과 같이 말하고 있다. 우선 도노는 상대적으로 하나의 폐쇄 공간을 만들고 있으며, 그 때문에 독자적인 역사를 가지고 독자적인 문화를 가지기 쉽다. 그 가운데 산지, 구릉, 계곡, 분지의 평지지역 등과 지형적으로도 다양한 지역을 포함하고 있기 때문에, 생활양식, 생산활동의 양식에도 각각의 환경조건에 대응된 요소가 포함되어 있다. 바꿔 말하면 그 산으로 둘러싸인 세계에는 인간이 정착한 이래의 역사 전체가 새겨져 있다고 할 수 있다. 즉 농경이 시작되기 이전인 승문繩文시대[38]와 같은 채집과 수렵 시대의 흔적이 남아 있다고 해도 이상할 것이 없는 곳이었다고 한다.[39]

38 역주 : 표면에 꼰 줄(繩)을 누르며 굴려서 무늬를 새긴 토기를 쓰던 시대. 기원전 1만년부터 기원전 4세기까지로 보며, 수혈식 주거로 취락을 이루어 살며 주로 채집, 어로, 수렵 생활을 영위했다.
39 米山俊直, 『小盆地宇宙と日本文化』(岩波書店, 1988).

이러한 요네야마의 '소분지우주' 모델은 매우 매력적인 것이라고 생각되지만, 나 자신의 관심은 요네야마와 같이 공시적인 '소우주분지'의 안에서 역사적인 변천상을 찾아내려는 것이 아니다. 주목하고 싶은 것은 『도노 이야기』에 묘사된 메이지 후기의 도노가 '마치의 거리-평지의 농촌-산촌-산속의 야마시山師[40] 마을'과 같은 방식으로 촌락이 구성되어, 각각 문화적 차이를 유지하면서 상호 보완관계를 유지하며, 도노라고 하는 '소분지우주'를 구성하고 있었다는 점이다. 실제로 도쿄東京의 23개 구區 정도의 넓이인 도노 사람들은 자신이 소속하는 마치나 마을의 경관·생업 등에 차이를 지님과 동시에, 분지내에 성이 있는 마치와 주위의 하야치미네산早池峯山[41]으로 상징되는 경관·문화를 공유하고 있었던 것이다. 우리들이 조사한 나나우라의 정체성과 비교하면, 도노는 각별한 정체성을 지니고 있었다. 반대로 말하면, 나나우라 촌락의 폐쇄성과 비교하면 도노의 각각의 촌락은 개방적이었다고 할 수 있다. 도노의 폐쇄성은 행정단위로서 향鄕[42]이라는 단위와 분지라는 단위로 폐쇄성을 지닌다.

일본민속학은 이 도노를 일본 마을의 전형적인 예로 간주해 왔다. 요네야마도 아카사카도 그렇게 생각하고 있다. 그러나 이 '전형'이라고 하는 말은 적절하지 않다. 도노는 과연 일본 마을의 여러 요소가 대부분 일치되고 있는 '쇼룸'이나 민속의 '박물관'과 같은 곳이라고 할 수 있을까. 그렇다고 하면, 민속학은 더욱 철저하게 도노를 조사할 필요가 있을 것이다. 그와는 반대로 도노는 다른 마을과 비교했을 경우, 그 문화내용이 매우 특수해서 예외적인 마을인가. 만약 그렇다면 도노에만 있는 사항으로 도노의 '이질성'을 추출하게 되고, 다른 마을와의 공통성을 찾아내기가 어려워질 것이다.

40 역주 : 산지에 기거하면서 나무를 매매하거나, 목제 생활 용품 제작, 광산 채굴사업 등을 하는 사람.
41 역주 : 이와테현 중부에 있는 1917미터 높이, 고산식물이 많은 명산으로, 일대에서 가장 높아 산악신앙의 대상이 된다. 곤겐(權現)신앙의 영산이며 의례용 연희로 유명한 하야치미네신사가 있다.
42 역주 : 옛날 군(郡) 안의 한 구역. 여러 촌(村)을 합하여 향을 이룬다.

도노가 안고 있는 위험은 도노가 그 쌍방을 겸비하고 있기 때문이라고 생각된다. 도노는 흔한 일본의 일반적인 마을이면서도 지극히 특수한 마을이었던 것이다. 이 이중성이 도노가 지닌 매력이며, 『도노 이야기』 이후도 많은 사람들의 관심을 끄는 까닭이다.

그리고 나는 이 가운데서 도노의 특수성에 주목해야 한다고 생각한다. 예를 들면, 그 특수성으로서 "도노의 오토모촌小友村은 좁은 산속의 추운 마을이지만, 금광金鑛이 집중되어 있어, 중세부터 근세에 걸쳐 채굴꾼들의 망치 소리가 끊이지 않았다고 한다. 다른 곳에는 그다지 예가 없는 특수한 마을이었다."[43]는 말을 듣고 있다. 이 특수성을 배경으로 하여 형성된 전승은 역시 특수한 성격을 띠고 있을 것이다. '갑부전설'도 그 하나이다.

도노는 근세에 산리쿠 해안과 기타카미가와 유역을 묶는 교통 중계지의 숙박촌으로 발전해 왔다. 번藩에서도 운반용 말의 사육을 적극적으로 장려하여, "정치는 인간과 말이라는 이원적 구조로 전개되고 있었다."[44]라고 한다. 이 구조는 운반용에서 군마용으로 전환되기는 했지만, 메이지 시대 이후에도 바뀌지 않았다. 야나기타가 도노를 찾아간 시기는 그 최성기로서 "도노의 말시장은 일본의 3대 말시장으로서 활기를 띠고 있었다." 이것도 도노의 지극히 특수한 성격으로, 이러한 말문화가 있었기 때문에 마구간을 붙여지어 ㄱ자 구조가 되도록 하는 '마가리야曲家'라는 양식이 끈질기게 전승되고 있었던 것이다.

또 한 가지의 도노의 특수성을 나타내는 예를 제시하자. 그것은 잘 알려져진 '자시키와라시'이다. 기쿠치 데루오菊地照雄는 "자시키와라시 이야기는 도노에서는 어디서나 들을 수 있는 흔한 이야기인데도, 다른 지역에서는 지극히 드물다."[45]고 한다. 이것은 '강의 정령'이나 '늪의 주인'과 관련된다. "산을 넘어 헤이천閉伊川,

43 菊地照雄, 『遠野物語をゆく』(傳統と現代社, 1983).
44 菊地照雄, 『遠野物語をゆく』(傳統と現代社, 1983).
45 菊地照雄, 『遠野物語をゆく』(傳統と現代社, 1983).

일본의 요괴학 연구

게센천氣仙川에 있는 깊은 물속의 주인은 뱀의 형상이며, 때로 젊은이로 모습을 바꾸고, 근처 오래된 집의 딸을 찾아다닌다는 이야기가 많다."[46] 그런데, 도노에서는 뱀 대신 원숭이가 그 자리를 차지하고 있었다. 그리고 그것이 '갓파'전승과도 결부되어 있었던 것이다.

이처럼 도노에는 독특한 문화와 어느 마을에나 있음직한 문화가 알맞게 혼재되어 있다는데, 도노의 독특한 문화적 매력이 숨겨져 있는 것이다.

이로써 앞에서 말한 바와 같이, 나의 도노에 대한 스탠스라고도 할 수 있는 점을 대체로 이해했으리라 생각한다. 그렇다면 이러한 스탠스에서 보면 이 도노에 살고 있었던 요괴나 사람들이 느끼고 있던 '불가사의'한 현상이란 과연 어떤 것이었던가.

기쿠치는 "도노에서는 산과 물과 자시키座敷[47]라는 3가지의 생활 공간의 어둠 속으로부터 이야기의 실마리가 풀려나갔다."라고 말하고, 또 "도노의 아이들은 이중의 공포를 가지고 있었다. 하나는 산에 대한 공포, 하나는 집 안의 자시키에 대한 공포이다."[48]라고 한다. 깊은 산속의 '어두움' 속에는 '야마오토코山男・야마온나山女・덴구' 등의 요괴가 있었다. 깊은 강물 속의 '어두움'에는 '갓파'가, 그리고 특정한 집안의 자시키의 '어두움' 속에는 '자시키와라시'가 살고 있었다. 이러한 요괴가 도노의 '어두움' 속에서 제 세상을 만난 양 배회하고 있었다. 그러나 그러한 요괴들의 대부분은 이미 지적한 바와 같이 도노의 특수한 문화사정을 배경으로 형성된 요괴들이었다.

자시키와라시는 예를 들면 "아야오리촌綾織村 이사고자와砂子沢의 다자에몬多左衛門 어른의 집에는 원래 공주님이던 자시키와라시가 있었다. 그것이 떠난 뒤로 집안이 가난해졌다."[49]는 이야기가

46 菊地照雄, 『遠野物語をゆく』(傳統と現代社, 1983).
47 역주 : 일본가옥에서 다다미를 깔아둔 방으로 손님을 모시거나 주연을 베푸는 공간
48 菊地照雄, 『遠野物語をゆく』(傳統と現代社, 1983).
49 柳田國男, 『遠野物語』(新潮文庫, 1973).

전해진다. 집안의 번영은 복신의 존재유무로 결정된다고 여겼다. 자시키와라시가 살고 있을 때는 부자이지만, 그것이 사라지면 그 집은 쇠퇴해버린다는 것이다. 흥미 깊은 것은 이 정령을 제사를 드리며 받들어야 할 존재로 여기지는 않는다는 점이다. 아니 그것보다 제사할 수 없는 즉 제어할 수 없는 정령으로서 존재한다는 것이다. 자시키와라시는 오래된 집안이 몰락할 때에 그들도 퇴거하는 장면이 환시되며, 급속히 번영을 얻은 집안에서 그 존재를 인정하거나, 이들이 집안으로 들어오는 장면을 환시하기도 한다.

다시 말해서 자시키와라시란 풍요로운 집안의 상징을 정령화·형상화한 것이며, 이러한 전승을 많이 만들어 내게 된 배경에는 도노에서 가문의 흥망성쇠가 특히 심했던 사실을 알 수 있다. 아무튼 자시키와라시라는 복신인지 요괴인지 판단하기 어려운 정령이 도노에 출몰하게 된 것은 그다지 먼 옛날의 일이 아닌 것 같다. 왜냐하면 『도노 이야기』에 수록되어 있는 2편의 자시키와라시 이야기 가운데 1편에 그것이 암시되어 있다. 쓰치부치촌土淵村 야마구치山口의 마고자에몬孫左衛門의 집에는 옛날부터 자시키와라시가 있다는 소문이 있었다. 그럼에도 불구하고 교토京都의 후시미伏見신사에 부탁하여 후시미의 신인 이나리稲荷를 모셔왔다고 하는데, 그후 얼마 안되어 일가가 독버섯을 잘못 먹은 탓에 집안은 비참하게 몰락했다는 이야기가 전해지고 있다. 이 사건을 말하는 사람들 가운데는 그 징조로서 자시키와라시가 퇴거하는 광경을 환시했다는 소문을 들은 사람도 있었다. 아카사카와 같이, 이것은 민속의 신과 외래의 신 사이의 대립·갈등을 상징적으로 표현한 것이라고 해도 사람들은 아무도 납득하지 않을 것이다. 만약 이 집에서 일가의 사고사가 없었고 계속해서 번영하였다면, 외래의 신 즉 이나리稲荷의 승리라고 대답하였을 것이다.

오히려 나는 이 집안에 자시키와라시가 있다는 소문은 이 사건이 발생하기 직전까지는 없었던 것이 아닐까라고 생각한다. 이 사건이 생김으로써, 즉 자시키와라시의 퇴거를 환시함으로써 자시키와라시가 살고 있었던 것이 밝혀진 것이 아닐까. 집안의 몰락을 설명하기 위하여 자시키와라시 이야기가 퍼지기 시작한 것이 아닐까. 만약 자시키와라시가 살고 있다는 것을 알고 있었다면, 마고자에몬은 그것에 안주하지 않고, 외부의 새로운 문화에 민감하게 반응한 진취적인 인물로서 재평가 받아야 할 것이다. 그의 불행한 좌절을 사람들은 자시키와라시의 퇴거로 밖에 설명할 수 없었던 것이다.

자시키와라시는 '빙의憑依'전승이나 '이인異人 죽이기'전승이 의미하는 집안의 성쇠에 대한 설명 기능과 유사한 전승이었다고 생각된다.[50] 자시키와라시의 조상은 원래 갓파로 간주되고 있다. 그렇다면 도노의 사람들은 이 갓파를 집안으로 끌어들임으로써, 그들에게 '불가사의'라고 비친 사건들을 막부 말기부터 메이지에 걸친 급격한 변혁기에 많은 가문의 성쇠 원인으로 설명하고자 했던 것이다.

여기에서 도노의 특수성으로서의 요괴는 잠시 밀어두고, 도노의 사람들이 어떤 것을 '불가사의'라고 생각하였으며, 그 불가사의를 어떤 초자연적 존재로 상정하여 설명하려 했는지에 대하여 살펴보자.

흔히 불가사의를 설명할 때 자주 이용된 요괴는 여우였다. 도노에도 여우에게 속았다는 이야기가 많이 전해지고 있다. 여우가 나타난 장소는 일정하여, 도노 하치만八幡신사가 있는 오도로가산驚岡山, 가키노시타이나리欠ノ下稲荷, 다가多賀신사, 호도호라이나리程洞稲荷 등의 부근이 요주의 장소였다. 속임을 당하는 패턴도 거의 일정

50 예를 들면 小松和彦, 『異人論』(靑土社, 1985)을 참조.

하다. 화려한 거리라고 생각했던 곳이 사실은 쓸쓸한 들판이었으며, 기분 좋게 목욕을 하고난 곳은 '똥통'이었고, 만두라고 생각하고 맛있게 먹은 것이 사실은 말똥이었으며, 여우의 행렬이 나타나기도 하고, 큰 소리가 들리며, 물고기나 두부튀김 등 여우가 좋아하는 것을 빼앗겼다는 등의 '체험담'이 이야기되는데, 그 대부분이 술에 취해서 돌아오는 밤길에 일어난 일이었다고 한다.

예를 들면 『도노 이야기 슈이』 제196편에 이런 이야기가 실려 있다.

도노의 다이지사(大慈寺)의 마루 밑에는 여우가 보금자리를 지어 살고 있었다. 아야오리촌(綾織村)의 게이에몬(敬衛門)이라는 사람이 언젠가 술안주를 싣고 그 앞을 지나가려고 하는데, 마침 여우들이 혼례를 치르고 있었다. 너무도 흥미로워서 서서 구경을 하였다. 드디어 식이 끝났으므로 돌아가려고 했더니 실어놓았던 안주가 모두 없어져버리고 말았다.

여우가 사람에게 혼례 광경을 구경하게 해놓고 방심한 사이에, 술안주를 감쪽같이 빼돌렸다는 것이다. 그러나 도노 사람은 항상 여우에게 속기만 한 것은 아니다. 위의 책 제190편 이야기는 죽은 남편이 매일 밤마다 아내의 침실 앞에 찾아오는 것을 의심한 가족이 몰래 뒤로 돌아가서 보니까, 큰 여우가 몸을 창문에 기대고 있는 것을 발견하여 도끼로 때려죽였다고 한다. 노토반도 나나우라의 여우가 많은 사람을 속이는데 성공하였음과 비교하면, 도노 여우의 성공률은 낮은 것 같다. 이것은 도노는 일찍부터 여우 신앙은 미신이라고 여기는 '문명개화'가 진행되고 있었던 때문인지도 모른다.

분지 가운데 평야부에서 일어난 괴이를 여우의 탓이라고 여기는 경우가 많은 것과 달리, 산중의 괴이의 전형인 괴이한 소리는 '덴구의 장난'이라든가 '덴구의 북소리', '너구리의 북소리' 등이라고 한다. 『도노 이야기 슈이』 제164편에 다음과 같은 이야기가 있다.

　깊은 산에서 막사를 짓고 머물면, 막사 바로 곁의 숲 속에서 큰 나무가 잘려 넘어지는 듯한 소리가 들리는 경우가 있다. 이것을 이 지방 사람들은 10명 중에 10명이 들어서 알고 있다. 처음에는 도끼 소리가 탁탁 들리다가 한참 지나면, 쾅쾅 나무가 쓰러지는 소리가 들리고, 그 충격이 사람이 있는 곳까지 느껴진다고 한다. 이것을 덴구장난이라고 하는데, 다음날 아침 가보면 쓰러진 나무는 1그루도 눈에 띄지 않는다. 또 둥둥 북소리가 들려오기도 한다. 너구리의 북소리라고도 하고 덴구의 북소리라고도 한다.
　그런 소리가 난 지 2,3일 뒤에는 반드시 날씨가 사나워진다고 한다.

　'노리코시'라고 하는 그림자와 같은 요괴도 있다고 믿었다. 『도노 이야기 슈이』 제170편에 이 요괴의 이야기가 보이고, "처음에는 보는 사람의 눈앞에 작은 까까머리 아이가 나타나지만, 어렴풋하기에 자세히 들여다보면 그때마다 쑥쑥 키가 자라고, 결국 우러러 보아야 할 정도의 높이까지 커진다."라고 설명한 뒤에 다음과 같은 이야기를 소개하고 있다.

　쓰치부치촌(土淵村)의 겐쿠라(權倉)라는 대장장이가 스승에게 가서 일을 배우고 있었을 때였다. 어느 날 밤늦게 집으로 돌아와보니,

집 안에서는 스승의 부인이 등불을 밝히고 바느질을 하고 있는 모양이었다. 그것을 미닫이 문 밖에서 한 남자가 문틈으로 엿보고 있었다. 누구일까라고 생각하여 다가가니, 그 남자는 조금씩 조금씩 물러나더니 섬돌 부근까지 물러났다. 그때 갑자기 키가 쑤욱쑤욱 커지더니, 드디어 지붕을 뛰어넘어 어둠 속으로 사라졌다고 한다.

이 요괴는 전국각지의 산이나 길에 출몰하는 '중대가리의 요괴'나, 바다에 나타나는 '바다 스님'과 같은 계통의 요괴인 듯하다. 이 요괴는 "처음에 머리를 먼저 나타내는데 아래 부분을 보려고 하면 곧 사라져버린다."라고 한다.

'외눈박이에 외발'의 요괴를 퇴치했다는 전승도 전해지고 있다. 옛날 사다토산貞任山에 살고 있던 이 요괴를 하타야노누이旗屋の縫라는 사냥꾼이 퇴치했다고 한다. 그 근처는 광산업이 왕성했던 지역으로, 이 전승은 여러 광산지역에서 수집된 요괴담과 상통하는 전승이다. 특히 이 지역에서도 전승되던 '귀신의 아이 고즈나小綱'의 이야기는 귀신과 인간의 여자 사이에 태어난 '가타코片子' 이야기와도 관계있는 전승이다.[51]

도노를 대표하는 요괴로서 잘 알려져 있는 것은 말할 나위도 없이 '갓파'이다. 『도노 이야기 슈이』 제178편은 갓파의 마부 이야기다.

하시노(橋野) 사와히강(沢桧川) 개천 하류에는 고로베후치(五郎兵衛淵)라는 깊은 연못이 있었다. 옛날 이 연못 부근에 사는 대가집 사람이 말을 시원하게 해주려고 연못으로 데리고 가서 말만 놓아두고 집으로 돌아갔다. 그때 물 속에 있던 갓파가 말을 물속으로 끌어 들이려고 자기 허리에 고삐를 붙들어 매고 말을 끌어당겼다. 말은 놀

51 「片子」에 관하여는 小松和彦, 『異類婚姻の宇宙』(上·下), 『へるめす』 10·14號를 참조.

일본의 요괴학 연구

라서 그 갓파를 질질 끌고, 마굿간으로 돌아왔다. 갓파는 할 수 없이 말구유 밑에 숨었다. 주인이 말에게 먹이를 주려고 구유를 뒤집는 바람에 숨어 있던 갓파가 발각되었다. 갓파는 크게 사과하면서 이제부터는 다시는 그런 장난질을 하지 않겠으니 용서해달라고 빌며 서약서를 써주고 연못으로 돌아갔다. 그 서약서는 지금도 그 대가집에 보관되어 있다고 한다.

도노의 갓파는 이처럼 말을 물속으로 끌어당기기도 하며, 오이를 좋아하고, 사람을 돕기도 하는 등 전국각지에서 전승되어 있는 갓파와 공통되는 특징을 갖추고 있다. 뿐만 아니라 특이한 성격도 가지고 있다. 그 하나는 현실적인 문제로서 갓파가 인간의 여자와 성적 관계를 가지고, 그 여자에게 갓파의 아이를 임신시킨다고 믿고 있었던 것이다. 이 배후에는 남편이 멀리 막벌이 노동에 나가서 집을 비운 사이에 바람난 아내 이야기, 장애아로 태어난 아이를 요괴시하여 내다버리거나, 임신중절시켰던 사실 등이 숨겨져 있는 것 같다. 그 외에도 갓파의 얼굴이나 신체가 빨간 것, 자시키와라시나 원숭이 요괴와 깊은 관계가 있는 것, 용이나 뱀신과 유사하다는 특징 등을 지적할 수 있다.[52]

아무튼 도노에서는 실종사건이 자주 일어났던 것 같다. 사람이 실종되면 그것을 '신이 숨김'이라고 생각한 것은 다른 지역과 같지만, 여기에서는 그것을 '야마오토코'나 '덴구' 등 요괴의 탓이라는 전승이 많았다. 『도노 이야기』 제31편은 다음과 같은 이야기이다.

도노의 민가의 자녀 가운데, 해마다 이인에게 붙들려가는 자가 해마다 늘어나고 있다. 특히 여자가 많다.

52 三浦佑之, 『村落傳承論』 (五柳書院, 1987).

『도노 이야기 슈이』제110편도 '신이 숨김'을 다룬 이야기가 있다. 도노의 손베村兵의 집에서는 오이농사를 짓지 않는데, 그 이유는 옛날 이 집의 자손 가운데 예쁜 며느리가 오이를 따러 밭으로 나간 후에 행방불명이 되었기 때문이라고 한다. 그 후 가미고촌上鄕村 사람이 롯코우시산六角牛山 산중에서 이 여자를 만났는데, 야마오토코에게 붙들려가서 그의 아내가 되어 있었다는 이야기가 전해진다. 이 요괴전승의 배후에는 단정할 수는 없지만 야마시와의 관련성이 있는 듯하다.

이러한 어디에서나 있을 법한 요괴·괴이전승을 찾아내면 도노도 아주 특수한 마을은 아니라는 것을 알 수 있다. 도노는 일반적인 민간전승과 도노만의 특이한 전승이라는 2중성을 지니고, 그 독특한 환상적인 전승을 이어가고 있었던 셈이지만, 그 모두가 도노의 전승임에는 틀림없다.

요괴가 있는 도노의 랜드스케이프라는 관점에서, 이 도노 분지를 다시 한번 살펴보면 어떤 특징을 발견할 수 있을까.

깊은 산속에는 광산 채굴자나 목제품을 만드는 사람인 기지시木地師 등의 촌락이 있고, 그들은 그들 사이에서 공유되는 전승 문화를 지니고 있었다. 그 중핵이 되는 전승은 그들의 생업에 영향을 미치는 것이었다. 분지 평지부의 농촌에는 농경과 말·누에 등을 생업으로 하는 농민들이 살고 있었다. 도노에서 채집된 전승의 주된 담당자들은 그들이었다. 즉 이 농민들의 시점에서 바라 본 도노가 『도노 이야기』나 『도노 이야기 유이』 등에 수록되어 있다고 할 수 있다. 다시 말해서 농민들 쪽에서 보면, 깊은 산속에서 신비로운 영역을 형성하고 있는 광산 채굴자나 기지시가 때로는 신비로운 존재로 여겨졌던 것이다.

도노성의 주위는 마치로써 많은 사람들이 살고 있었다. 그들도 그들 사이에 공유되는 전승 문화를 가지고 있었다. 마치라고 하는 지역적 성격상, 교환을 위해서 모여드는 사람들에 대하여는 항상 열린 태도로 임하고 있었지만, 그 문화내용 가운데 특별히 정신적인 면은 농민들과 공유되는 부분이 많았던 것 같다. 마치의 주민들도 깊은 산속을 신비로운 영역이라고 생각하며 많은 환상을 품고 있었다.

그렇다면 광산 채굴자나 기지시는 어떤 관점에서 농촌이나 성 주위의 마치를 인식했을까.

과연 도노의 세계는 신비적 영역으로 비추어졌던 것일까. 이 점에 관한 구체적인 조사보고가 없으므로 명확하게 어떻다고 말할 수 없다. 그러나 그들 쪽에서 보면, 분지의 평지 세계는 그들의 눈 아래에 펼쳐져 있어서 쉽게 전망할 수 있는 세계이며, '상품'을 팔거나 식료를 공급해주는 세계이었으므로, 그들에게 있어서 분지의 평지 세계는 지극히 현실적이며 중요한 생활사회・생활세계로서 그들의 세계에 편입되어 있었다고 말할 수 있을 것이다. 『도노 이야기』 제7편의 야마오토코에게 붙들려간 마을(분지 평지의 농촌) 여자가 사냥을 위해서 산에 들어간 마을 남자를 만나서 들려준 이야기는 "장날과 장날 사이에 한두 번씩 남자 4,5명이 무언가 이야기를 나눈 뒤에 어딘가 다녀오는데, 음식물 등을 가지고 돌아오는 것을 보면 마치에 갔다온 것 같았다."고 하는 말은 이런 사실을 나타낸다.

앞에서 인용한 것같이 "도노에서는 산과 물과 자시키라는 3가지의 생활공간의 어둠 속으로부터 이야기의 실마리가 풀려나갔다."라고 말하며, 또 "도노의 아이들은 2중의 공포를 가지고 있었다. 하나는 산에서 느끼는 공포, 또 하나는 집 안의 자시키에서 느끼는 공포다."라고 기쿠치가 말했지만, 이것은 주로 분지 평지의 농민의 세계에 한정되는 것임을 지적해두고자 한다.

도노의 마을의 요괴전승에 관한 보고도 많고, 자세히 소개·검토하고 싶은 것도 많지만 지면의 형편상 여기서 끝내도록 한다. 요컨대 우리들은 도노 마을의 코스몰로지가 전국 어디서나 찾아볼 수 있는 것과 같은 흔한 괴이·요괴문화와 도노만의 특이한 문화상황을 반영한 괴이·요괴문화가 공존하는 이중구조로 이루어져 있다는 점을 확실히 기억해둘 필요가 있다.

도노의 마치의 요괴들

도노는 일본의 마을이나 고향의 전형처럼 여겨지고 있지만, 앞에서 말한 것과 같이 일본의 평범한 마을이라고 하기보다는 지극히 특이한 마을이었다. 그리고 그 특이성은 도노가 교통의 요지로서 발전되었으며, 한편은 광산 채굴자나 기지시 혹은 슈겐자修驗者[53]들이 사는 깊은 산속의 촌락을 포괄하고 있었다는 점이다. 이런 환경에서 폐쇄성과 개방성이 서로 어우러져 환상적 이야기가 창작되었던 것이다.

이러한 점은 이미 많은 연구자들이 여러 차례 지적한 바이며, 특별히 새로운 견해는 아니다. 그런데 도노에는 또 하나의 중요한 요괴전승의 모체가 되는 생활공간이 있었으며, 거기에서도 주목할 만한 요괴이야기가 끊임없이 전승되었던 것이다. 그것은 도노의 '마치'공간이었다.

이미 살펴본 바와 같이 마치에도 대소의 차이가 있었다. 일반적으로 작은 마치에서는 주위 촌락의 요괴전승과 같은 전승을 공유하며, 마치의 특성을 드러내는 독자적인 요괴전승을 거의

53 역주 : 일본불교의 한 유파인 슈겐도(修驗道)의 수행자. 검은 옷에 모자를 쓰고 가사를 걸치며 경을 넣은 상자를 짊어지고 금강장을 짚고 다닌다. 산이나 마을을 다니면서 수행하며 민간을 대상으로 종교행위를 한다. 야마부시(山伏) 혹은 겐자(驗者)라고도 한다. 슈겐도는 주력을 획득하기 위하여 산속에서 수행하며, 자연과 일체화를 통한 즉신성불(卽身成佛)을 목표로 한다.

찾아볼 수 없다. 그러나 근세후기 인구가 약 6,000명에 달하던 도노의 중심부에서는 마을과 공통되는 요괴전승과 더불어, 마치이기 때문에 그렇게 전개되었으리라고 생각되는 요괴전승도 풍부하게 전해지고 있었다. 이하에서는 '마치의 코스몰로지'의 하나의 실례로서 도노의 마치를 배경으로 하는 요괴전승을 살펴보기로 하자.

도노의 마치의 요괴전승은 주변 촌락에서 전해지던 이야기를 변형시킨 것이 많다. 여우와 관련된 괴이전승은 그 대표적인 것이며 자시키와라시도 또한 그렇다. 자시키와라시는 마을의 오래된 집안의 자시키에 출몰한다는 약속이 있다. 이것은 자시키가 집 안에서 심리적으로 가장 조용하며 낯선 공간이며, 어두운 공간이었기 때문이다. 그런데 창고를 따로 세울 정도의 대가집이 생기면 자시키와라시는 그 집안의 어두운 공간에 출몰하게 된다. 자시키로부터 창고로 출몰 장소를 바꾼 요괴를 사람들은 '오쿠라봇코'라고 불렀다. 이 '오쿠라봇코'는 촌락뿐만 아니라, 거의 같은 시기에 돈을 많이 벌어서 창고를 가지게 된 마치의 집안에도 출몰하게 되었던 것 같다.

『도노 이야기 슈이』 제88편의 이야기는 그 하나의 예가 된다.

도노 마을의 모리베村兵라는 사람의 집에는 큰 창고 즉 봇코가 있었다. 왕겨 등을 바닥에 흩어 뿌려 두면 작은 아이의 발자국이 여기저기 생겼다고 한다. 나중에 발자국이 보이지 않게 되자, 가운도 조금씩 기우는 것 같았다고 한다.

도노의 마치에 사는 사람들도 '덴구'를 만나거나, '신이 숨김'을 당하거나, '여우'에 속기도 하였다. 그러나 다음과 같은 이야기는 마치의 괴이라고 해야 할 전승의 하나다.

도노 무이카이치(六日市)의 대장장이 마쓰모토 산에몬(松本三右衛門)의 집에 밤이 되면 어디서부터 왔는지 알 수 없는 돌멩이가 날아왔다. 그런 소문이 나자 동네사람들이 구경하려 몰려들었다. 그러나 구경꾼이 있는 동안에는 아무 일도 일어나지 않다가, 돌아가 버리면 다시 날아들었다. "매일 아침이면 밤새 날아들어온 돌을 집앞에 내다놓고, 어젯밤도 이 정도 날아들었습니다."고 보여주곤 했다.

　　이런 현상은 이른바 '요정'의 일본판이라고도 말할 수 있는 것으로, 근세의 에도에서도 자주 발생한 괴이현상이었다. 이 도노의 괴이현상은 나스노[那須野]의 요괴 여우[妖狐]의 자손이라고도 말할 수 있는 '꼬리가 2개로 갈라지고 꼬리의 반 이상이 하얗게 된 늙은 여우'의 소행이었음이 밝혀졌다고 한다. 산 속에서 괴이한 소리가 들리는 현상이 마치에 이식[利殖]된 것이라고도 해석할 수 있는 전승이다.

　　같은 괴이·요괴현상의 이식은 '야마노온나[山女]'의 괴이에도 나타났다. 『도노 이야기』 제3편에는 "멀리 떨어진 바위 위에 아름다운 여자가 길고 검은 머리카락을 빗고 있었다."라고 하며, 『도노 이야기』 제4편에도 위와 같은 여자를 만났기 때문에 병을 얻어서 죽어버린 남자의 이야기가 실려 있다. 이와 같은 여자가 메이지 시대 이후에도 도노 마치의 민가에 출몰했다고 한다. 『도노 이야기 슈이』 제92편은 그런 이야기다.

　　도노 신마치(新町)의 오쿠보(大久保)의 집 이층에 있는 도코노마(床間)[54] 앞에서 밤이 되면 여자가 나타나서 머리를 빗고 있다는 소문이 퍼졌다. 료카와(兩川)라는 사람이 그러한 일이 과연 있을 수 있겠는가라고 말하고, 어느 날 밤에 찾아가보니, 과연 소문대로 처음

54 역주 : 방안 한쪽에 그림이나 족자, 화병 등을 장식하기 위하여 설치하는 공간. 근세 이후 일본건축에서 자시키에 설치한다.

일본의 요괴학 연구

보는 여자가 머리를 빗고 있다가, 힐끗 이쪽을 쳐다보았는데 그 얼굴이 매우 무서웠다고 한다. 메이지 시대 이후의 이야기이다.

이 젊은 여자 요괴를 도노의 사람들이 어떻게 설명했는지에 대해서는 적혀 있지 않지만, 아마도 유령 즉 그 어떤 이유로 이 세상에 미련을 남기고 죽은 여자의 망령이라고 설명하지 않았을까. 이것은 도노의 마치에서는 유령 출현담이 빈번히 이야깃거리가 되고 있었기 때문이다. 예를 들면 『도노 이야기 슈이』 제137편의 이야기는 데라마치寺町의 묘지에서 최근에 죽은 여자를 만났는데, 끊임없이 돈이 나오는 자루를 얻어 갑자기 유복해졌다는 이야기가 있다. 길을 잃고 헤매다가 우연히 들어간 집[迷い家]55 이야기의 변형이라고 할 수 있는 유령담이다. 또 『도노 이야기 슈이』 제151편 이야기는 오늘날에도 여전히 많이 전승되고 있는 가사상태의 아이의 영이 묘지에 출현한다는 '유체이탈幽體離脫' 현상을 다룬 유령담이다.

끝으로 마치의 특성이 가장 잘 드러나는 요괴담을 소개한다.

옛날 도노의 히토이치(一日市)라는 사람의 딸은 목이 빠진다고 하여 「빠지는 목[抜け首]」이라고 한다는 소문이 있었다. 어떤 사람이 밤중에 가기초(鍵町)의 다리 위에 이르자, 젊은 여자의 목이 떨어져 데굴데굴 굴렀다. 다가가면 도망가고 다가가면 도망갔는데 결국 그 딸의 집까지 쫓아 왔더니 지붕의 부서진 창문을 통해서 집안으로 쏙 들어가 버리고 말았다.

『도노 이야기 슈이』 제229편에 보이는 이 괴이현상은 마을의 큰 길이 무대가 되고 있다.

55 역주 : 깊은 산속에서 길을 잃은 사냥꾼이 날이 어두워져 헤매던 중 좋은 건물의 외딴집을 발견하고 들어가 쉬고 가게 해달라고 부탁하지만 아무도 맞아주지 않는다. 하는 수 없이 집에 들어가나 잘 꾸며진 방에 맛있는 음식이 차려져 있지만 식구들이 나타나지 않았다. 문득 정신이 들어 도망쳐 나왔다. 다음에 친구들과 함께 그 집을 찾아내려 했으나 다시는 찾을 수가 없었다.

게다가 '빠지는 목' 이야기는 유례를 찾아볼 수 없는 특이한 요괴가 이 골목길을 배회하고 있는 것이다. 도노의 밤거리 골목길이 마치의 독자적인 요괴가 출몰하는 공간이 되어가던 현상을 여실히 나타내준다는 점에서 대단히 흥미 깊은 이야기이다.

그런데 마치는 촌락과는 달리 민가가 밀집해 있기 때문에, 요괴가 출몰하기 쉬운 공간이 지극히 제한되어 있다. 그런데도 불구하고 이처럼 요괴들은 창고나 이층, 묘지, 골목길의 어두움을 이용해서 출몰하고 있는 것이다. 사람들이 이런 곳에서 '불가사의'를 찾아내고, 그것을 요괴를 통해서 설명하려고 했던 것이다. 막부 말기부터 메이지시대의 도노의 마치는 거대한 마치인 에도와 같이 마치적인 특징을 지닌 요괴를 그 내부에 길러내고 있었던 것이다. 그러나 이와 같은 마치도 철도의 개통과 함께 몰락해 갔던 것이다.

근대 이전 지방도시의 요괴연구는 유감스럽게도 조직적으로 전개되지 못했다. 민속학자의 관심은 촌락에 있었으며, 마치에 관한 조사가 거의 이루어지지 않았기 때문이다. 도노보다도 규모가 큰 지방도시(큰 마치)에서는 더 많은 마치적인 괴이·요괴전승이 생성되어 이야기되고 있었지만 그런 전승을 발굴하는 일은 금후의 과제로 남아 있다. 앞에서 말한 마치의 요괴전승은 촌락과 마치의 구별이 없고, 도노의 전승이라는 이름으로 채집·기록되었지만 그 가운데서 마치적인 것을 골라낸 것에 지나지 않는다. 그런 의미에서 요괴의 민속학은 아직 미숙하다고 해야 할 것이다.

일찍이 많은 마을이나 마치에서 다양한 괴이·요괴전승이 이야기되고 있었다. 그것은 사람들의 생활문화의 일부였으며, 따라서 요괴들은 활기찬 모습으로 어둠 속에서 맹활약을 하고 있었다. 요괴들은 각각의 환경·경관의 안에서 그 나름대로 서식하고 있었던 것이다. 이전의 민속학자는 야나기타가 그랬던 것같이 도노의 분지에 들어가면 여기저기서 요괴가 출현하는 장소를 찾아낼 수 있었다. 아마도 많은 분지에서도 그 지역의 특수한 사정을 반영하면서 요괴담은 생성, 전승되었다고 생각된다. 미즈키도 소년시대에 그러한 세계를 체험한 것이다. 우리들이 조사하고 있는 오쿠노토의 나나우라 사람들도 예전에는 모두 그러했다.

4. 요괴와 도시의 코스몰로지

전근대 도시의 요괴들

근대까지의 일본은 농업을 기본적인 생업으로 하는 나라이었으며, 농민들의 생활을 그려내는 것은 일본인의 문화의 골격을 그려내는 것과도 같았다. 적어도 인구 비율적으로는 그랬다고 해도 좋을 것이다. 한편 비율적으로는 낮지만 '도읍지[都]'나 성의 둘레에 조성된 '마치[町]'에 모여 생활하는 사람들(귀족이나 무사, 장인, 상인)은 농민의 문화와는 다른 문화와 역사를 만들어 내었다. 그러한 규모가 큰 인구밀집지역 즉 대규모의 마치를 우리들은 '도시都市'라고 부르고 있는 것이다.

이처럼 도시의 전신은 '마치'이다. 이미 지적한 바와 같이 '마치'는 '미치[道, 길]' 등과도 깊은 관계를 가지는 단어로 한 영역을 이루는 지역이라고 생각할 수 있다. 하나의 영역으로 묶이게 된 까닭은, 사람들이 거기에 모여들었기 때문이다. 원래는 그러한 장소는 교역을 위한 '시장'이 서던 곳이라고 생각되지만, '마치'의 형성 과정에 따라 분류하면, 성 주위의 마치, 여인숙 마치, 사찰 주위의 마치[門前町], 항구 마치 등으로 구분된다. 이러한 '마치'가 거대화되고 기능이 복합화되어, 근대 도시로 발전하는 것 같은 전前근대의 도시가 발생된 것이다.

단, 일본의 도시는 많은 연구자가 지적하듯이 도시와 전원, 상업기능과 농업기능과 같은 구분이 명확한 것이 아니고, 쌍방을 서로 포용하면서 발달되었다.[56] 야나기타의 경우는 도시민의 주요한 구성원인 서민의 심성마저도 농민과 다르지 않다고 생각하였다.[57]

그러나 도시의 주민은 한편에서는 농민적 생활문화를 계승하면서도, 한편으로는 도시민으로서의 생활을 거듭하며 도시문화를 생성해 온 것이다. 도읍지인 교토京都나 장군가의 휘하에 있는 에도는 물론 성 주위의 마치를 중심으로 하는 다른 지방도시에서도 정도의 차이는 있지만 도시의 서민문화가 형성되어 있었다. 그 서민문화의 안에는 당연히 여기에서 논의하고 있는 요괴문화도 포함되어 있다. 도시라는 지극히 인공적 공간에 살고 있는 사람들에게도 공포를 느낄 상황이 발생되며, '불가사의'라고 생각되는 현상이 완전히 사라져버릴 까닭도 없기 때문이다.

한편, 근대 이전의 도시는 농업기능과 상업기능이라는 중층적 기능을 가지고 있었다. 이것은 도시 안에 농민도 있고 상인이나 장인 등도 있다는 것이며, 도시의 경관도 상가나 장인들의 가옥이 밀집하는 지역과 전답이나 들판, 숲 등이 혼재된 양상을 나타내고 있었다. 따라서 도시의 요괴들도 이러한 2중성을 띠고 있었다. 농촌적 즉 시골적인 요괴가 마치 즉 도회 사람의 영역에 침투해서 변질되거나, 그 반대 현상이 다양한 형태로 전개되고 있었던 셈이다. 다시 말해서 도시민의 공포심을 환기하는 공간은 도시공간과

56 フィリップ・ポンス 著, 神谷幹夫 譯, 『江戸から東京へ』(筑摩書房, 1992).
57 柳田國男, 「都市と農村」, 『定本柳田國男集』 第16卷(筑摩書房, 1969).

그곳에 인접하는 농촌공간, 그리고 그 배후에 있는 자연공간 등 모두가 그런 공간이 될 수 있었다. 이 이중구조는 앞에서 검토한 도노의 성 주위에서도 나타난다.

헤이안시대 교토의 공포 공간

일본의 도시 요괴의 성쇠를 살펴보면 이러한 현상을 한층 확실하게 이해할 수 있을 것이다. 예를 들면 중국의 수도를 모방하여 만든 헤이안시대의 교토도 그 내부에 전답이나 벌판이 포함되어 있고, 주위가 산으로 둘러싸인 소위 '소분지우주'이며, 교토의 귀족을 중심으로 하는 사람들은 자연과 인공의 이중구조로 된 도시공간에서 형성된 코스몰로지 속에서 살고 있었다. 이것은 인구가 100만 명이라고 하던 거대도시巨大都市 에도와도 같았다고 할 수 있다. 이러한 이중 구조를 가진 도시에서는 요괴도 이중성을 배경으로 발생된다. 다시 말해서 자연 가운데에서 만들어진 요괴와 인공공간의 안에서 만들어진 요괴라는 2종류의 요괴들이 도시를 배회하고 있었다.

예를 들면 『금석이야기[今昔物語]』[58] 등이 쓰여지던 당시의 주민에 게는 교토의 어떤 곳이 무섭게 여겨지는 공간이며, 또 거기에 어떤 요괴가 출몰했는지 간단히 살펴보자.

우선 염두에 두어야 할 것은 중국의 수도를 모방하여 계획적으로 만들어진 헤이안 교토도 서쪽 일대인 우쿄右京에는 많은 부분이 습지였기 때문에, 수도의 중심이 점차로 사쿄左京 즉 동쪽으로 이동해 갔다. 또 하나 중요한 점은 이 시대의 교토가 도시라고는 해도 종교시설이나 산문 등을 제외하면 건물의 대부분은 단층집이었

[58] 역주 : 헤이안시대 후기에 성립된 편자 미상의 설화집. 인도, 중국, 일본의 설화로 분류되며, 등장인물은 국왕, 귀족, 서민남녀, 요괴, 동물 등 매우 다양하다. 특히 종교인, 무사, 도둑 등의 정신과 행동을 자세히 묘사한 부분으로 문학만 아니라 민속연구에도 귀중한 자료가 된다.

일본의 요괴학 연구

다. 또 하나 주의해야 할 점은 헤이안시대 중기부터 음양도 등의 영향을 받아서 동북 방향은 귀신이 침입해 오는 '귀문鬼門'[59]의 방위라는 생각이 널리 퍼져 있었다는 것이다. 그리고 이러한 공간 속에 살면서 사람들은 계속해서 오래 전부터 있던 교토를 환상하고 있었다. 현실의 교토가 환상의 교토와 여러 가지로 뒤섞이며, 교토는 언제나 사람들의 이미지 안에서 존재하고 있었던 것이다. 교토의 공포 공간, 요괴출몰 공간을 생각할 때, 우리들은 이러한 조건을 항상 염두에 둘 필요가 있다. 특히, 교토 사람들 사이에서는 '오니鬼'라는 존재가 교토의 괴이·공포 현상의 근간을 이루고 있었다. 전염병이나 원령 등도 이 '오니'라는 명칭으로 설명하고자 했던 것이다.

당시의 교토의 주민이 강하게 의식하고 있었던 공포공간은 교토 안팎을 막론하여 밤의 공간이었다. 낮의 교토는 사람들로 매우 붐비지만, 밤의 어둠은 교토를 공포의 공간으로 바꾸어 버린다. 가마쿠라시대 말기에 제작된 『하세오조시長谷雄草子』는 당시 교토의 공포공간을 추론하는 단서를 제공해주는 자료의 하나이다. 여기에 등장하는 요괴는 오니이며 무대는 교토시내이다.

어느 날 황혼 무렵이었다. 기노 하세오(紀長谷雄)가 궁궐에 가려고 하는데 한 남자가 찾아와서 주사위로 내기를 하고 싶다고 한다. 흥미를 느낀 하세오가 이 남자를 따라 나서니 주작문(朱雀門)[60]에 도착했다. 이 문 누상에서 주사위 내기를 하는데, 남자가 몰려서 지게 되자 모습이 오니 형상으로 변했다. 결국 하세오가 이기자, 이 남자 즉 오니는 약속대로 절세의 미녀를 건네주었다. 남자는 100일이 되기 전에는 절대로 여자에게 손을 대거나 껴안으면 안 된다고 하세오에게 약속을 하도록 했다. 그러나 이 여자가 너무 아름다웠기에 하

〈그림 11〉 쌍육놀이로 내기를 하는 기노 하세오와 주작문의 오니

61 역주 : 교토 기타노신사(北野神社)에 모셔진 신. 실존인물인 스가와라 미치자네(菅原道眞, 845~903)는 귀족으로 학자이자 고관으로 임금을 모셨으나, 음해를 받고 좌천되어 억울하게 죽자, 신이 되어 정적에게 복수를 하고 복권되어 영험한 신으로 모셔진다.
62 『日本の繪卷』 第11卷(中央公論社, 1988).
63 黒田日出男, 「說話と繪卷」, 『說話とその周辺(『說話の講座』 6)』(勉誠社, 1993).

세오가 이 약속을 어기고 80일 정도 지났을 때, 껴안아버리고 말았다. 그만 여자는 녹아서 물이 되더니 흘러내려가 버렸다. 얼마 뒤에 하세오가 궁궐로 가는 도중에 오니가 나타나서 약속을 어긴 것을 다그치면서 죽이려고 덤벼들었지만, 기타노 천신(北野天神)[61]에게 기도하자 오니는 자취를 감추었다. 이 오니는 주작문에 있는 귀신이었다. 이 오니가 데리고 온 여자는 죽은 여러 사람의 뼈 가운데서 좋은 부분을 모아서 만든 것으로, 100일 지나면 정말로 완전한 여자가 되었을 터인데, 약속을 어겼기 때문에 녹아 사라져버린 것이었다.[62]

역사학자 구로다 히데오黒田日出男[63]가 이것을 '밤의 두루마리 그

일본의 요괴학 연구

림夜の繪卷'이라고 명명한 것같이 이런 이야기가 전개되는 시간은 일관되게 밤이다. 귀신은 밤에 출몰한다는 것이다. 그러면 이 오니는 낮에는 어디 있다가 밤의 교토에 나타나는 것일까.

이야기에는 이 오니가 주작문에 살고 있었다고 한다. 12세기 초두의 『강담초江談抄』라고 하는 설화집에도 오니가 등장한다. 주작문에서 살고 있던 오니가 조정의 보물인 '현상玄上'이라는 비파를 훔쳐갔기 때문에 밀교의 주술을 써서 찾아보았더니, 주작문의 2층 누상으로부터 많은 비파가 줄을 타고 내려왔다는 이야기가 있다. 이를 통하여 주작문은 인간계와 오니 등이 있는 이계의 경계였다는 생각이 들게 해준다. 주작문은 당시의 사람들에게 있어서 궁궐과 그 외부와의 평면적인 의미에서의 경계임과 동시에 수직적으로도 이계와의 경계였던 것이다. 교토의 남쪽 입구에 높이 세워져 있었던 나성문羅城門이나 응천문應天門 등도 모두 요괴가 출몰하는 공간으로 여겨지고 있었다.

이 설화에서 흥미 깊은 것은 귀신이 인간을 만들어서 인간세계로 보냈다는 점이다. 『찬집초撰集抄』에 실려 있는 설화 가운데, 유명한 시인이자 승려인 사이교西行가 오니가 하는 방식대로 '반혼의 비술反魂の秘術'을 써서 인간을 만들려고 하다가 실패했다는 이야기가 있다. 요컨대 당시 사람들은 인간은 '인간이 낳은 인간'과 '귀신이 만든 인간'의 2종류가 있다고 생각했다는 것이다. 이 비술이 어떤 전통에 유래하는 것인지에 대해서, 구로다가 자세하게 논하고 있고 나도 다른 글에서 검토했으므로 여기에서는 더 이상 깊이 논하지 않는다.

주작문 이외에도 교토의 도시공간에는 도시적인 공포의 공간이라고 할 수 있는 공간이 점재하고 있었다. 낡은 저택이나 저택이 있던 자리 즉 '유령의 저택'이다. 『금석이야기』 권27 제31의 이야기는 그 전형적인 사례이다.

참의 벼슬에 있던 미요시 기요유키(三善淸行)는 학식이 풍부하고 음양도에도 도통한 사람이었다. 교토 시내 고조호리카와(五条堀川) 부근에 흉가라 하여 오랫동안 비어있는 낡은 집이 있었다. 주위의 반대를 물리치고 이 집을 사서, 길일을 택하여 기요유키는 하인에게 다다미 한 장을 들려 이 집에 들어왔다. 예상한 대로 밤중이 되자 기괴한 사건이 잇달아 벌어졌다. 우선 천장에서 덜그럭 덜그럭 하는 소리가 나서 올려다보았더니, 천장에 설치해놓은 격자 사이로 여러 가지 기괴한 얼굴이 나타났다. 기요유키가 무시하고 의연하게 있으니, 드디어 그 얼굴이 사라졌다. 그러자 이번에는 남쪽의 차양 아래에 키가 1자 정도되는 말을 탄 자들이 4,50명 나타나서 서쪽에서 동쪽으로 이동해 갔다. 이어서 창고문이 3자 정도 열리더니 높이 3자 정도의 흑갈색의 이상한 색 옷을 입은 색기 있는 여자가 부채로 얼굴을 가리고 무릎 걸음으로 나왔다. 기요유키가 가만히 지켜보고 있으니, 잠시 후 여자는 창고 쪽으로 물러갔다. 이때 부채 사이로 비친 여자의 얼굴은 코가 길고 붉은 빛을 띠고, 번득이는 은으로 만든 것 같은 4,5치 정도의 송곳니가 입술을 뚫고 나와 있었다. 잠시 후 달빛이 비치는 정원에 연한 노란색 기모노를 입은 노인이 나타나서, 무릎을 꿇고 글 쓴 종이를 내밀었다. 기요유키가 "이것은 무엇인가?"라고 묻자, 노인은 "이 집은 오랜 세월 동안 우리들이 살고 있는 곳이므로, 당신이 이 집에서 살겠다고 하시니, 우리들은 어떻게 합니까. 매우 난처합니다."라고 불평을 늘어놓았다. 그러나 기요유키는 "정당한 수속을 거쳐서 내가 구입한 집이다. 사람을 위협해서 살 수 없도록 하는 너희들이야말로 괘씸한 놈이다."라고 물러나지 않았다. 노인은 "말씀하시는 것은 지당합니다만, 우리는 갈 곳이 없습니다. 단지, 대학료(大學寮)의 남문 동쪽 옆에 공터가 있으니, 허락해주시면 거기로 이동하고 싶습니다만 어떠하신지요."라고 물었다. 기요유키는 "그것은 괜찮다. 곧 일족을 데리고 옮겨라."라고 대답했다. 노인이 "잘 알았습니다."라고 대답하니, 4,50명이 화답하는 목소리가 들렸다. 그이후로 이 저택에서 괴이현상은 더 이상 일어나지 않았다.[64]

64 長野嘗一 교주, 『日本古典全書 今昔物語 5』(朝日新聞社, 1953).

65 眞保享 감수・金子桂三 편, 『妖怪繪卷』(毎日新聞社, 1978)에 의함.

이 이야기에 등장하는 요괴일족이 누구인지는 확실하지 않다. 알 수 있는 것은 이 요괴일족은 빈 집이나 공터를 발견해서 이동하며, 그곳을 점거하는 요괴라는 것이다.

이 계통에 속하는 요괴는 『거대한 흙거미 이야기 두루마리 그림[土蛛蜘草子絵卷]』[65]에 묘사된 요괴들이다. 이 두루마리에 그려져 있는 요괴의 서식지는 가구라오카神樂岡의 낡은 집이었다. 미나모토 요리미쓰源賴光가 와타나베노 쓰나渡邊綱 일행과 렌다이蓮臺 들판을 가로질러 가다가 해골바가지가 하늘을 날아다니는 것을 목격하고, 그 해골을 쫓아서 이 낡은 집에 이른다. 이 낡은 집에 들어가자 잇달아 요괴들이 나타났다가 사라졌다. 갑자기 미녀가 나타나서 요리미쓰를 공격했다. 요리미쓰가 미녀를 베고 그 흰 핏자국을 더듬어 가보니, 서쪽 산 속의 동굴에 도달했다. 동굴 속의 거대한 흙거미 모양의 요괴를 발견해서 퇴치한다는 것이 이 이야기의 줄거리이다. 이 이야기의 경우는 흙거미 요괴가 낡은 집에 살면서, 다양한 모습으로 변신해서 출현하고 있었던 것이었다. 두루마리 그림을 보면, 요시미쓰 앞에 출현하는 대부분의 요괴는 낡은 도구의 요괴 즉 '쓰쿠모가미'이다. 흙거미 요괴가 도구가 변해서 된 요괴들을 지배하에 두고 있었던 것인지도 모른다. 『금석 이야기』 등에 보이는 '강변의 큰집'에 출현한 요괴는 인간의 유령이었다. 원래 그 집 소유자였던 미나모토 도루源融가 그 사후에 다른 사람의 손에 넘어간 집에 출현한 것이었다.

이처럼 교토의 오니저택에는 여러 가지 종류의 요괴가 출몰한 것 같다. 당시 사람들이 낡거나 쓰러진 집, 혹은 빈터를 공포의 공간으로 간주하고 있었던 것을 이러한 설화를 통해서 잘 알 수 있다.

교토의 도시공간 안에서 요괴가 출몰하는 장소로서 빼놓을 수 없는 곳은 큰길과 다리이다. 특별히 이치조모도리다리一條戻橋는 와타나베노 쓰나를 습격한 귀신이 인간의 여자로 둔갑해서 나타났던 곳이며, 또 음양사의 아베노 세이메에安倍晴明가 자신이 부리는 '시키가미式神'[66]라는 오니를 숨어 있게 했던 다리라고 하는 등 오니와 관계가 깊은 공간이었다. '오하하의 길おはは の辻'이라는 이름의 니조오미야二条大宮의 거리도 요괴가 출몰하는 장소로서 유명하였다. 예를 들면 『보물집寶物集』에 수록된 설화에 의하면 구조九条 우대신右大臣이 여기에서 백귀야행을 만난 것으로 되어 있다.

이러한 백귀야행의 출몰·배회하는 설화를 검토한 국문학자 다나카 다카코田中貴子에 의하면, 교토의 귀신은 '오니 저택형'과 '배회형'의 두 가지 유형이 있어, 배회형 귀신들은 이치조一条 대로와 히가시오미야東大宮 대로가 교차되는 모도리다리 부근, 니조二条 대로와 히가시오미야東大宮 대로의 교차점 부근, 궁궐 남쪽의 주작문 부근, 신센인神泉苑 부근에 집중적으로 출현하고 있다고 한다.[67] 다시 말해서 교토의 오니들은 궁궐의 동쪽으로부터 시라카와白川 부근에 이르기까지 대로를 활보하였던 것이다. 그 이후 시대의 작품이지만, 〈쓰쿠모신 두루마리 그림[付喪神絵巻]〉에 묘사된 낡은 도구가 변한 요괴들의 제례 일행도 후나오카산船岡山의 서식지로부터 이치조모도리다리 부근에서 이치조一条 대로쪽으로 진입하여 서쪽에서 동쪽으로 이동하고 있을 때 관백의 일행과 만난 것으로 되어 있다. 이것도 일정한 '법칙'을 따르고 있었던 셈이다. 도시의

66 역주 : 시키가미는 職神, 識神으로 표기하기도 하며, 음양도에서 음양사의 명령에 따라서 자유자재로 변신하며 불가사의한 재롱을(?) 피우는 정령.
67 田中貴子, 『百鬼夜行の見える都市』(新曜社, 1994).

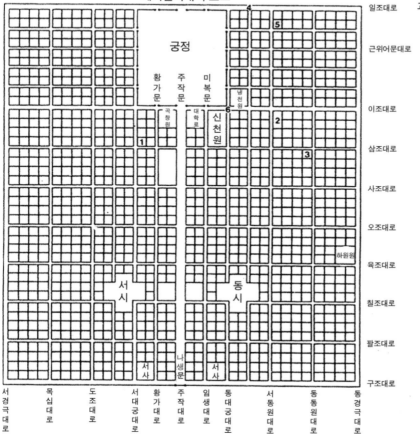

〈그림 12〉 헤이안시대의 교토

헤이안시대의 교토

일조대로
근위어문대로
이조대로
삼조대로
사조대로
오조대로
육조대로
칠조대로
팔조대로
구조대로

궁정

황가문 주작문 미복문

신천원

서시

동시

서사 나생문 서사

1 서삼조   2 동이조   3 육각당   4 모도리다리   5 아베노 세메이 저택   6 아하하의 길

길거리 공간을 떼지어 행렬하는 이형자異形者·요괴 종류의 이미지
는 도시의 대낮의 번창한 상황을 반영한 환상이며, 바로 도시 요괴
의 전형이라고 말할 수 있는 것이었다.

만약 우리들이 헤이안시대 중에서도 말기에 교토의 시내에서 살
고 있었다고 가정하면, 우리들은 인가가 밀집한 교토의 경관과 그

외측에 전개되는 산이나 벌판, 강 등의 경관으로 구성되는 세계의 안에서 일상생활을 영위하고 있었을 것이다. 사람들은 산이나 벌판, 강 등에 요괴들이 숨어 살고 있다가, 그것들이 기회를 노려서 인간세계·도시공간에 침입하여 사람들에게 다양한 재액을 초래하거나 괴이를 보여준다고 믿었기 때문에 교토 시내의 곳곳에서 공포·요괴공간을 찾아낼 수 있었다. 이미 언급한『흙거미 이야기』의 내용은 낡은 집과 동굴이라는 두 개의 요괴출몰 공간이 뒤섞여 묘사되었으며, 교토의 '인공'과 '자연'을 배경으로 〈술꾼동자〉 설화나 〈다마모노마에玉藻前〉 설화를 비롯한 많은 요괴이야기가 창작될 수 있었던 것이다.

에도의 괴이공간

도쿠가와막부德川幕府가 개설되어 에도시대江戶時代[68]가 시작된 이후, 일본 최대의 성인 에도성을 중심으로 급속히 대도회지로 발전된 에도의 마치도 교토처럼 도시와 전원, 상업기능과 농업기능, 인공과 자연과 같은 구분이 명확하지 않은 채, 두 가지 요소를 어우르며 발전해 왔다. 따라서 에도시대 후기에는 인구 100만에 달하는 대도시로서 여기에 출몰하는 요괴도 이러한 이중성을 띠고 있었다. 물론 오사카大坂나 교토, 가나자와金沢 등의 근세의 대도시도 사정은 에도와 같았을 것이다.

근세 도시의 요괴는 그 이전의 요괴와 비교했을 때, '오니'신앙이 현저하게 쇠퇴했다고 할 수 있다. 고대부터 중세의 교토에서는 괴이현상의 원인을 오니신앙의 시스템으로 설명하려는 경향이 강했다. 예를 들면, 원한을 품고 죽은 자의 망령이 출현할 경우, 그

[68] 역주 : 도쿠가와 이에야스 (德川家康)가 1603년에 에도에 막부를 개설한 이래 통치권을 천황에게 반납한 1867년 사이로, 일본의 근세를 지칭한다. 사회적으로는 안정을 이루었으며 서민문화가 발달되었다.

일본의 요괴학 연구

모습을 생전의 모습으로 묘사하거나, 이 오니신앙의 시스템에 포함시켜서 대개 오니의 모습으로 출현시켰다. 이러한 오니신앙을 설파하여 널리 퍼지게 한 것은 음양도나 슈겐도의 종교자이며, 교토의 귀족들을 중심으로 하는 지식인들이 이것을 지지하고 있었다. 그러나 귀족의 몰락과 함께 종교자의 몰락, 혹은 과학적·합리적 사고의 발달, 그것을 근거로 한 물질 문명의 전개 등에 의하여, 지배자·지식인층은 오니신앙에 근거하여 괴이현상을 설명하려는 경향이 차츰 사라지게 되었다. 이러한 결과 근세 도시의 요괴현상과 그 설명은 사회의 상층부에 속하는 지식인·종교자의 설명체계에 의하여 성립된 것이 아니었다. 이전 시대부터의 괴이·요괴현상으로서의 오니신앙의 시스템을 한 꺼풀 벗겨낸 민중적인 요괴신앙의 계승, 혹은 농촌출신들이 가지고 온 농촌적인 요괴신앙을 근세 도시문화에 혼합한 것 같은 어떤 의미에서는 소박한 서민신앙으로 변질되고 있었던 것 같다.

오니가 밤의 도시공간에서 종적을 감춘 결과, 그것을 대신해서 등장한 요괴의 대표 중 하나는 원령 즉 '유령'들이며, 또 하나의 요괴 대표는 여우나 너구리 등의 '동물요괴'이었다. 이런 요괴는 모두 고대부터 존재하던 요괴라는 것은 알려져 있었지만, 오니신앙의 쇠퇴에 따라 신변에서 생기는 괴이현상을 설명하기 위하여 새삼스럽게 도시 서민들의 관심을 끌게 된 것이다. 다시 말해서 괴이가 생기면 그것은 여우 때문이 아닐까, 혹은 유령(원령) 때문이 아닐까라고 생각하게 된 것이다.

일본에서는 고대부터 여우 요괴의 소행이라고 여기는 괴이현상에 관한 기록이 전해지고 있다. 노토의 나나우라에서도 도노에도 교토에도 여우의 괴이담은 대단히 많았고, 근세의 에도의 마치에서도 그랬다. 근세의 여우 신앙이 광범위하게 유포되는 배경에는

〈그림 13〉 목이 늘어나며 머리
가 자유자재로 움직인다는 요괴
녹로머리(轆轤首)

농업이나 상업의 신으로서 서민 사이에서 크게 유행되었던 이나리
신앙이 있었다.

　여우의 요괴성은 크게 두 가지로 나눌 수 있다. 하나는 사람에
게 빙의하여 병이 들게 한다는 것이고, 또 하나는 사람을 속이는
것이다. 즉 요술로 인간으로 둔갑하거나 환상세계를 만들어 내어
인간을 홀릴 수 있었다. 그 결과 그것을 알아채지 못한 사람이 여
우와 결혼해버리는 일도 있었던 것이다.

　예를 들면, 『추억 이야기[思出草子]』에 다음과 같은 이야기가 실려
있다.

　간다(神田) 미카와초(三河町)에 살고 있던 목수가 밤거리의 여인
과 매우 친해져서 꼬박꼬박 찾아다니고 있던 어느 날, 이 여자가
"나는 나이 든 여우입니다. 당신의 모습을 본 이래로 잊을 수 없어,
이렇게 매춘부의 몸을 빌려서 당신과 사랑을 나눌 수 있었습니다."

라고 털어놓는다. 놀란 목수는 다시는 그 집을 찾아가지 않게 되었다. 그후 근처 어떤 사람의 소개로 아내를 맞이했다. 매우 살림살이를 잘하는 아내로서, 남자의 일도 순조롭게 잘 풀려갔고 집안도 곧 풍족해졌다. 그런데 형편이 좋아진 남자는 후카가와(深川)의 유녀와 깊이 사귀더니 아내를 내쫓아 버리고 이 유녀를 집에 들어앉히려고 하였다. 그러자 참지 못한 아내가 무서운 형상으로 변하여 미친 듯이 노하며, 한 번 아니고 두 번이나 나를 버리려고 하는가라고 마구 성내며 날뛰기 시작하였다. 일찍이 버림받았던 여우가 아내의 몸에 빙의하여 있었던 것이 밝혀졌다. 그후 얼마 되지 않아 남자는 미치광이가 되어 죽어버렸다고 한다.[69]

69 『日本隨筆大成(第3期 4)』(吉川弘文館, 1977).

이 이야기에는 여우 아내담(여우와의 혼인), 인간에의 빙의(여우 씌우기), 집을 번영시키는 여우, 미쳐죽는 원인으로서의 여우 등, 여우신앙의 제요소가 교묘하게 얽혀 있으며, 이 시대의 여우의 요괴적 요소가 잘 표현되어 있다. 고대에는 약으로 낫지 않는 병은 「모노노케」(물건의 기·물건의 괴)에 의한 병으로 여기며, 그 「모노노케」의 정체는 신, 원령, 귀신, 덴구, 여우와 같은 동물의 영이라고 생각했다. 에도 시대에는 오니나 덴구가 그 영역에서 종적을 감춰버리고 여우나 원령 등으로 한정되고 있었던 것이다.

또한 고대나 중세 도시의 거리를 행진하는 '백귀야행'을 대신해서 등장한 에도의 밤거리를 야행하는 행렬도 여우들에 의하여 이루어지고 있었다. 그것이 '여우의 결혼식' 행렬이었다. 류테이 다네히코柳亭種彦의 『에도 티끌 모음江戶塵拾』에 수록되어 있는 이야기를 소개한다.

70 『燕石十種』3(國書刊行會, 1908).

핫초보리(八丁堀)의 혼다가(本多家)의 저택에서 오늘밤 혼례가 열린다는 소문이 났다. 소문대로 황혼이 되자 여기저기서 도구를 운반하는 사람들이 분주하게 출입하고 있었는데 그날 밤의 자정 무렵에 수십 명의 종자를 거느리고 한 여자가 탄 가마가 아주 조용하게 혼다가의 대문으로 들어갔다. 적어도 5,000석이나 6,000석꾼 되는 신분이 높은 사람의 규모가 큰 혼례행렬이었기 때문에, 신부집안은 도대체 어디서 온 어떤 가문일까 궁금했다. 나중에 들은 이야기지만 혼다가에서는 전혀 모르는 일이라고 했다. 여우의 결혼행렬을 보았던 것이다.[70]

이러한 여우 요괴에 관한 많은 소문이 그럴 듯하게 사실처럼 이야기되던 곳은 에도 마치였다. 이밖에도 어디선가 들려오는 축제의 장단 맞추는 소리가 들리면 여우가 벌인 축제 즉 '여우의 가구라神樂'라고 하며, 먼 들판이나 산기슭에 점멸하는 원인 모를 불을 '여우 불'이라고 하였는데, 에도 마치의 괴이와 여우는 깊은 관계에 있었다. 물론 여우 이외의 동물도 괴이의 원인으로 여겨졌다. 괴상한 소리는 여우가 아니라 너구리 탓으로 여겨, 이것을 '너구리 장단'이라고 했다. 행방불명자가 생기면 여우 탓이라고 하는 경우도 있었지만, 텐구에게 납치당한 것이라고 설명하기도 했다. 그러나 여우가 압도적인 세력을 자랑하고 있었다.

한편, 이 여우에게 뒤지지 않는 세력을 가지고 있었던 것이 인간의 마음깊은 곳에 있는 '어둠'에 유래하는 유령(망령)이었다. 『도카이도 요쓰야 괴담東海道四谷怪談』은 그러한 민중문화를 배경으로 하여 창작되어 인기를 떨친 연극이다. 현대인은 유령이라고 하면 발이 없는 유령의 이미지를 떠올리는 경향이 있지만, 실제로 보았다거나 정신을 잃어서 헛것을 보았다는 유령담의 대부분은 생전의 보통 때의 모습으로 나타나며, 소복 차림에 손을 내밀며 '원망스럽다'라고 하면서 나타나는 일은 없다. 이러한 유령의 획일적 이미지는 회화나 연극이 만들어 낸 것이다.

에도의 미나미마치南町에서 고급 관리로 근무하던 무사인 네기시 야스모리根岸鎭衛가 남긴 수필 『귀 주머니[耳袋]』에는 에도 거리에서 잡담처럼 떠돌던 유령담이 수록되어 있다. 다음 이야기는 그 하나다.

1782년 초여름, 아사쿠사(浅草) 새 다리 건너 상인의 딸이 어떤 남자의 첩이 되어서 아이를 낳았지만 산후에 조리를 잘못하였다. 그래서 갓난아이를 가까운 상가에 수양아들로 보내서 기르도록 하였고 마침내 산모는 숨을 거두고 말았다. 그 날 황혼, 그 수양부모의 집에 한 여자가 찾아와서 아기를 보고 싶다고 하기에 아기를 보여주었다. 그러자 아기를 부여안고, "이렇게 귀여운 아이와 헤어지려니 정말 괴롭다."라고 한다. 수양부모 부부가 이 말을 듣고, "이 아기 엄마는 중병이라는 이야기를 들었는데, 여기까지 오다니 어찌된 일인가."라고 미심쩍게 생각했다. 여자는 아이를 수양부모에게 돌려주고 돌아갔다. 그 다음날 수양부모는 아기엄마의 친정으로부터 어젯밤에 딸이 죽었다는 전갈을 받고, 다녀간 여자가 유령이었던 것을 알게 되었다.[71]

이러한 유령담은 현대에도 충분히 통용될 수 있는 내용이다. 어머니의 아기에게 대한 애절한 사랑이 어머니의 영혼을 한동안 이 세상에 머무르게 하고, 마지막 이별의 시간을 가지게 한 것이다. 이 이야기에서 상기되는 것은 우에다 아키나리上田秋成의 『우게쓰 이야기[雨月物語]』에 나타난 '국화의 약속'이다. 에도시대에 창작된

[71] 長谷川强 교주, 『耳囊』(岩波文庫, 1991).

이 작품의 시대설정은 그보다 훨씬 앞선 전국시대, 무대는 하리마播磨지방 가코가와加古川의 여인숙이며, 여기 묘사된 내용은 앞에서 소개한 유령의 사랑과 통하는 유령우애담이다.

가코가와의 여인숙에 사는 하세베사몬(丈部左門)은 청빈을 마다 하지 않는 훌륭한 학자이었다. 노모도 맹자의 어머니에게 뒤지지 않는 훌륭한 어머니이었다. 어느 날 병에 고생하는 나그네 무사 세키나 소에몬(赤穴宗右衛門)을 도와주었는데, 드디어 형제와도 같은 친한 사이가 되었다. 병이 나은 소에몬은 여름날 처음으로 자신에게 부과된 무사로서의 임무를 다하기 위해서, 잠시 휴가를 받아, 국화가 피는 중양절까지 되돌아오겠다고 약속하고 길을 떠난다.

드디어 그 날이 왔다. 하세베사몬은 술과 안주를 준비하고, 바깥까지 나와서 벗이 돌아오기를 기다리는 동안에 해가 져버린다. 그래도 혹시라도 생각하여 밤이 깊도록 기다리다가 오늘은 못오는가 하고 포기하고 문을 잠그려 할 때 소에몬이 나타났다. 붙잡혀 자유를 빼앗긴 소에몬은 벗과의 약속을 지키기 위해서 스스로 목숨을 끊고, 망령이 되어서 하세베사몬을 만나러온 것이었다.[72]

이것은 창작이지만, 에도 사람들이 이러한 유령담에서 리얼리티를 느끼는 배경에는 다양한 유령담이 이미 큰 인기를 누리고 있었기 때문이다.

민중 가운데 살아 있는 유령담은 포크로어로부터 연극이나 소설이 창작되고, 그것이 또 포크로어가 되어 항간에 퍼져간 것이 많다. 유명한 〈가사네累〉 전설이나 〈오이와お岩〉 전설, 〈접시 저택〉 전설도 그렇다. 예를 들면 〈반초番町 접시 저택〉 전설은 민간

72 重友毅 교주,『日本古典全書 上田秋成集』(朝日新聞社, 1957)에 의함.

일본의 요괴학 연구

전승의 접시 저택 전설을 소재로 한 실록체의 소설『접시 저택 변의록辯疑錄』(馬場文耕 作)이 효시였다고 한다. 그 내용은 대략 다음과 같다.

포도대장인 아오야마 슈젠(青山主膳)의 저택은 에도 고반초(五番町)에 있었다. 슈젠은 도적 무카자키 신나이(向崎甚內)를 잡아서 처형하고 그 딸 기쿠(菊)를 데려가 하녀로 부렸다. 슈젠은 도리를 모르는 남자이고 그 아내도 술고래일뿐만 아니라, 하녀인 기쿠의 미모를 질투하고 있었다. 이 기쿠가 슈젠이 소중히 여기던 서양제 접시 10개 가운데 한 개를 잘못해서 깨뜨려버렸다. 화가 난 부부는 기쿠의 오른손 가운데 손가락을 잘라버리고, 그것도 모자라서 죽여버리려고 생각하였다. 이 세상을 덧없이 여긴 기쿠는 저택 뒤의 낡은 우물에 몸을 던져서 스스로 목숨을 끊었다. 슈젠은 기쿠가 병이나서 죽어버렸다고 관청에 신고하여 뒤처리까지 마쳤다. 그러나 그후 얼마되지 않아 슈젠부부는 사내아이를 낳았는데 오른손 가운데 손가락 한 개가 없었다. 그후 매일 저녁마다 한 밤중부터 새벽까지 이 우물에서 괴이한 빛이 발하고, 우물의 밑바닥에서부터 하나, 둘, 셋, 넷 등 차례로 아홉까지 세고, 슬프고 슬프구나 라고 접시 한 개가 모자라는 것을 한탄하는 기쿠의 목소리가 들리게 되었다. 이 때문에 슈젠의 집은 몰락했지만, 그후도 유령이 나왔기 때문에 사람들은 이곳을 접시 저택이라고 불렀다. 이 저택에 접근하는 사람도 없었지만, 고이시카와(小石川) 덴쓰인(傳通院)의 료에(了譽) 스님이 제를 올려 기쿠의 망령을 위로하였고, 그후로 이 저택도 관청에서 쓸 수 있었다.

'접시 저택'이 '사라치更地' 즉 무너진 집터를 배경으로 형성된

73 宮田登, 『ヒメの民俗學』(靑土社, 1987).

전설이라고 하는 속설에 주목하는 미야타 노보루는 후지사와 에이히코藤沢衛彦의 연구를 참고하면서, 이 '반초番町 접시 저택'의 이야기가 발생된 배경을 다음과 같이 설명한다. 에도막부의 제3대장군 도쿠가와 이에미쓰德川家光가 집권하던 때, 고반초五番町에 사는 무사 5명의 저택 2,500평이 몰수당하여 사람이 살지 않는 공터가 되었다. 그 당시 살고 있었던 견습무사 반장 요시다 다이젠료吉田大膳亮의 이름을 따서 요시다 저택 자리라고 불렸다. 그후 거기에 도쿠가와가문의 딸인 센히메千姬를 살게 했으므로, 요시다 저택이라 하여 유명했다. 그러나 센히메의 사후에 저택은 헐리고 2,500평의 집자리는 공터가 된다. 저택 내에 낡은 우물이 있는데, 일찍이 센히메가 자기와 바람피우던 남자들을 죽여 시체를 버린 우물이라고 구전되고 있으며 도깨비불이 어지럽게 날아다닌다 하여 두려워하던 지역이었다. 그러나 공터도 무사 인구가 증가하여 택지가 부족해지자 더 이상 방치할 수 없게 되었다. 이리하여 2,500평의 공터에 다시 무사들의 저택을 지어 사람들이 살게 되자, 천오백 석의 녹을 받는 포도대장 아오야마 슈젠이 등장하였던 것이다.[73]

이 〈접시저택〉 전설은 원령 즉 유령전설임과 동시에, 고대의 도시공간에서도 나타난 '오니저택'의 변종이라고 할 수 있을 것이다. 도시의 요괴공간으로서 점점 그 중요성이 높아진 것은 이러한 '오니공간'이었다.

이미 살펴본 바와 같이, 헤이안 시대 교토에서도 인가가 늘어나서 요괴가 살아야 할 공간을 도시 내부에서 찾아내기 어려워지자, 요괴는 민가에 서식하게 되었다. 인구밀도가 높은 에도에서의 상황은 더욱 악화되어 있었다. 따라서 요괴들은 도시공간의 주요한 구성 요소인 민가와 노상, 그리고 점재하는 자연이나 전원의 어디서나 출몰하고, 오니저택의 수효도 증가의 경향을 나타내고 있었

일본의 요괴학 연구

<그림 14> 억울하게 죽은 기쿠가 나타난다는 우물

던 것 같다. 요괴학자인 이노우에 엔료井上円了도 오니저택은 도시에 많다고 지적하였지만, 거대한 도시에 살고 있으면서 여전히 요괴를 믿으려고 하는 것은 당연한 일일 것이다.

그런데 이렇게 공간론적인 관점에서 에도라는 도시를 보고, 그 거리를 살펴보면, 여기저기서 괴이·요괴가 출현하는 공간을 발견할 수 있다. 그러한 장소의 특징을 추상적으로 표현하면, 민속학자 미야타가 거듭 강조하던 길모퉁이나 다리, 변두리, 오니저택 등의 '경계'에 맞닿는 장소에 자주 출몰하였다. 이것은 에도에 국한되지 않고 고대의 교토나 농촌도 마찬가지였다. 사람들이 의식하는 생활공간의 다양한 '경계'가 '이계'와의 경계가 되고 있었던 것이다. 반대로 말하자면 도시공간의 도처에 그러한 '경계'가 존재하고 있었다. 괴이·요괴현상이 생기는 곳은 모두 그러한 '경계'에 있다고 말할 수 있을 것이다.

에도의 시민은 이러한 요괴담을 매우 좋아했다. 적극적으로 채집하여 기록하고, 한편은 '백 가지 괴담회'를 열어서 서로 무서운 이야기를 들려주며 즐거워했다. 그러한 환경 가운데서 새로운 요괴문화가, 다시 말해 새로운 요괴설화나 소설, 연극, 요괴그림이 이야기로 재생산되었던 것이다. 그 산물이 『여러 지방의 100가지 이야기[諸國百物語]』, 『말벗 100가지 이야기[御伽百物語]』 등의 「100가지 괴담집[百物語怪談集]」이며, 도리야마 세키엔[鳥山石燕]의 『그림백귀야행[畵圖百鬼夜行]』을 대표로 하는 〈요괴그림〉이었다. 그것들이 당시의 미디어를 통해서 에도의 시중뿐만 아니라, 전국에 유포되어 일본의 요괴문화는 다양해지고 풍부해지게 되었다.

근세는 인간 내부의 '어둠'에 기원을 두는 요괴인 유령과 자연의 '어둠'에 기원을 두는 요괴 즉 여우가 활약한 시대이었지만, 점차로 유령(원령) 쪽으로 관심이 기울어지게 된 것 같다. 이는 도시 사람들을 둘러싸는 공간이 점점 깊고 인공적인 것이 되고, 점점 자연과는 떨어지며 인간관계를 중심으로 하는 세계로 바뀌어 갔기 때문이다.

근세의 도시는 요괴이론의 관점에서 보면, 자연기원의 요괴와 인간기원의 요괴들이 그 존망을 걸고 세력을 다투던 시대라고 해도 좋을 것 같다.

5. 변모하는 도시의 코스몰로지

'어둠'의 상실

현대인은 '빛'의 세계에서 사는 것을 좋아한다. 어두운 '어둠'의 안에서 종일토록 생활하는 것은 전혀 생각할 수 없게 되었다. '어둠'은 사람들을 공포에 빠지게 하고, 강제로 활동의 자유를 빼앗는다. 사람들은 빛을 추구하여 빛이 비치는 태양 아래에서 일하고, 해가 지고 밤의 어둠이 찾아오면 집안에 틀어박혔다. 이것은 오래전 옛날부터 극히 최근까지 조금도 변하지 않는 사실이었다. 극히 일부 사람들만 밤이 만들어 내는 어둠을 이용해서 활동하고 있었다. 예를 들면, 밤도둑, 밀회, 야반도주 등의 활동을 떠올리면 좋을 것이다. 그러한 사람들에게 어둠이란 남의 눈을 피하는 최선의 '장치'였다. 그러나 그들도 밤의 어둠을 이용은 하지만 어둠을 두려워하고, 태양의 빛이 환하게 빛나는 곳에서 활동하고 싶어 했던 것이다.

우리의 선조들은 항상 이 세계가 더욱 밝아지기를 기대하였다. 어둠의 시간이 조금이라도 짧아지면, 일하는 시간도 노는 시간도 늘어날 것이다. 그러면 이 세상에서 사는 것이 더욱 행복하게 느껴지리라고 믿어 왔다. 그러나 그때도 어둠이 완전히 없어져버린다는 것은 조금도 생각해보지 않았던 것이다. 하물며 어둠이 있기 때문에 빛이 있으며, 어둠을 두려워하며 기피하면서도, 어둠이 우리들의 정신생활에 필요하다는 것은 생각도 해보지 않았던 것이다.

우리들은 한결같이 어둠을 배제하며 적극적으로 빛의 영역을 확대시켜 왔다. 그리고 지금 우리들 현대인은 방대한 에너지를 차용하여, 광대한 빛의 영역을 확대함으로써 어둠의 영역을 축소시켰던 것이다. 현대의 최선의 생활공간이라고 간주되는 대도시공간은 밤이 되어도 낮과 그다지 다르지 않은 밝은 빛이 빛나는 공간이 되었다. 그것이 가능해지기 시작한 때부터 도시의 어둠이나 농촌의 어둠 속에 활보하던 요괴들은 존망의 위기에 직면하게 되었다. 요괴가 살 수 없을 정도로 밝은 공간이 확대되었기 때문이다.

100여 년 전 일본 주택의 조명은 난롯불과 촛불 정도였다. 밤이 되면 집안은 온통 어둠에 지배되어 있었다. 하물며 옥외의 도로에는 축제기간 이외에는 따로 불을 밝히는 일이 없었다. 밤길을 왕래하는데 가장 밝은 빛은 달빛이며, 어두운 밤은 횃불이나 초롱불을 의지하는 수밖에 없었다. 최근에는 정전도 거의 없어졌으므로 자택에서 촛불을 비상용으로 상비하고 있는 집도 적어졌지만, 이전의 일본인에게 촛불은 중요한 일상용품이었다.

예를 들면, 노토의 나나우라에서는 장례식에 가지고 가는 부의금을 '촛불값'이라고 하였다. 그것은 장례식이나 불단을 밝힐 촛불을 가지고 간다는 뜻만 아니라 촛불이 쌀과 같이 귀중한 것이었음을 말해주고 있다. 그러나 1920년대에 들어서 전기를 이용할 수 있게 되자, 초 대신으로 차츰 쌀이나 현금으로 부의를 하게 되었다. 전등불의 등장은 일본문화에 있어서 혁명적인 사건이었다.

그러나 전기를 사용한다고 해도, 전등이 켜지는 방이나 장소는 한정되었으며, 전기사용료를 마련하기가 쉽지 않은 시대도 있었다. 정전도 자주 일어났으며, 근대에 들어서도 오랜 동안 밤의 어둠이 사람들의 생활을 지배하고 있었다. 사람들이 대량의 에너지와 전기기구로 집안을 밝은 공간으로 바꿀 수 있게 된 것은 고도성장기 이후이다. 대도시의 번화한 상가는 네온사인이나 쇼윈도의 밝은 빛으로 차고 넘치며, 주택가의 밤길도 가로등이 환하게 비추고 있다. 오늘날 밤의 어둠은 완전히 제압된 것이다.

확실히 도시부에서는 어둠이 사라져 버렸다. 그러나 외딴 산촌에서는 전기가 있기는 하지만, 도회에서는 이미 사어가 되어버린 '코를 잘라가도 모른다'고 하는 말을 절실하게 느끼게 해주는 깊은 어둠이 살아 있다. 이러한 곳에 가서 학생들과 조사를 할 때, 반드시 손전등을 지참한다. 밤에 나다닐 때 손전등을 지참하는 습관을 모르는 대부분의 요즘 학생들은 전등을 비상용으로만 생각하지만, 조사지에 들어가서 밤을 맞이하면 비로소 내 말의 의미를 이해하게 된다. 여럿이 함께 길을 걷고 있어도 손전등을 모두 꺼버리면, 옆에 누가 있는지도 모를 정도로 아무것도 보이지 않는 칠흑 같은 어둠에 둘러싸이게 된다는 것을 체험하기 때문이다. 그러한 어둠에 싸이면 아마 한 걸음도 내디디기 힘들다는 것을 알게 될 것이다. 이때 학생들은 어둠에 두려움을 느낀다. 그러한 어둠을 아는 사람에게 있어서, 밝음은 확실히 좋은 것이다. 언제든지 일할 수 있고, 언제든지 공부할 수 있고, 놀 수도 있다. 이동하기도 쉽다. 강도나 치한도 줄어들 것이다. 밤의 어둠으로부터 해방되어 우리들은 실제로 많은 자유를 손에 넣은 것이다. 그러나 한편, 우리들

일본의 요괴학 연구

은 매일 생활의 절반을 차지하고 있었던 밤의 '어둠'의 공간을 잃고, 그것이 만들어 내던 '어둠'의 문화를 잃어버렸다는 것도 잊어서는 안 된다. 그것은 바람직한 것이었던가. 우리들이 제압하고 배제해 온 '어둠'의 문화 안에는 우리들의 생활에 필요한 것도 포함되어 있었던 것이 아닐까. 새삼스럽지만 이런 질문을 해 보는 것도 결코 부질없는 일은 아닐 것이다.

우리들 주변에서 '어둠'이 없어지기 시작한 것은 언제부터인가. 당연히 지역에 따라 차이가 있지만, 날카로운 감성으로 '어둠'의 상실에 위기를 느꼈던 문학자 다니자키 준이치로谷崎潤一郎가 『침침한 그림자 예찬[陰翳禮讚]』이라는 문장 가운데 "나는 우리들이 이미 잃어가고 있는 음예의 세계를 적어도 문학의 영역에서라도 되살려보고 싶다. 문학이라는 전당의 처마를 보다 깊게 펼쳐 벽을 어둡게 하여 너무 많이 보이는 것을 어둠에 밀어 넣고, 쓸데없는 실내 장식을 벗겨내 보고 싶다. 그것도 집집마다 그렇게 하지 못한다 해도 적어도 한 채 정도 그렇게 하는 집이 있어도 좋을 것이다. 자 어떻게 될지 시험 삼아 불을 꺼 본다."라고 쓴 것은 1930년대였다. 이미 이때쯤에는 어둠의 상실이 눈에 띄게 진척되고 있었던 것이다. 그 문장 안에서 다니자키는 요괴가 출현할 것 같은 실내의 침침한 그림자가 있는 어둠에 대해서 이렇게 썼다.

현대인은 오래 전부터 전깃불에 친숙해져서 이러한 어둠이 있었던 것조차 잊고 있는 것이다. 안다고 해도 옥내의 '눈에 보이는 어둠'은 무엇인가 아물아물 어른거리는 것 같다는 생각이 들어 환각을 일으키기 쉬우므로, 어떤 경우에는 옥외의 어둠보다 더 무섭게 느끼기도 한다. 이매(魑魅)라든가 요괴나 헨게가 멋대로 날뛸 수

74 谷崎潤一郎, 『陰翳禮讚』
(中公文庫, 1975).

있는 곳은 아마 이러한 어둠이지만, 그 가운데 깊은 장막을 늘어뜨리고, 병풍이나 맹장지로 겹겹이 둘러싸서 살고 있던 여자들 역시 그런 오니의 권속이 아니었는가. 어둠은 틀림없이 그런 여자들을 겹겹이 둘러싸고, 옷깃이나 소매 끝이나 소매의 이음매에 이르기까지 구석구석 틈틈이 배어들어 있었을 것이다. 아니 때에 따라서는 그녀들의 몸으로부터 그 검게 물들인 이빨이나 검은 머리카락 끝으로부터, 흙거미가 토하는 거미줄과 같이 어둠을 토해내고 있었던 것일지도 모른다.[74]

다니자키가 한탄하고 있는 것은 '눈으로 보이는 어둠'의 상실이며, '아무 것도 보이지 않는 칠흑 같은 어둠'의 상실이 아니다. 촛대나 등불의 밝은 빛과 그 밝은 빛 때문에 생기는 그늘이 알맞게 조화된 곳에서 일본문화의 아름다움을 발견하려고 했다. 지나치게 밝은 전등 때문에 그러한 그림자가 있는 세계가 소멸되어 감을 안타까워하고 아쉬워하고 있는 것이다. 다시 말해서 밝은 빛이 없는 어둠도 바람직하지 않지만, 어둠이 없는 대낮과 같이 지나친 밝음도 바람직한 것이 아니고, 빛과 어둠이 어울려 만들어내는 그림자가 있는 상태야말로 이상적이라는 것이다.

다니자키는 거기에서 일본의 아름다움의 이상적 모습을 찾아냈다. 그러나 그림자의 조화의 중요성은 그 명암에 따라 나타나는 아름다움뿐만 아니라, 일본인의 정신이나 일본문화 전체, 나아가 인간 전체에 매우 중요한 것이라고 해도 좋지 않을까 생각한다.

다니자키의 문장으로도 알 수 있듯이, 빛과 어둠, 때로는 대립하고 때로는 상극하며, 때로는 조화된다는 관계가 무너지고, 어둠의 영역이 일본인 앞에서 급속하게 소멸된 것은 전국이 전깃줄로 둘러싸이게 된 1910년대부터 1920년대였다. 이 시대에 다이쇼데모

크라시[75]라는 이름 아래, 근대화의 물결이 서민 사이에도 밀려드는 한편 사람들은 자본주의·근대적 소비사회의 시스템 속에 편입되어 갔다. 긴자銀座에 네온이 반짝이고, 『도쿄 행진곡』에 대도회의 밝은 이미지를 어필하기 시작하던 시기이다. 그 시기부터 고도성장기에 걸쳐 전쟁이라는 정체된 시기도 있었지만, 어둠의 영역이 사람들의 주위에서 사라지고, 이와 더불어 많은 요괴들의 모습도 사라져버린 것이다.

다이쇼시대에 유행한 동요 가운데 사이조 야소西条八十가 지은 『카나리아』가 있다. "노래를 잊은 카나리아는 뒷산에 버릴까. 아니야 아니야, 그렇게 할 수는 없어."라는 후렴이 있는 이 노래를 우리들 현대인도 때때로 떠올리며 흥얼거린다. 이 노래의 '카나리아'가 바다 저쪽에서 온 서양 문명을 상징하고 있다고 하면, '뒷산'은 인간의 완전한 관리 아래 놓인 산이 아니라 그 이전의 '어둠'의 영역에 있는 공포로 가득 찬 산이었다. 이 '뒷산'은 자신의 집 바로 뒷편의 산일 수도 있고, 소분지우주 모델로 말하는 주위의 산일 수도 있다. 혹은 가까운 숲이나 들판이었을 지도 모른다. 아무튼 이 '뒷산'은 전근대가 안고 있었던 깊은 어둠의 공포공간이었다. 이러한 '뒷산'이나 '뒷문'이라고 하는 말로 표현되는 공간이 당시의 아이들과 어른들까지도 수수께끼와 같이 여기던 어둠의 공간이 남아 있던 시대였다. 아동문학자 무라세 마나부村瀬學는 『어린이 체험』이라는 책에서 다음과 같이 설명하고 있다.

아이들이 직면하는 공간에는 항상 '저쪽편'이나 '뒷문'이 있어서, 그런 것을 잘 모르면 불안을 느낀다. 불단이나 창고의 무서움은 그 어두움이 특유한 '저쪽편'을 숨기고 있는 느낌이 들기 때문이다.[76]

75 역주 : 다이쇼시대(大正時代, 1912~1926)에 현저하게 나타난 민주주의적, 자유주의적 풍조. 헌정옹호운동, 보통선거운동 또는 민본주의나 자유주의 사상을 주창하며 종래의 제도와 사상을 개혁하려는 시도가 이루어졌다.
76 村瀬學, 『子ども體驗』(大和書房, 1984).

　그러나 이것은 아이들뿐만 아니라 어른들도 같았다. '카나리아'
와 같은 밝음과 어두움이 공존하는 다이쇼시대의 동요가 유행한
이유의 하나는, 그것이 아이들을 향해서 노래한다고 하면서도 실
제로는 어른들의 심정에 호소하도록 지어졌기 때문이다. 그러므로
어른들의 마음을 사로잡아 큰 호응을 얻었던 것이다.

　다이쇼 동요에는 사람들이 근대자본주의 시스템 · 과학문명에
편입되어 새로운 문화환경을 수용해가는 과정에 소멸되었던 '어
둠'이나 민속사회 · 전통적 사회의 저변으로부터 우러나온 '목소
리'가 깔려 있었던 것이다. 이것을 흥미롭게 분석한 것은 아사쿠라

일본의 요괴학 연구

다카시朝倉喬司였다. 그도 '뒷산'이라든가 '뒷문' 등 다이쇼 동요에
자주 등장하는 말에는 민속사회의 동요 〈날 잡아봐라 날 잡아봐
라〉라는 술래잡기 놀이노래 가운데 '난 바로 뒤에 있지'라는 구절
의 '바로 뒤'와도 통하는 '어둠', 결국은 '죽음'의 영역을 연상시키
는 으스스한 느낌이 있다고 한다.

설명할 나위도 없이 뒷문은 집의 뒤편, 평야부의 촌락, 산촌 혹은
어촌이건, 집 앞은 도시로 이어지는 길, 혹은 가도로 이어지는 좁은
길을 향하고 있으며, 뒤에는 산이나 덤불, 숲, 벌판을 등지고 있다.

여름에는 그곳에 구렁이가 기어가고, 새가 작은 가지를 물어가고, 가을이 깊어질 때에는 여우도 출몰하기 시작할 것이다. 뱀이나 여우라면 그래도 괜찮은 편이고, 밤이 되면 덴구라든지 외눈박이괴물이라든지, 아이를 잡아가는 할아범이나 모래를 끼얹는 할아범, 요괴, 이매망량 등이 몰려든다. 몰려들어 올 뿐만 아니라 자는 아이의 꿈속까지 침입한다. 뒷문이 산에 접하고 있는 곳이라면, 그 산은 야나기타가 말하는 사람들이 죽으면 가게 된다는 사후세계가 있는 장소이며, 눈의 색깔이 다른 이인(異人)이 사는 영역이다. …(중략)… 집의 앞쪽이 인간계를 향하여 열려있는 것과 달리, 뒷문은 민속의 옛시대로 이어지는 이계(異界), 혹은 타계(他界)와의 '경계'였던 것이다.[77]

아사쿠라는 여기서 매우 중요한 점을 지적하였다. 다시 말해서 다이쇼 시대의 도시주민에게는 민속사회·전근대사회가 아직도 여전히 일정한 영역을 차지하고 있었다. 성스러운 고정점固定點이라고 할 수 있는 '뒤'라는 공간, '죽음' 혹은 '어둠'의 공간이라는 존재가 몸과 마음에 기억되고 있었다. 따라서 다이쇼시대의 동요는 그러한 기억을 바탕으로 마음을 움직일 수 있었던 것이었다. 도쿄와 같은 대도시도 그러한 공간을 내포하고 있었으며, 지방에서 올라온 사람들이 느끼는 이 동요의 이중성·이율배반성은 자기들의 문제처럼 공감되었을 것이다. 그러나 1926년에 시작되는 쇼와昭和시대에 들어가면, 『도쿄 행진곡』으로 상징되는 '빛'이나 '밝음'이 전면에 나오고 '뒷산'이나 '뒷문'은 사람들의 의식으로부터 점차 사라져가게 된다.

'뒷산'이라든가 '뒷문'이라는 공간은 거주공간으로서의 집을 기준으로 의식하는 '어둠'의 공간이지만, 이것을 보다 추상적으로 표

77 朝倉喬司, 『流行り唄の誕生』(青弓社, 1989).

일본의 요괴학 연구

현한 것이 깊은 안쪽이라는 뜻의 '오쿠奥'라는 관념일 것이다. '오쿠'는 '겉면[表]'이나 '앞[前]'과 어느 정도 대립되는 말이지만, '뒤쪽[裏]'이나 '뒤[後]'에 대응하는 개념이 아니라, '겉면'이나 '앞'으로부터의 '깊이' 또는 '거리'를 수반한 '뒤쪽'이나 '뒤'를 뜻한다. '오쿠자시키奥座敷(깊은 안방)', '오쿠야마奥山(깊은 산중)', '오쿠기奥義', '오쿠미야奥宮', '안쪽의 절[奥院]'이라는 말에는 신비롭게 닫힌 '어둠'의 공간·영역이라는 의미가 포함되어 있다. '안쪽[奥]'은 신체적·생리적 체험을 통해서 파악된다. 그것은 신체에 의해 감수되는 공간의 그림자이며, 두께이자 깊이이다.

건축가인 마키 후미히코槙文彦는 일본인에 있어서의 이러한 '안쪽'의 의미를 신사神社공간을 예로 들어 다음과 같이 잘 설명하고 있다.

'안쪽[奥]'은 수평성을 강조하며 보이지 않는 깊이에서 그 상징성을 추구한다. 따라서 도달한 극점으로서의 신사(神社), 바로 그것은 보는 대상이며, 억지로 들어가는 공간이 아니다. 지붕의 마룻대로 쓰는 목재는 신목(神木)을 상징하고, 회랑은 일찍이 신전을 둘러싸고 있던 울타리를 의미하는 것이다. 신사(神社) 그 자체는 배후에 깊숙한 숲으로 둘러싸여 호젓하게 자리잡고 있다. 심산에 위치한다면 때때로 산위에서부터 춤추듯 내려오는 안개 속에 신사가 감싸이며 그 존재가 지워지는 듯한 느낌을 주며, 우리들을 망아의 경지로 끌어들인다. …(중략)… 안쪽이라는 공간의 성격은 최후에 도달하는 극점으로서, 그 자체에 클라이맥스가 없는 경우가 많다. 거기까지 힘들게 도착하는 프로세스에서 드라마성과 의식성을 추구한다. 즉 높이가 아니라 수평적인 깊이의 연출이기 때문이다. 많은 사원에 이르는 길은 굽어 있고, 자그마한 고저의 차이라든가, 수목의 존재

78 槇文彦, 「日本の都市空間と〈奥〉」, 『記憶の形象』(筑摩書房, 1992).

가 보일 듯 말 듯하게 배치된다는 원리를 따르고 있다. 그것은 시간이라는 차원을 포함시킨 공간체험을 구축하는 과정이다. 신사의 도리이(鳥居)도 이러한 과정을 통하여 안쪽에 도달하게 하는 의례적 요소이다.[78]

이러한 '안쪽'의 연출은 절이나 신사 공간에 머무르지 않고, 촌락이나 마치의 촌락구성이나 가구의 구성방법에도 나타나 있었다. 마을과 산, 촌락과 고장수호신을 모신 숲, 거실과 안방과 같은 관계는 이처럼 '안쪽'을 연출하기 위한 구성이었다고 해도 좋을 것이다. 그리고 이 '안쪽'이 '어둠'의 영역과 중복되고, 그곳은 요괴가 깃들거나 출몰하는 공간이 되었던 것이었다. 그러나 이러한 '안쪽'을 연출하던 공간도 서양 과학문명의 침투나 도시화·개발과 함께 점차로 파괴, 소멸되고 있다. 이처럼 서서히 진행되고 있던 도시화에 의한 '어둠'이나 '안쪽'이라는 영역의 쇠퇴·소멸이 클라이맥스에 도달한 시기는 고도성장기였다. 전후에 얼마되지 않아서 태어난 나는 일본의 고도성장과 함께 살아 왔다. 그러한 내가 기억하고 있는 공포의 이미지를 띤 풍경 가운데 하나는 아무것도 없는 '들판'이다. '들판'은 고층빌딩이나 집합주택의 사이에 생긴 빈 공간이 아니다. 그것은 고도성장기에 도시화·개발에 뒤쳐져 있었던 농촌적 공간·경관의 자투리땅이자, 도시 속의 독특한 공간을 형성하고 있었다. 그것은 최후까지 남아있었던 '안쪽' 공간의 파편이며, 전근대의 전통문화의 손때가 얼룩져 있는 공간이며 '어둠'의 기억을 느끼게 하는 공간이었다.

오쿠노 다케오奧野健男는 이 '들판'을 '내 고향의 단편'이라고 평하고, 그리움에 가득 찬 느낌을 다음과 같이 말한다.

내 기억 속에 나타난 '들판'은 그리움과 함께 언제나 슬픔과 외로움을 뒤따르게 한다. 그 밑바닥에는 불길한 무서움까지 느껴진다. …(중략)… 그것은 '들판'이란 도시생활이나 도시화로부터 소외된 공간이기 때문이다. …(중략)… 당시의 '들판'에는 어디나 할 것 없이 불길한 그늘이 드리워 있었다. 사람이 죽음을 당한 장소에서 유령이 나온다든가, 오니 저택에 관한 소문이라든가, 으슥한 곳의 낡은 우물이나, 사당이나 고목나무에 얽혀 있는 괴담이라든가, 파면 사람 뼈가 나온다든가, 도깨비불이 나온다는 집터, 일곱 가지 불가사의가 있는 연못이라든가, 저녁이 되면 아기를 잡아가는 이상한 사람이 나온다든가, 빨강 망토의 황금박쥐를 만난다든가 하는 어린이들을 놀라게 하기에 충분한 소문이 '들판'을 배경으로 퍼져나갔다. 큰 망태기를 등에 지고 다니는 바타야라는 이상한 사람은 아이들을 잡아간다고 하여 모두가 두려워했는데, 바타야는 '들판'의 오두막에서 살고 있었다.[79]

79 奧野健男, 『文學における原風景』(集英社, 1972).

도시에서 이러한 '들판'이 사라지고 그것을 대신해서 그 자리에 현대식 건물이나 아동공원이나 주차장 등이 생겼을 때, 도시의 '근대화'가 일단락되었던 것이다.

요괴의 근대

근대부터 현대에 이르는 백 몇 십 년은 요괴들로서는 실로 존망의 위기에 직면한 시대이었다. 위기는 복합된 형태로 요괴들을 습격해 왔다.

우선 서양에서 수입된 새로운 지식이나 과학적 합리주의 사고방

141

〈그림 16〉 때로는 요괴 너구리가 스님 모습으로 나타나서 은혜를 갚기도 한다.

식에 따라서 괴이·요괴현상의 대부분이 합리적으로 설명되었고 그러한 현상이 영적 존재나 신비적인 힘에 의한 것이라는 생각은 부정되었다. 예를 들면 유령은 환각·기가 약해서 일어난 것, '너구리 장단소리'와 같은 괴이한 소리는 먼 곳에서 축제 풍물소리가 바람에 실려온 것인데, 마치 부근에서 나는 소리처럼 느껴진 것, 여우가 빙의했다는 병은 정신병일 뿐이라는 식으로 설명하며 잇달

일본의 요괴학 연구

아 부정되었다. 요괴박사라는 별명을 지닌 철학자인 이노우에 엔료井上円了는 그러한 요괴박멸 운동의 선봉장이었다. 이노우에는 놀라울 정도로 많은 요괴담을 서적이나 신문·잡지 그리고 실제 조사를 통해서 채집·검토하고, 그 정체를 과학적 견지에서 설명하였다.

예를 들면 그는 실제로 '오니 저택'이라고 불리던 저택을 조사한 결과를 다음과 같이 보고하였는데 이 문장에는 그의 요괴연구의 기본태도가 잘 나타나 있다.

나는 옛날 에치고(越後)의 시골에 있는 요괴저택을 탐험한 적이 있다. 그 집은 큰 이엉지붕에 뒤에는 깊은 숲과 묘지가 있을 뿐이었다. 에치고는 눈이 많은 곳이지만, 그 눈이 사라지는 계절이면 매일 밤 집 뒤쪽에서 딱따기를 치는 소리가 난다라는 말이 돌았다. 이 집에 모인 사람이 모두 이 소리를 듣고 무서워서 돌아가 버렸고, 너구리의 딱따기소리라는 소문이 났다. 나는 이 말을 듣고 탐험차 찾아가서 그 소리를 들어 보았다. 나는 너구리의 소행이라고 생각하지 않았다. 이 집의 뒷쪽을 조사해 보았더니, 낙숫물이 떨어지는 곳에 큰 대나무통이 있는데, 지붕의 눈이 녹아서 이 통에 한 방울 한 방울씩 떨어지는 소리라는 것을 알았다. 낮에는 세상의 떠들썩함에 묻혀서 소리가 들리지 않지만, 조용한 밤이 되면 들리기 시작하는 것이다. 이것을 너구리의 딱따기소리라고 하는 것은 어처구니없는 이야기이다.[80]

이노우에는 이런 방식으로 요괴의 정체를 합리적으로 설명하려 했다. 이것은 이것대로 높이 평가해야 한다. 만약 내가 그의 입장에 있었다고 하여도 같은 행동을 하였을 것이다. 그러나 나라면

80 井上円了, 『お化けの正體』 (『新編妖怪叢書』 6)』(國書刊行會, 1983).

이 대나무통에 떨어지는 낙숫물의 소리를 너구리에 의한 괴상한 소리라고 단정하는 이 지방 사람들의 코스몰로지도 함께 조사했을 것이다. 괴상한 소리가 들려오는 공간은 밤의 '뒷문'의 어둠 속이며, 그 어둠 속에 요괴 너구리가 살고 있다. 이 지방 사람들은 그렇게 믿고 있었던 것이다. 이노우에는 그러한 코스몰로지를 파괴해버린 것이다. 과학적 사고란 그러한 사고방식이었던 것이다.

그리고 많은 과학자가 그런 식으로 규명하려고 끊임없이 노력하여, 요괴를 믿는 '미신'으로부터 우리들을 해방시켰다고 해도 좋을 것이다. 그것이 근대였다.

요괴에 있어서 더욱 심각한 것은 앞에서 말한 바와 같이, 밝은 전등이 대도시로부터 지방도시, 주택 거실로부터 그 밖의 다른 방에까지 보급·설치됨으로써 그들이 서식하고 있었던 '어둠'의 공간이나 '안쪽'의 공간이 서서히 후퇴, 소멸해간 것이다. 자시키와라시가 출몰하는 어두운 자시키에 밝은 전등이 항상 켜져 있으면, 자시키와라시도 당연히 출몰하기 어려운 상황이 되는 것이다. 한밤의 깊은 어둠도 전등에 의하여 점차로 극복되고, 도회의 노상에서도 요괴는 추방되었다.

전등이 '어둠'을 극복한다고 하는 것은 그 '어둠'을 둘러싼, 더욱 정확하게 말하면 '어둠'과 '빛'의 영역을 둘러싼 상상력의 원천의 일부가 소멸되는 것이었다. 즉, '어둠'으로부터 퍼져나가는 소문이나 이야기가 사람들의 주위에서 사라져 간 셈이다. '빛'의 영역의 확대와 반비례하여 요괴의 공간은 축소되는 것이다. 이미 인용한 바와 같이, 다니자키는 이런 면에서 일본의 아름다움이 위기에 처해가고 있음을 간파한 것이다. 더욱 심각한 사태가 요괴들을 습격하게 되었다. '개발'이다. 전근대까지는 도시 주변에는 전원이나 삼림이 아직까지 남아 있었고, 그런 곳이 요괴의 서식지가 되었다. 실제로 여우나 너구리, 뱀이 많이 서식하고 있었다. 그러나 그러한 장소가 개발되어서 공장이나 주택지로 바뀌고, 요괴공간은 인간이 사는 공간, 인간이 지배하는 공간으로 변모해 갔다. 신사나 사원 주위의 숲이나 묘지마저도 경제합리주의적인 입장에서 개발되어, 건물이나 아스팔트 도로로 바뀌며 인간의 영역·빛의 영역이 확대되어 갔다. 그 결과 요괴뿐만 아니라 많은 식물이나 동물들도 생활터전을 빼앗겨버린 것이다. 일찍이 엄숙한 기분에 빠지게 하던 울창한 숲에 감싸여 '안쪽'이라는 그윽한 분위기를 느끼게 해주던 신사가 개발로 인하여 숲이 사라져버리게 되고, 주택이나 유치원이나 주차장에 둘러싸여 운치가 사라져버리자 아쉬움을 느끼는 사람이 매우 많다.

이러한 인위적인 개발에 의해 만들어진 합리성을 추구한 건조물에는 음영이 없는 균질적인 공간만 있을 뿐이다. 성스러운 중심점이 어디인지 명확하지 않은 공간, 즉 '안쪽'이나 '뒷산'이 따로 없는 공간이다. 물론 균질한 공간이라고 해도 거기에 개성적인 건물이 없다는 것이 아니다. 근대의 각 건물의 용도나 모양은 더 다양하다. 오히려 전통적인 촌락의 건축양식이 변화가 없고 획일적이라고 할 수 있다. 그러나 근대 이후의 건물은 성스러운 중심 공간을 잃어버렸기 때문에, 통합성이 없는 건물이 나열될 뿐이다. 균질공간은 무엇이든지 받아들이지만 그것들은 오래도록 사람들의 마음 속에 기억되지 못한다. 그 공간 안에서는 잇달아 새로운 건물이 소비되고 있을 뿐이다. 사람들은 거기에 일시적으로 머물러 살다가 지체 없이 다른 곳으로 옮겨 간다. 그러한 공간에 요괴가 살기 어렵다는 점은 명확하다.

근대가 진행됨에 따라 많은 전근대의 요괴들은 박멸되어 갔다. 그래도 요괴들은 다양한 어려움에 직면하면서도, 사람들 특

81 松谷みよ子,『偽汽車・船・自動車の笑いと怪談(『現代民話考・第Ⅱ期Ⅱ)』(立風書房, 1985).

히 아이들의 마음 속에 있는 어둠·공포심에 기대어 계속 살아가고 있다.

예를 들면 요괴 너구리가 근대화에 저항하는 모습은 '가짜 기차'라는 이야기로서 전해졌다. 마쓰타니 미요코가 편집한『현대민화고現代民話考』가운데 있는 이야기를 소개한다.

> 기차 신에쓰선(信越線)이 신슈(信州)까지 연장운행 되던 때. 어느 날 밤 기차가 가루이자와역(軽井沢驛)을 떠나 우스이 터널을 넘어 요코가와역(横川駅)을 향하고 있었다. 그러자 마쓰이다역(松井田驛) 쪽에서 꼭 같은 기차가 이쪽으로 마주 달려왔다. 밤이므로 누가 타고 있는지 알 수 없었다. 그러나 마주 달리던 두 기차가 틀림없이 정면충돌하리라고 생각했더니, 마쓰이다역 쪽에서 온 하행선 기차의 모습은 슬며시 사라졌다. 차장이 상행선 기차에서 내려서 부근을 둘러봤다. 거기에는 오소리 한 마리가 죽어있을 뿐이었다.[81]

다이쇼시대를 정점으로 메이지부터 전쟁 후까지 이전부터 전해지던 변신 요괴 너구리의 이야기와 새로운 문화인 철도가 결합하는 형태로 나타난 새로운 요괴담이자 우스개였다. 아마 기차의 기관사들 사이에서 생긴 이야기일 것이다.

당시의 기관사들에게는 밤의 어둠은 더할 나위없는 공포의 공간이며, 너구리도 여전히 요괴로서 인식되고 있었던 것이다.

요괴의 부류 가운데 가장 끈질기게 계속 전해지고 있는 것은 유령이다. 유령은 도시에도 자주 출몰하고 있었다. 오늘날에도 여전히 그럴 듯하게 이야기되고 있다. 태운 손님이 사라지는 택시 유령의 선행형태라고도 해야 할 이야기로 '유령을 태운 인력거'라는 이야기가 있다. 이것도 마쓰타니가 편집한『현대민화고』에 실려있으며 아오모리青森에서 채집된 이야기이다.

82 松谷みよ子,『偽汽車・船・自動車の笑いと怪談(『現代民話考・第II期II)』(立風書房, 1985).

　　메이지시대 어떤 사람이 크게 번영을 누리고 있었다. 벼락부자에게는 늘 여자문제가 쫓아다녔다. 그 때문에 많은 여자가 희생이 되었다고 한다. 어떤 인력거꾼이 인력거를 끌고 야쓰야쿠(八ッ役)를 거쳐 아오모리를 향하고 있었을 때, 묘켄(妙見)의 다리 부근에 홀연히 한 여자가 서 있다가 손을 흔들어 인력거를 세워 탔다. 여자는 아무 말도 하지 않고 하마다(浜田), 오쿠노(奧野), 마쓰바라(松原)를 거쳐 어떤 집 문전까지 오자, 인력거에서 가뿐하게 내려서 그 집으로 들어갔다. 깜짝 놀란 인력거꾼은 돈을 받으려고 그 집 현관을 두드렸더니, 가정부가 나와서 아무도 우리 집에 오지 않았다고 했다. 인력거꾼은 곧 이집 주인에게 배신당한 여자의 망령이었음을 알아차리고, 무서워 부들부들 떨게 되었다고 한다.[82]

　　이처럼 일본인의 물질적 생활양식이 크게 바뀌고, 가치관도 서양 과학문명의 영향을 받아서 변용하고 있었던 근대라는 시대를 맞이하자 일부의 요괴는 농촌부는 물론 도시부에서도 시대의 변화에 대응하며 분투하고 있었다. 즉 너구리가 기차로 둔갑하거나, 유령이 불러 세우는 탈것이 가마로부터 인력거나 자동차로 바뀌었지만, 여전히 활약하고 있었던 것이다. 당시의 어느 정도까지 사람들이 이러한 요괴담을 사실로 믿고 있었던지는 모른다. 그러나 그것을 믿는 심성을 가진 사람들에게는 '빛'의 영역이 확장되었던 시대에도 요괴가 서식하는 공간이나 어둠 사이로 그 모습을 드러냈던 것 같다. 그 장소는 도시의 가운데 몹시 황폐해진 빈 집이나, 그 어떤 소문이 있는 방, 천장 뒤, 혹은 인력거나 자동차, 기차, 가두, 다리 등 다양한 곳이며, 이 경우도 역시 그들이 생각하는 '경계'라는 공간이었던 것이다. 그러나 그러한 공간마저도 밝고 청결한 공간, 인간의 관리의 손길이 구석구석까지 미치는 공간으로 바뀌고 있었던 것도 사실이다.

여기서 주목하고 싶은 것은 이 시대에 이르러 과학적 지식의 보급과 자연의 개발에 따라, 여우나 너구리, 고양이 등이 둔갑하는 동물요괴의 모습이 도시부에서 급속히 종적을 감추어가고, 요괴이야기의 대부분이 유령계의 괴담으로 대체되었다는 점이다. 그것은 미지의 부분이 많았던 주위의 자연환경이 개발되어, 인간의 관리 아래로 들어갔다는 것과 관계된다. 즉 도시의 시대, 인간중심의 시대가 도래했음을 이야기해주고 있다.

그러나 근대 이후에 도시부에서는 이러한 '어둠'의 상실이나 요괴박멸 운동의 전개, 도회지의 개발도 고도성장기까지는 도시에서 떨어진 농산촌지역의 요괴들에게는 그다지 심각한 문제가 아니었다고 할 수 있다. 도시화의 물결이 물밀듯이 밀려들어 왔지만, 그래도 농산촌지역에 사는 사람들은 선조로부터 전해진 신앙이나 전승을 확실히 지키며 후손에게도 전하고 있었다. 『도노 이야기』 시대의 도노도, 노토반도의 나나우라의 노인들의 유소년 시대에도, 그리고 미즈키의 소년시대의 사카이항구의 마을도 그리고 수많은 작은 마을이나 농산촌·어촌지역의 대부분이 그랬다. 사람들은 일상생활 가운데 '또 하나의 세계'를 상정하여 생활하고 있었던 것이었다. 대도시 가운데서도 적기는 하지만 여기저기 남아 있는 '들판'을 바탕으로 그런 노력이 시도되고 있었다고 해도 좋을 것이다.

그러나 고도성장기 이후, 즉 1960년대 이후가 되면 이러한 지역의 요괴들의 상황에도 심각한 위기가 찾아오게 된다. 도시화의 큰 파도 즉 정보화 사회의 물결이 밀려들어 온 것이다. 여기에서 말하는 도시화란 농촌, 산촌이 도시가 된다고 하는 것이 아니다. 물

일본의 요괴학 연구

론 대도시근교 농촌의 경우는 확장을 계속하는 도시에 편입되는
경우도 있었다. 그렇지만 대도시로부터 멀리 떨어진 지역의 도시
화란, 도시의 주민들과 같은 물질문화를 향수할 수 있게 되었다는
뜻이다. 텔레비전, 세탁기, 냉장고, 자동차, LP가스, 근대적인 주거
양식으로 개축·신축, 전동식 농기구 등이 농촌에 도입되어, '밝은
농촌'으로 변해간 것이다.

특별히 교육이 충실하게 이루어지고 대도시와 같은 정보를 텔레
비전이나 라디오를 통해서 알 수 있게 되었다는 사실은 매우 중요
한 의미를 지닌다. 다시 말해, 도쿄 등의 새로운 문화·풍속과 자
기들의 전통적 문화·민속을 비교하는 시점이 생기고, '강한 문화'
즉 편리하고 기분도 좋고 '풍요로운' 도시문화에 결국 동화되어 가
는 쪽을 택한 것이었다. 그 결과 전통적인 지역문화는 버리거나

변용시키게 되었다. 물론 그들이 전승해온 요괴문화도 같은 운명에 놓이게 된 셈이다.

도시의 주민이 근대적 문화를 향수하면서도, 여전히 요괴를 믿는 심성을 품고 있었던 것같이 농촌, 산촌의 주민이 도시화의 물결에 압도되어 근대의 균질적 물질문화를 향수하게 되어도, 요괴를 믿는 심성을 지니고 있는 한, 밤의 깊은 어둠은 여전하기 때문에 도시의 주민보다는 훨씬 견고하게 요괴문화를 유지할 수 있었을 것이다. 민속학이나 인류학의 조사결과는 그것을 분명히 증명해주고 있다.

그러나 많은 농촌, 산촌지역에서는 요괴문화와 그것을 포함하는 전통적 문화에 결정적인 위기가 찾아오고 있었다. 요괴문화의 담당자, 전통문화의 담당자가 될 사람들이 태어나 자란 농촌, 산촌을 떠나서 도회로 이주하는 소위 '과소화'현상이 생겨난 것이다. 요괴를 믿는 사람이 적어졌다. 뿐만 아니라 더욱 사태는 악화되어, 많은 농촌, 산촌에 사람, 요괴에 대하여 이야기할 사람이 없어지고 있었던 것이다. 현금 수입의 수단이 지극히 한정되어 있는 농촌, 산촌에서는 대부분의 아이들이 도쿄나 오사카 등 대도시로 일단 직장을 찾아서 고향을 떠나면 되돌아오지 않는다. 되돌아오고 싶어도 고향에는 일할 직장이 없다. 그러한 곳에서는 요괴도 함께 사멸되고 있다고 해도 좋을 것이다.

요괴는 사람들의 마음이 만들어 내는 존재이다. 사람들이 마음에 '어둠'을 안은 채 다양한 것에 두려움을 느끼는 심성을 가지고 있는 한, 사람들은 언제까지나 요괴를 재생산해낼 것이다. 그렇다면 지금 요괴를 재생산할 수 있는 사람들은 어디에 있는 것일까. 요괴는 어디에 있는 것일까.

그 대답은 명확하다. 물론 그것은 도시이다. 일본 인구의 대부분이 집중하고 있는 대도시야말로, 요괴가 발생하기 쉬운 공간이다. 그러나 이미 살펴본 바와 같이 대도시는 근대 이후에 심한 요괴박멸, 요괴부정운동·교육이 추진되어 왔으며, 요괴가 출몰하기 쉬운 '어둠의 공간'도 소멸되어 버렸다. 과연 그러한 대도회에도 요괴는 출현가능한 것일까.

6. 요괴와 현대인

요괴의 존립과 전제조건

고도성장기 이후의 도시 주민 즉 현대의 일본인은 어떤 코스몰로지를 가지고 있을까.

현대의 요괴를 생각할 때, 특히 주의하지 않으면 안 되는 것은 실생활 가운데서 요괴의 존재 혹은 요괴·괴이현상의 존재를 믿고 있다는 차원과 소설이나 만화, 영화나 애니메이션 등 픽션 속의 요괴들을 애호한다고 하는 차원을 구별해야 한다. 양자가 서로 관계되고 있는 것은 확실하다. 실생활 차원에서의 요괴현상이 자주 일어난다면 픽션 차원에서의 요괴의 창조를 촉진시킬 것이고, 그 반대의 경우도 생각할 수 있을 것이다. 그러나 어린 아이들은 논외로 하고, 대부분의 현대인은 미즈키의 만화 〈게게게의 기타로鬼太郎〉[83]에 등장하는 기타로나 눈동자 요괴나 미야자키 하야오宮崎駿의 애니메이션 〈이웃의 도토로〉의 요괴동물 도토로나 검댕이요괴인 스

83 역주 : 기타로(鬼太郎)를 주인공으로 하는 연작만화. 요괴족의 마지막 남은 후손으로서, 요괴이면서도 성격이 유화하고 정의감을 지니고 사람을 돕기도 하고 장난도 친다. 눈동자요괴 등 친구요괴의 도움으로 인간과 사이좋게 지내는 사회를 꿈꾸고 있다. 전통적인 무기를 쓰기도 하고 요술을 써서 문제를 해결해간다.

일본의 요괴학 연구

스와타리가 현실세계에 나타난다고 생각하지는 않는다. 그러면서도 이러한 작품의 요괴들이 예전의 민속사회 곧 농촌사람들이 믿었던 요괴에서 소재를 얻어 만들어진 것이며, 작품의 내용도 그러한 문화환경을 근거로 한 것이라는 점을 이해하고는 있을 것이다.

이러한 구별은 전근대 도시의 요괴나 시골의 요괴를 생각할 때에도 필요한 일이지만, 전근대에 있어서 양자는 현대보다 훨씬 더 큰 상호 영향 관계에 있었다고 해도 좋을 것이다. 즉, 그 경계가 지극히 애매했던 것이다. 나는 지금까지 논의를 될 수 있는 한 실생활로부터 발생·생성되는 요괴·괴이현상이나 존재에 초점을 두고 전개해 왔다. 널리 알려진 요괴의 종류가 대부분 등장하지 않은 것도 그 때문이다.

예를 들면, 오에야마大江山에 사는 술꾼동자라고 하는 오니는 〈오에야마 두루마리 그림〉 등으로 전해지는 이야기이지, 실세계에서 그러한 귀신을 만났다는 사람은 한 사람도 없다. 즉 오에야마에 사는 술꾼동자는 픽션 속의 요괴이며, 『게게게 기타로』의 요괴 기타로와 같은 차원에 속해 있는 셈이다. 그러한 이야기가 만들어지고, 사람들에게 애호되었다는 것에 대한 고찰은 물론 중요한 것이다. 실제로 나도 지금까지 그 의미를 자세하게 고찰해본 적이 있다. 그러나 이 책의 제1부에서는 실생활의 요괴쪽에 시선을 집중시켰으므로, 현대의 요괴에 대해서도 이와 같이 실생활쪽에 초점을 맞추어 검토하고자 한다.

현대도시의 요괴를 생각할 때, 염두에 두어야 할 몇 가지 전제조건이 있다. 지금까지의 논의로부터 이미 제시된 것도 있지만, 확인을 위해서 다시 한 번 열거하기로 한다.

우선, 역사·문화의 발달과 함께 넓은 영역을 차지하고 있던 요괴존재나 요괴현상을 부정하고, 그러한 것을 합리적으로 설명하려는 사고방식이 서양의 과학적 지식의 도입과 함께 근대 이후에 더욱 강화된다. 즉, 현대의 과학자·지식인은 그러한 존재·현상을 부정한다. 따라서 대부분의 서민들도 교육이나 적극적인 학습에 의해 요괴현상을 부정하는 사고방식을 지니고 있다. 바꿔 말하면, 전근대부터의 전통적인 요괴존재를 전면적으로 믿고 있는 사람은 지극히 적다고 할 수 있다. 가령 그러한 요괴현상을 만났다고 해도, 그것을 요괴의 소행이라고 믿는다고 공공연하게 이야기하지는 못하는 상황이 되어 있다. 그런 의미에서는 근대 이후의 요괴박멸 혹은 부정운동은 큰 성과를 거두었다고 해도 좋을 것이다.

다음에 지적하고 싶은 것은 현대인의 생활공간의 변화다. 그전의 일본 도시는 상업기능(건물·인구밀집지역)과 농업기능(농촌지역)의 쌍방을 두루 갖추고 있었지만, 근대 이후 도시의 발전은 전자의 기능이 후자의 기능을 침식하고, 도시 전체를 건물이나 포장도로, 공원 등의 인공공간이 차지하게 되었다. 다시 말해서, 도시공간에는 본래의 자연은 없어지고, 인공물건이 '제2의 자연'으로서 사람들을 에워싸고 있다. 지금까지의 일본인이 체험한 적이 없는 전혀 새로운 경관이 거기에는 전개되고 있는 것이다.

또한 다음과 같은 점도 중요하다. 그것은 거대한 현대도시에 사는 사람들은 모두가 공유하는 코스몰로지를 가지지 않았다는 것이다. 그전의 마을이나 마치에는 각각의 차원에서 주민이 공유하는 코스몰로지가 존재하였다. 뿐만 아니라 '소분지'단위라도 공유하는 코스몰로지가 존재했다고 볼 수 있다. 다시 말해서 주민들을 결집시키는 심볼을 소유하고 있었다. 그런 의미에서 마을이나 마치는 조직화된 집단 즉 공동체이었다. 그러나 현대도시는 그러한 공동체를 구성하지 않는다. 그 내부에 이질적이며 다양한 집단이나 인간관계의 네트워크가 존재하고 있지만, 그것이 서로 관계되어 질서를 유지하는 것은 아니다. 대량생산에 의해 만들어진 물질 문화를 향수하고, 학교에서 배우는 다양한 지식을 습득하고, 매스 미디어가 발신하는 정보를 캐치하면서, 사람들은 각자의 노력에 의해 자기 자신의 코스몰로지를 만들어 내고 있는 것이다.

물론 그 코스몰로지의 내용은 대개 서로 비슷하다. 그러나 사람들은 그 유사함보다도 차이에서 자기 자신의 아이덴티티를 찾아내려고 한다. 적어도 그렇게 행동하려고 하는 것이다. 옆에 살고 있는 사람과 자신의 사고방식·가치관이 같다고 하는 경우는 좀처럼 찾아보기 어렵다. 가족이라는 현대의 공동체 안에서도 사고방식이나 가치관의 일치를 찾아내기가 쉽지 않다. 현대도시에 있어서 사람들은 같은 가치관을 공유하고 있다고 생각하는 사람들을 찾아내려 하지 않고 있는 셈이다. 더구나 그러한 사람들을 찾아냈다고 한들 한쪽이 일방적으로 그렇게 생각한 것이거나, 상대방의 사고방식과 부분적으로 일치하는 정도일 뿐이다. 또 특정한 사회관계의 네트워크나 집단 가운데 소속되었다고 해도, 그것은 어떤 목적을 위한 것일 뿐이며, 폐쇄적인 집단에 들어간 것은 아닌 경우가 일반적이다.

예를 들면, 어떤 가수의 팬이 됨으로써 그 가수의 팬들과 일체감을 느낀다. 그러나 팬들이 서로 이야기를 나누는 일은 별로 없다. 게다가 그 또는 그녀는 현대도시에 있어서 그 가수의 팬으로서만 존재하고 있는 것이 아니라, 가족의 일원이자, 어떤 기업의 사원이며, 어떤 레저 클럽의 회원이기도 한 상태에서, 여러 사회집단이나 네트워크에 참가하고 있는 것이다. 그런 것이 어우러지고 합쳐져서, 그 사람의 '세계'가 형성되는 셈이다.

이런 뜻에서 한 사람 한 사람이 개체로 해체되어 있다. 그 한 사람 한 사람이 자신의 생활공간과 그것을 유지하는 코스몰로지를 확연하게 의식하지 않고 있는 현대에서는, 요괴를 둘러싼 코스몰로지도 불특정한 다수 사람들에 의하여 환상되며 집합이라는 형태로만 나타날 뿐이다. 어떤 사람은 UFO의 존재를 믿지만, 유령이나 여우의 빙의는 믿지 않는다. 어떤 사람은 저승이 존재한다고 믿지만, UFO의 존재는 믿지 않는 경우가 생긴다. 즉, UFO를 믿는 사람들은 그 한 점으로 집합되지만 그 이외의 문제에서는 완전한 남이 된다. 현대의 요괴도 그러한 사람들에 의해 유지되고 있는 것이다.

현대도시의 '어둠'

현대도시는 밤도 전등으로 밝고, 예전과 같은 밤의 '어둠'이 극복된 공간이다. 그러나 대단히 흥미 깊은 것은, 현대인은 그러한 밝은 도시의 인공 공간 가운데서도 음영을 찾아내려고 한다는 점이다. 아니, 현대인이 도시의 모든 구석구석까지 항상 밝게 해둘 수는 없다. 필요가 없으면, 사람은 불을 꺼서 특정한 장소를 어둠인 채로 둔다.

뿐만 아니라 도시의 특정한 장소는 그 장소의 역할이나 역사 때문에, 밝은 빛이 켜져 있다 해도 어두운 이미지를 그대로 품고 있게 된다. 다시 말해서 현대도시에도 '어둠'의 공간은 존재하고 있는 것이다. 그러면 그것은 어떤 공간일까.

한마디로 말하면, 그것은 도시 사람들에게 불안이나 공포를 느끼게 하는 공간이다. 현대의 도시민도 어두움이나 미지의 영역에 대하여 공포를 느낀다. 현대의 요괴는 이 불안·공포 공간을 놓치지 않고 찾아들어가는 것이다. 그러한 공간의 기초는 각 개인의 차원에서 인지되는 공간이다. 현대에는 나에게는 '어둠'의 공간이라는 이미지가 있는 공간이라 해도 당신에게는 다를 수 있는 것이다.

우리들은 언제든지 '나(우리들)의 영역'과 '그들의 영역'을 만들어 낸다. 이렇게 하여 '그들의 영역'이라고 배당한 공간을 '어둠'의 공간이라고 하게 된다. 이것은 어디까지나 개인에 의해 창출되는 '어둠'공간이므로, 그것을 공유할 사람은 아무도 없다. 있어도 지극히 한정된 사람일 뿐이다.

예를 들면 나는 초등학교의 고학년시대에 도교의 오타구大田区미나미카마타南蒲田에 살고 있었다. 내게 익숙한 일상생활공간은 지극히 좁았다. 게이힌京浜철도 급행 공항선空港線의 고지야역糀谷駅의 건너편(동쪽)에 혼자서 갈 일은 좀처럼 없었다. 따라서, 나의 기억 속에 있는 역 건너편의 이미지는 단편적이어서 애매하고 어둡다. 당시 나에게 역 건너편의 세계는 미지인 공간, 따라서 공포의 공간이었다. 그것이 나의 동쪽의 경계라고 하면, 서쪽의 경계는 다마가와多摩川였다. 북쪽은 게이힌京浜 제1국도, 남쪽은 산업도로가 경계가 되고 있어서, 모든 그 저쪽은 미지의 무서운 공간이 되어 있었다. 더욱 그 내부에도 공포의 공간이 점재하고 있었다. 당시는 아직 마을 내의 각처에 방화용 연못이 있어, 가끔 아이가 익사하는 일이 있었다. 그러한 연못은 익사자의 망령이 떠돌고 있다는 말을 들었기 때문에 혼자서 가까이 가기는 매우 무서운 곳이었다. '나나쓰지七辻'라고 불리는 가두도 요괴가 서성거리고 있다는 장소였다. 넓은 부지를 차지하고 있던 공장이나 자신이 다니던 학교지만 휴일의 초등학교나 중학교, 병원, 그리고 초등학교 앞에 있었던 절이나 묘지도 혼자서 들어가기는 매우 무서운 곳이었다.

이러한 공포 공간은 누구나 어릴 때 경험하였을 것이다. 그런 의미에서 미즈키의 공포 공간의 인지 구조와 일치한다. 그러나 나의 인지지도認知地圖(mental map)는 어디까지나 개인의 것으로 사람들은 각각 다른 인지지도를 가지고 있는 것이다. 마을이나 마치에서는 그 인지지도의 많은 부분이 공유되고 있지만, 도시에서는 그 공유 부분이 지극히 적다는 것이다. 이것은 주민의 이동이 심하기 때문에, 역사의 공유, 전승의 공유, 그 연장선상에 나타나는 공포공간의 공유가 매우 어렵기 때문이다. 그러한 특징이 있지만 도시의 주민은 그들 나름대로 도시공간 가운데서 이러한 '어둠'의 공간을 각자가 발견하고 있다는 점에 주의하지 않으면 안 된다. 그것이 도시의 요괴를 연구하는 경우에 중요한 측면이 되고 있다.

도시의 '어둠'공간은 도시의 주민에게 공포를 느끼게 하는 공간이지만, 그러한 공포·불안공간에는 많은 도시민이 추상적인 수준에서 공유하는 공간이 있다. 여기에 말하는 '추상적'인 공간이란 내가 이미지하는 구체적인 장소와 독자가 각각 떠올리는 구체적인 장소가 틀리기 때문이다.

그 하나는 '죽음'과 결부된 공간이다. 묘지, 병원, 폐실, 교통사고 등이 있었던 장소가 그러한 장소다. 단, 교통사고가 있었던 장소는 사고가 있었다는 것을 알기 전까지는 그러한 장소라고 생각하지 않는 곳이므로, 경우가 조금 다르다고 말할 수 있을지도 모른다. 그곳이 죽음과 결부된 장소가 되기 위해서는 그것을 알리는 전승을 공유할 필요가 있다. 그것을 공유하지 않는 사람에게는 특별한 장소도 아니며 공포를 일으키는 장소도 아니다.

예를 들면 나는 현재 오사카와 효고현兵庫縣의 경계에 흐르는 이나가와猪名川의 상류의 이나가와초猪名川町에 살고 있다. 부근에 있는 히토쿠라一倉댐 주위를 달리는 도로의 한 구간이 교통사고가 자주 일어나는 지점이다. 거기에 유령이 출몰한다는 것은 이 부근에서는 유명한 이야기이지만, 내가 그 이야기를 안 것은 이 마을에

일본의 요괴학 연구

이사한 뒤 다소 시간이 지난 때이며, 거기가 어떤 곳인지를 자세히 알게 된 것은 그 후 한참 지난 뒤였다. 그때까지는 밤에 그곳을 지나가도 아무 것도 느끼지 않았는데, 그런 곳이라는 것을 알고 나서부터는 나도 밤에 자동차로 이곳을 지나갈 때는 어쩐지 기분이 나쁘고 긴장하게 되었다. 이러한 장소는 도회의 한복판에도 많이 있다. 즉 도시민 가운데도 죽은 사람의 망령은 바로 그 장소에 나타난다는 심성이 존재하고 있다고 할 수 있다.

묘지나 병원은 누구라도 죽음을 이미지시키는 장소로서 많은 유령·괴이담이 전해지고 있다. 나는 몇몇 간호사에게서 자신이 근무하는 병원에 나타났다는 죽은 환자의 유령 이야기를 들었다. 사체나 유골을 매장하는 묘지도 옛날부터 공포·요괴공간으로 여겨지며, 현대도시에 있어서도 그 전통은 유지되고 있다. 묘지에 나타나는 유령 이야기의 전형은 누구나 알고 있는 '유령을 태운 택시' 이야기다.

이처럼 어느 정도 고정적으로 죽음의 이미지를 떠오르게 하는 공간 이외에도 사람들이 잠재적으로 공포를 느끼고 있는 공간이 많다. 그것은 밤에 이용자가 없는 공간 혹은 전기가 꺼져 있는 공간이다. 예를 들면 사람이 없는 밤의 텅 빈 오피스 빌딩, 사람이 없는 밤의 학교, 사람이 없는 가로, 사람이 없는 공원이나 극장, 체육관……, 낮의 떠들썩함과는 대조적인 그러한 공간은 이용자가 없거나 밤이 되면 조용해지고 전깃불도 없기 때문에, '어둠'을 안고 있는 공포 공간으로 변모한다.

예를 들면 도쿄 시내의 어느 초등학교 체육관에 유령이 나온다는 이야기를 그 학교 교사에게서 들은 일이 있다. 아무도 사용하지 않는 시간, 체육관에서 뜀틀상자 연습을 하고 있는 듯한 소리가 들리기도 한다는 것이다. 뜀틀상자 사고로 죽은 학생의 유령이

아닐까라는 소문이 돌았다고 한다. 몇 십 년 전, 전국의 도시를 떠들썩하게 한 '입이 찢어진 여자[口裂け女]'의 이야기나 최근 '사람 얼굴의 개[人面犬]'의 이야기, 뿐만 아니라 최근에 유행한 '학교의 괴담' 등은 이런 종류의 요괴담으로 분류할 수 있을 것이다.

또 하나의 공간은 도시의 도처에 존재하고 있는 크고 작은 여러 가지 형태의 '폐쇄'공간이다. 화장실, 엘리베이터, 차, 호텔방, 박물관의 수장고 등도 때에 따라서 공포 공간이 된다. 이것은 그 내부에 들어간 사람이 거기에 갇혀서 다시는 못 나갈지도 모른다는 잠재적 공포심과 그러한 공간은 대개 누구나 이용할 수 있는 곳이기 때문에 무서운 이야기가 얽혀있다고 해도 전혀 이상하지 않은 공간이다. 이런 관계 때문에 공포·요괴공간으로 정착되어간다고 할 수 있다. 박물관의 수장고에는 죽음이나 원념을 상기시키는 여러 가지의 정체를 알 수 없는 물건이 수납되어 있는데다가 사람이 없는 밀폐 공간이기 때문에 많은 유령담이 전해지고 있다. '유령을 태운 택시' 이야기는 묘지와도 관계가 있지만, 이런 공간으로 분류할 수 있는 이야기다. 최근에서는 이 이야기의 변형이라고도 할 수 있는 이야기가 유행하고 있다. 함께 타고 있었던 사람이 사라져버리는 '유령을 태운 엘리베이터'의 이야기가 초고층 빌딩에 근무하는 직장 여성들 사이에서 실감나게 전해지고 있다. 현대에도 여전히 전해지고 있는 '유령저택(오니저택)' 이야기도 여기에 포함할 수 있을 것이다.

현대의 괴담과 요괴 – '학교의 괴담'

현대도시에 있어서의 괴이·요괴공간·현상의 개략을 살펴보았다. 다음에 몇 가지 구체적인 사례를 검토해보기로 한다.

다음 이야기는 민속학자인 쓰네미쓰 도오루常光徹의 『학교의 괴담』에 소개되어 있는 것으로, '변기에서 나오는 손'(①·②) 그리고 '빨간 종이·파란 종이'(③~⑤)라고 명명되어 있는 이야기이다.[84]

84 常光徹, 『學校の怪談』(ミネルヴァ書房, 1993).

① 1층 화장실에 들어가면, 안에서 손이 나온다.

무서워서 화장실에 들어가지 못하여 그대로 싸버린 아이가 있었다. (도쿄의 초등학교)

② 변소에 들어가면 빨강, 파랑, 노랑 등의 손이 나와서 몸을 만진다. (도쿄 하치오지시의 초등학교)

③ 변소에서 "빨간 종이로 할까, 흰 종이로 할까?"라는 목소리가 들려온다고 한다. "빨간 종이로 하겠다."고 하면 천장으로부터 좌악 피가 쏟아져 내려오고, "흰 종이로 하겠다."고 하면, 아래서 흰 손이 불쑥 나온다고 한다. (오사카부 센보쿠군의 초등학교)

④ 북쪽에 전쟁 전에 세워진 낡은 화장실이 있어, 안은 어둑어둑했다.

화장실에 들어가면 위에서 "빨간 종이가 좋아? 파란 종이가 좋아?"라고 말하는 소리가 난다. 빨간 종이라고 대답하면 빨간 종이가 떨어진다. 그것을 사용하면 몸이 빨개지고, 파란 종이를 사용하면 파래진다고 한다. (도쿄 고다이라시의 초등학교)

⑤ 여자 화장실 가운데, 중앙 화장실로 들어가면 소리가 들리는데 "빨강, 파랑, 노랑 가운데 어떤 색을 좋아하냐?"라는 질문에 빨강이라고 대답하면 피투성이가 되어서 죽임을 당하고, 파랑이라고 대답하면 신체의 피가 뽑혀져서 새파랗게 질린다. 황색이라고 대답한 사람만 무사하다. (도쿄의 초등학교)

작년에 이러한 학교를 무대로 한 괴담집이 베스트셀러가 되고, 매스컴에도 다루어져 큰 화제가 되었다. 그리하여 지금은 어른들도 많이 알고 있지만, 원래는 학교에 다니는 아이들 사이에서 전해지던 이야기이다. 근대 이후 각지에 학교가 세워진 이후에 생긴 이야기이다. 아이들은 이러한 이야기를 듣고 변소에 대하여 공포를 느꼈고 또 다른 아이에게 이야기를 들려줌으로, 그 아이도 공포를 느끼게 되었던 셈이다. 요컨대 전형적인 학교의 포크로어였던 것이다.

위의 다섯 가지 사례를 가지고 이 괴담의 변천·발전 과정을 파악하기 위하여, 나 나름대로 순서를 정하여 배열하였다. 이는 쓰네미쓰가 지적하듯이, 이 이야기의 바탕이 된 요소는 전근대의 도시나 시골에서 이미 전해지고 있던 이야기이기 때문이다. 똥이 떨어지는 똥통이 있었던 옛날 민가의 변소에는 '엉덩이 만지기'라고 하는 요괴가 살고 있어서, 어두운 변소 구덩이 안에서 손이 올라와서 변을 보려는 사람의 엉덩이를 만진다는 전승이 있었다. 어릴 때 우리 집 변소도 이런 식의 똥통이 있었는데, 어슴푸레한 꼬마전구가 전부였기 때문에 변소에 한번 가려면 대단한 용기가 필요했다. 변기에 양발을 걸치고, 엉덩이가 어두운 구멍을 향하여 앉았을 때의 공포는 아직도 또렷하게 기억하고 있다. 집 변소에 나온다고 하는 이 '엉덩이 만지기'계통의 요괴가 학교가 생긴 이후로는 학교의 변소에도 출몰하게 된 것이다. 앞에 든 사례 가운데, 먼저 사례④는 그 내용으로 보아, 똥통식 변소를 상정해서 이야기되고 있다. 사례①과 사례②는 단지 손이 나올 뿐이지만, 사례③ 이하는 수상한 목소리가 아리송한 질문을 던지고, 그 질문 가운데 운동회의 홍군, 백군을 연상시키는 빨강·하양, 혹은 신호기를 연상시키는 빨강·파랑·노랑 등의 삼색으로 조합되는 종이를 등장시켰다. 이

종이는 화장실용 종이를 뜻하고 있다. 사례②는 빨강, 파랑, 노랑 손이라는 것으로, 사례①과 사례③ 이하의 이야기의 중간형이다. 따라서 이런 사례를 비교해 보면, 사례①의 이야기가 확대 재생산 되어서 사례② 이하의 이야기로 변한 것으로 추측된다. 그리고 언젠가부터 학교 화장실이 수세식으로 변하면서, 변소에서 손이 나온다는 모티프가 점차로 사라지고, 사례⑤와 같은 이야기로 변화되어 간 것이리라. 그리고 이것을 상상력을 동원하여 변형하고 부풀리면, 다음과 같은 잔혹한 이야기가 된다.

어떤 학교의 여자 아이가 화장실에 들어가니, 어디에선가 "빨간 조끼 입혀줄까?"라는 목소리가 들려와 여자 아이는 무서워져서 도망쳤다. 다음 날 부인 경관과 경찰관이 와서 그 곳을 망보고 있었다. 그런데 부인 경관이 용변을 참을 수 없어서 문제의 화장실에 들어갔더니, 또 어디에선가 "빨간 조끼 입혀줄까?"라는 소리가 난다. 같은 그 목소리가 몇 번이곤 반복하여 말하므로, 드디어 부인 경관은 "조끼 입혀줘."라고 했다. 꽉 하는 비명을 듣고 밖에 있던 경관이 들어가보니, 부인 경관은 목이 잘려 죽어있었다. 신체는 튀긴 피로 빨간 조끼를 입은 모양이 되어 있었다.

아무튼 화장실은 똥통식에서 수세식으로 변했고 화장실로부터 '어둠'이 추방되었다고 하는데도 불구하고 현재까지도 이러한 이야기가 계속 이어지고 있는 것이다.[85]

쓰네미쓰는 이런 의문에 대하여 "화장실은 지금도 다른 공간에 비하여 상대적으로 항상 불안이 따라다니는 어두운 공간이라는 느낌이 여전히 지워지지 않는 장소라고 한다. 현재도 비일상적인 공간으로 존속하고 있다. …(중략)… 고립된 공간 가운데서 음부를

85 松谷みよ子, 『學校(『現代民話考・第II期II』)』(立風書房, 1987).

86 常光徹,『學校の怪談』(ミネルヴァ書房, 1993).

노출한 상태로 쭈그리고 앉는 자세, 즉 동물로서의 인간의 약점이 완전히 노출된 자세가 떨쳐버리기 어려운 불안을 자아내고 있다." 고 하였다. 동시에 학교의 현실로서 화장실이 흡연이나 폭력, 기물 파손 등의 비행이 저질러지기 쉬운 폐쇄 공간이다. 그러한 면에서도 '학교의 마이너스적인 측면을 상징하는 공간'이며, '학교의 질서를 끊임없이 협박하고 있는 공간'이라는 사실과도 관계되어 있다고 지적하였다.[86] 다시 말해서 학교 화장실의 형식은 수세식으로 바뀌기는 했지만 심리적인 의미로 위험한 영역에 속하며 학교의 관리적인 측면에서도 위험한 구역이기 때문에, 그 위험이나 불안이 이러한 괴이담을 낳는 것이다.

특히 학교의 괴담만이 매스컴에서 화제를 모았지만, 학교에만 괴담이 많은 것은 아니다. 이미 지적한 바와 같이, 현대사회의 여기저기서 괴이담이 그럴 듯하게 이야기되고 있다. 단지 학교와 달리 이야기를 채집하기가 쉽지 않기 때문에, 이야기가 떠도는가 하면 순식간에 사라져버리고 만다. 나이 먹은 어른이 "유령을 보았다."라든가 "이상한 체험을 했다."라는 말을 아주 진지하게 주위 사람에게 이야기한다는 것은 현대에는 상당히 용기가 필요한 일이다.

현대의 괴담과 요괴 - '오니저택'

현대 괴담의 전형적인 사례를 또 한 가지 소개한다. '오니저택' 이야기는 고대부터 시대의 변화에 따라서 모습을 달리하면서 어느 시대에나 존재하던 괴담이다.

이노우에 엔료가 '오니저택'의 정체를 해명하기 위하여 노력했던 것은 이미 살펴보았는데, 그는 '오니저택'에 대해서 다음과 같은 말을 남겼다. "도회에는 요괴저택이라는 것이 많다. 어떤 특정한 집에 살면 다른 집보다 병자나 죽은 사람이 많이 생기기 때문에 이런 집을 기피하는 경향이 아주 심하다. 일본 가운데서도 도쿄에 이런 집이 가장 많다. 내가 지금까지 조사한 요괴저택의 예를 보면, 가옥에 햇볕이 잘 들지 않고 바람이 잘 통하지 않는 집, 실내가 어둑어둑하고 음기가 느껴지는 집이 많았다."[87] 여기서 이노우에는 그러므로 환자나 죽은 사람이 생기는 것은 위생상의 문제이며, 요괴 때문은 아니라고 이야기하며 언제나 요괴를 부정하는 결론을 내렸다. 그러나 내가 주목하는 것은 도쿄를 비롯하여 도시에는 이러한 저택이 많았다는 점이다. 그런데 현대가 되면 소위 '오니저택'이라고 하는 집은 개발에 의한 개축 등으로 사라져버렸으리라고 생각할 수 있지만 '오니저택' 이야기는 아직도 사라지지 않고 있다. 낡은 저택뿐만 아니라, 새로운 빌딩이나 주택에도 여전히 유령이 출몰하고 있는 것이다. 실제로 나도 '유령저택'에서 살았던 경험이 있다. 우선 그 이야기를 소개하자.

중학교 1학년 때 아버지가 돌아가셨으므로 도쿄의 오타구(大田区)에서 후추시(府中市)의 도쿄경마장 부근으로 이사했다. 전철 게이오선(京王線)의 후추경마장 정문역 바로 뒤에 그 집이 있었다. 아버지가 후생성의 공무원이었던 관계로 어머니는 작은 해난구조회사의 기숙사에서 일하게 되었다. 기숙사라고 해도 보통 민가인데 방 하나가 어머니와 나와 남동생의 침실이었다. 때때로 지방 현장에서 오는 사원의 숙박을 돌보는 것이 어머니의 일이었다.

이사하고 나서 얼마 되지 않았을 때 오키나와(沖縄)에서 온 젊은 남자가 숙박했다. 다음날 아침 그 사람이 어머니에게 "이 집에는 노부부가 살고 있습니까?"라고 여러 차례 물었다. 밤에 방에서 자고 있었는데, 누군가가 이불을 잡아당겨서 눈을 떠보았더니, 이불 아래쪽에 얼굴이 창백한 노부부가 서서 이불을 끌어당기더라는 것이었다. "방을 잘못 찾아오셨어요."라고 말하고 다시 잤더니, 잠시 후 다시 이불을 잡아당겨서 잠을 깼다. 화가 나서 여러 번 고함쳐서 내쫓았다고 하는 것이다. 어머니는 "그런 노인은 없다. 꿈이라도 꾼 것이 아닐까."라고 별로 개의치 않았다. 이 방에 숙박한 사람 모두가 반드시 이런 말을 한 것은 아니지만, 적어도 이미 다른 한 사람도 같은 체험을 한 것을 기억하고 있다. 이웃집 사람의 이야기에 의하면 일찍이 이 집에는 노부부가 살고 있었는데, 어떤 까닭인지 집을 팔려고 내놓은 뒤에 여러 사람의 손을 거쳐 현재의 회사기숙사가 되었다는 것을 알았다. 이전에도 같은 일이 있었으며 죽은 노부부의 유령이 나오는 것이리라고 설명하였던 것 같다. 그 후 우리 가족은 근처에 집을 빌려서 이사했고 어머니는 그 기숙사 일을 그만두었다.

이런 종류의 유령이야기는 매우 흔한데 내게 알려준 체험담을 소개한다. 예전에 신분이 높은 사람의 저택이었다고 하는 곳에 세워진 교토의 공무원 숙소 침대방에 숙박했을 때, 심야에 숙소에서 빌려주는 것과 꼭 같은 잠옷을 입은 남자가 방안에서 자물쇠를 채우고 있었는데도 어디선가 바람 같이 들어와서 경대 앞의 의자에 앉아 있는 것을 목격했다고 한다.

확실히 내가 살고 있었던 기숙사도, 이 숙소도 이미 '오니저택'의 이미지를 지니고 있다. 낡은 저택 또는 저택 자리에 지은 집에는 그전의 소유자나 그곳에 숙박한 사람의 원령인 듯한 것이 유령이 되어서 출몰한다는 이야기는 새로운 것이 아니다. 헤이안시대에 이 저택의 최초 소유자였던 미나모토노 도오루源融의 망령이 남의 손에 넘어간 그 집에 출현하는 이야기와 비슷한 이야기로 골격은 그다지 변하지 않았다.

무로 다다시室生忠의 『도시요괴이야기』 등에 수록된 유령이야기이다. "경호원이 심야에 오피스를 순회하고 있었는데, 인기척이 나서 방문을 열어 보았더니 얼마 전에 자살한 여자사원이 부지런히 서류정리를 하고 있었다. 착실하고 꼼꼼한 성격의 사원이었으므로, 일이 남아있던 것을 기억하여 유령이 되어서 나타난 것이라고 소문이 났다."는 이야기와 같이 현대의 유령은 현대인의 생활을 반영하며 일상생활 어떤 장소에나 출몰하게 되었다.[88] 저택이나 노상에 출몰하는 것만으로는 활동 영역이 매우 좁기 때문에 새로운 생활 영역에 이르기까지 현대의 유령은 활동영역을 확장하지 않을 수 없었던 것이다.

유령이 나타난다는 저택이 '유령저택'이면, 유령이 나오는 학교는 '유령학교'이며, 유령이 나오는 오피스는 '유령오피스'이자 '유령빌딩', 유령이 나오는 병원은 '유령병원'이라고 하게 된다. 그러나 현대인은 그렇게는 부르지 않는다. 유령이 나온다는 소문이 있어도 그 장소를 버리고 떠나려고는 하지 않기 때문이다. 인간이 강해진 것이다. 언제까지나 유령 등과 씨름하고 있을 수 없을 만큼 바쁜 것이다. 그런 상황 가운데서 유령은 도시공간의 얼마 안 되는 '어둠'에 파고들어, 사람들에게 불가사의한 생각을 가지게 하거나 공포의 도가니에 빠지게 하고 있다. 즉 현대의 매우 많은 사람들이 요괴를 믿는 심성을 가지고 있는 것이다.

88 室生忠, 『都市妖怪物語』 (三一書房, 1989).

현대 요괴의 특징과 현대인의 불안

지금까지 현대인들 사이에서 이야기되고, 때로는 믿어지던 요괴이야기를 간단히 소개 · 검토해 왔지만, 그 과정에서 현대의 괴담 · 요괴담이 조용히 부상된 것 같다. 다시 말하면 사람얼굴의 개[人面犬] 등 약간의 예외는 있지만 현대의 요괴의 대부분은 인간의 유령(망령)이다. 이것은 무엇을 뜻하고 있는 것일까.

생각할 수 있는 것 가운데 하나는 현대인은 동물 등의 요괴를 별로 믿지 않게 되었지만, 인간의 유령이라는 존재는 여전히 믿는 사람들이 많다는 것이다. 예를 들면 '학교의 괴담'의 이야기에 "빨간 종이가 좋을까. 파란 종이가 좋을까."라고 묻는 수상한 목소리의 정체가 인간의 원령(유령)이라고 설명하면 납득하는 기분이 들지만, 도노의 마치의 민가에서 생긴 요정 현상의 원인은 여우의 소행이었다고 이야기되는 것은 납득하지 못하는 것 같다. 여우나 너구리의 소행이었다고 이야기하면 곧바로 현실성을 잃어버리게 될 것이다. 즉, 현대인은 아직 인간의 사후에 영혼이 존재한다고 믿고 있거나 믿으려고 하고 있는 것이다.

이것은 다음과 같은 상태로 나타난다. 현대인은 이미 자연과의 관계를 끊었다. 그리하여 자연을 두려워하는 마음을 잃어버리고만 모양이다. 현대의 도시공간에서 인간에게 공포를 느끼게 하는 것은 인간뿐이라고 한다. 만약 현대인의 마음을 들여다볼 수 있다면 틀림없이 인간에 대한 공포로 가득할 것이다.

그러나 현대에 있어서는 이 유령마저도 쇠퇴의 길을 걷고 있음이 틀림없다. 현대의 괴담을 검토해 보면 유령의 모습을 보았다고 하는 이야기는 조금씩 조금씩 줄어들고 있고, 그것을 대신하여 손만 보았다거나 수상한 사람의 목소리만 들었다고 하는 이야기로

<그림 18> 흰옷에 머리를 늘어 뜨리고 발이 없다는 전형적인 유령

변화되고 있음을 알 수 있기 때문이다. 장래에는 그것마저 이야기 형태로 등장하지 않고, 단지 괴이·불가사의 현상만이 아무런 설명도 없이 이야기될지도 모른다. 예를 들면 어떤 단기대학에서 강의하고 있었을 때, 수강하던 여학생의 다음과 같은 이야기는 장래 괴담의 패턴을 암시하고 있다는 생각이 들었다.

이 여학생의 친구가 친구 집에 놀러 갔다가 그 집에서 자게 되었다. 밤늦도록 수다를 떨고 준비된 이부자리에 들어갔지만, 밤중에 여러 차례 잠을 깼다. 단단하고 차가운 것 위에서 자고 있는 듯한 느낌이 들어서 잠을 깬 것이다. 이불도 요도 충분했지만 이상한 꿈 때문이라고 뒤척이다가 숙면하지 못한 채 날이 밝아버렸다. 다음날 아침 친구에게 그런 이야기를 하였더니, 친구는 이 신흥주택지는 원래 숲이었고 친구 집 부근은 원래 묘지였다고 했다. 아무래도 그녀는 묘비 위에서 자고 있었던 모양이다. 그렇게 생각하니 납득할 수 있는 체험이었다고 한다.

이 이야기에는 유령이나 요괴가 전혀 등장하지 않는다. 여우나 너구리의 소행이라고 할 수도 없다. 오니저택과 같이 그전의 소유자가 나타나서 암암리에 그 소유권을 주장하는 것도 아니고, 현재의 소유자나 그곳을 방문한 사람에게 벌을 내릴 까닭도 없다. 단지 이 이야기는 개발 이전에 어떤 장소이었던가를 알리고 있을 뿐이다. 그래도 우리들은 이런 이야기를 들으면 소름이 끼친다. 이러한 이야기가 전해지는 이유로 생각할 수 있는 것은 개발을 위해서 죽은 사람들의 주거 즉 묘를 헐어 이전시켜 버린 일에 대하여 가책이 들었기 때문이다. 그리하여 이러한 이야기가 발생되었던 모양이다.

그렇다 치더라도 그때까지 편안히 묻혀 있다가 묘지에서 쫓겨나게 된 사자마저도 망령이 되어서 나타날 수 없게 되었다는 이야기가 장래의 괴담을 암시하고 있다고 한다면, 그러한 시대는 도대체 어떤 시대일까. 마침내 사람들은 유령의 존재를 완전히 부정하고, 사자의 묘지마저 생자가 강제로 빼앗아서 이용하는 시대가 도래한 것일까.

그러나 비록 그러한 시대가 왔다고 하여도 나는 요괴현상은 없어지지 않으리라고 생각하고 있다. 그 까닭은 그것이 인간이라는 증거이기 때문이라고 생각한다. 우리들을 둘러싸고 있는 환경·경관이 어떻게 변화되어도, 새로운 요괴는 구체적인 형태가 없다 해도 인간 내부의 '어둠'을 찾아내어 사람들 앞에 반드시 나타날 것이다. 요괴란 어떤 시대에도 그런 방식으로 인식되었던 것이다.

1. 제사를 받는 요괴, 퇴치 당하는 신령

'신'과 '요괴'의 차이

　우리 선조들의 상상한 '마魔'라든가 '요괴'라든가 하는 것은 도대체 어떤 성질을 가지고 있었던 것일까. 또한 그러한 '마'나 '요괴'들은 일본의 전통사회나 민속사회에서 사는 사람들의 정신구조에 어떤 영향을 끼치고, 어떤 세계관, 어떤 코스몰로지를 지니게 하는 것일까. 여기에서는 제1부의 고찰을 바탕으로 이러한 일본문화의 '마이너스'의 영역·'어둠'의 영역 주민들의 생활을 자세히 살펴보고자 한다.

　그렇지만 이 테마는 아무래도 대답을 찾아내기 쉽지 않은 매우 힘든 문제라는 점을 미리 인정하지 않으면 안될 것이다. 이는 너무나 어려운 문제이기 때문에 경원되었던 것인가, 아니면 하잘것 없는 것이라고 판단되어서 무시하게 된 것인지 확실하지 않지만, '마'라든가 '요괴'라든가 하는 존재는 오랫동안 민속학이나 역사학의 영역에서 중심적 테마가 되지 않은 것이 사실이다.

그러나 '마'나 '요괴'의 연구는 아직 충분히 인식되어 있지 않더라도, 일본인의 사고방식의 근원을 다루는 시도이며, 고대부터 현대에 이르는 일본인의 삶의 모습을 다루게 되는 지극히 중요한 문제를 포함한다고 생각된다.

이런 문제점을 가지게 해준 것은 뜻밖에도, 십 몇 년 전 기후岐阜의 산중에서 출현하여 삽시간에 전국 여기저기 퍼져서, 많은 아이들을 공포에 빠지게 하였고, 어른들도 곤혹스럽게 한 '입이 찢어진 여자' 이야기 혹은 최근의 '사람얼굴의 개'나 '학교의 괴담'이었다. '입이 찢어진 여자'소동에서 중요한 것은 '입이 찢어진 여자'가 실제로 존재하는가에 대한 문제가 아니다. 과학문명이 일본의 방방곡곡에 침투되어 있음에도 불구하고 '입이 찢어진 여자'라는 요괴를 만들어 내는 심성을 일본인이 오늘날에도 유지하고 있다는 점이다. 물론 민속사회의 많은 요괴들이 점차 소멸되어가고 있는 가운데, 갑자기 도시에 출현한 '입이 찢어진 여자'의 경우, 현대문화 가운데 출현하는 특별한 이유가 있었음에 틀림없다. 그러나 '입이 찢어진 여자'의 속성이 '야마히메山姫'나 '야마우바山姥', '설녀雪女' 등 민속사회의 요괴의 속성과 지극히 유사하다는 것, 최초로 출몰한 곳은 산속이었다는 것 등으로 미루어보아 '입이 찢어진 여자'를 양성한 환경은 현대문화였지만 그녀를 낳은 모태는 일본의 민속문화였다고 생각된다.

또 제1부에서 본 바와 같이 '학교의 괴담'도 그 모태를 전근대의 일본문화나 민속문화에서 찾아볼 수 있을 것이다.

따라서 '요괴'나 '마'를 연구하는 것은 그 모태, 즉 일본문화의 구조와 일본인의 전통적 사고 양식을 살펴보는 것과 다름없다. 여기에서는 민속사회에 계속 전승된 수많은 '요괴'나 '마' 하나

하나를 다루려는 것이 아니고, 그것을 체계적으로 파악하기 위해서 필요한 단순한 개념이나 이론을 탐구하여 일본문화의 '어둠'의 영역에 발을 들여 넣어 보고자 하는데 목적이 있다.

제1부에서 우리들은 실제사회에서 사람들이 인지하는 공포 공간 즉 '어둠'에 초점을 맞추고, 거기에 어떤 요괴들이 서식하는지에 대하여 살펴보았다.

나아가 제2부에서는 인간의 마음이 만들어 내는 요괴관의 내용을 음미하는데 초점을 맞추어본다. 그러한 작업을 통해서 우리들은 일본인의 요괴관의 기본적 특징을 포착해낼 수 있을 것이다.

〈그림 19〉 산속에 사는 여자 요괴인 야마우바

민속학자 야나기타는 '요괴'란 '신령'이 영락한 것으로서 파악했다. 다시 말해서 이전 시대 신앙의 말기현상으로서 나타난 것이 '요괴'이며, 따라서 갓파는 수신이 영락한 것이며, 야마우바는 산신이 영락한 것이라고 이해한 셈이다. 야나기타는 이러한 사고방식을 '우리들의 요괴학의 초보적 원리'라고 말하였다.[1]

그러나 '새로운 요괴학을 위해서'에서 음미한 바와 같이 우리들은 야나기타 요괴이론의 출발점이라고도 해야 할 이 원리가 정말로 옳은 원리인지 다시 한 번 검토해 볼 필요가 있을 것이다. 이것이 만약 잘못되었다면, 야나기타설을 따르는 민속학자들의 요괴이론은 근본적으로 부정되기 때문이다. 물론, 지금까지 많은 연구자의 지지를 얻어 온 야나기타설에 이의를 제기하려면 매우 신중하지 않으면 안 된다. 그러나 다른 곳에서도 검토한 바와 같이[2] 야나기타 요괴이론의 '초보의 원리'에는 많은 문제점이 포함되어 있다고 생각된다. 야나기타의 설에 따라서 요괴를 생각하면, 여러 가지로 앞뒤가 맞지 않는 상황에 부딪히게 된다.

1 柳田國男, 「妖怪談義」, 『定本柳田國男集』 第4卷(筑摩書房, 1968).
2 小松和彦, 『憑靈信仰論』(講談社學術文庫, 1994).

일본의 요괴학 연구

예를 들면 '요괴'는 '신령'이 영락한 것이라고 가정하면, 일본문화나 인류문화의 발전 1단계에는 '요괴'가 존재하지 않고, '신령'만을 믿던 시기가 있었다고 가정하지 않으면 안 된다. 왜냐하면 '요괴'가 처음부터 '요괴'로서 사람들 앞에 등장할 수 없기 때문이다. 선량한 사람들과 그러한 사람들에게 부를 가져다주는 선한 신과 선한 자연만으로 이루어지던 시기, 즉 인류문화의 발전 과정에 그런 시기에 존재했다고는 도저히 생각할 수 없다. 그것은 매우 현실과 동떨어진 이야기일 것이다.

『고사기古事記』[3]나 『일본서기日本書紀』[4] 혹은 『풍토기風土記』[5]에는 엄청난 수의 재액을 초래하는 신령, 즉 '마'나 '요괴'에 상당하는 영적 존재가 기술되어 있다. 그 내용으로 보면 매장방법이나 유골파괴 등에 나타난 것처럼, 두려움을 표현한 것으로 여겨지는 사항이 남아있고, 이로 미루어보아 인간의 생활은 유토피아와는 상당히 거리가 먼 것이었다. 실제로 인류문화의 역사를 거슬러 올라가면 올라갈수록, 인간의 생활은 어렵고 예측할 수 없는 재액도 많았던 것이다. 그리고 '지혜' 있는 동물인 인류는 그 지혜를 써서 다양한 재액의 원인을 추측하고, 그것을 제거하거나 피하는 방법을 생각해 내려 했고, 또한 생각해 냈을 것이다. 그 가운데서 합리적인 사고 양식과 비합리적(종교적)인 사고양식이 생겨나게 된 것이다.

다시 말해서 인류는 자기들의 합리적 지식으로는 통제할 수 없는 것을 환경 가운데서 수용하고 그것을 개념화하여 '초자연적 힘'이라든가 '초자연적 존재' 즉 '신령'이나 '요괴'를 만들어내게 된 것이 아닐까. 인류의 긴 역사 가운데 그것이 언제 생긴 것일지는 확실하지 않다. 그러나 인류가 직립보행하고, 불을 관리하고, 도구를 만들고, 언어를 이용하게 되었을 때 '신령'이나 '요괴'들도 이

3 역주 : 현존하는 일본에서 가장 오래된 역사서로 신화 전설과 많은 가요가 수록되어 있으며, 천황을 중심으로 하여 일본을 통일하는 과정을 서술함에 의의를 두었다. 712년에 완성.
4 역주 : 나라시대에 완성된 정사(正史)로 신화시대부터 지토천황기까지 조정에 전해지던 신화 전설 기록 등을 수식이 많은 한문으로 기록한 편년체, 720년에 완성.
5 역주 : 겐메이천황의 칙명에 따라 여러 지방의 지명유래, 지형, 산물, 전설 등을 기록한 지지(地誌).

미 태어나 있었던 것임에 틀림없다. 그러한 시대에는 야나기타설과 반대로 모르는 것이 많고, 자연의 위협으로 노출되어 있었기 때문에 '요괴'들의 활동 영역은 다방면에 걸쳐 있었다고 생각된다. 따라서 먼 옛날, 일본 열도에 사람이 살게 되었을 때 그들의 문화 안에는 이미 '신령'이나 '요괴'들도 살고 있었다고 간주하는 것이 타당하다는 생각이 든다.

물론 '신령'으로부터 '요괴'나 '마'로 몰락한 것도 있었을 것이다. 그러나 '요괴'로부터 '신령'으로 상승하는 것도 있고, '요괴'로써의 문화영역에 등장하였다가 '요괴'인 채로 퇴장한 것도 있었으리라고 생각해야 할 것이다. 요괴의 역사도 또한 다양한 전개를 나타내고 있으며, 이 때문에 요괴학도 또한 다양성을 지니게 되었다고 할 수 있다. 우리들은 야나기타가 주장하는 요괴이론에 현혹되는 일 없이, 유연한 시각으로 일본 민중의 역사 가운데 혹은 민속사회에 모습을 나타낸 '요괴'를 이해하지 않으면 안 된다.

『고지엔廣辭苑』 등 일본의 국어사전을 찾아보면, '요괴'는 괴이한 것으로, 사람의 지혜로는 불가사의하다고 여기는 현상 또는 이상한 물체라고 설명되어 있다. '마'는 범어 마라mara의 라를 생략한 것으로, 사람의 선행을 방해하는 악령·사신이라고 설명되어 있다. 즉 '요괴'와 '마'의 차이는 후자가 불교상의 개념이라는 점이다. 그러나 우리들이 일상생활에서 '마'라고 하는 단어를 사용할 때, 과연 부처의 적敵으로만 이해하고 있는가. '마'라는 단어가 불교용어에 유래를 두지만, 거기에 한정되지 않고 더욱 넓은 의미로 이용되고 있는 것이 아닐까.

여기에서 '초자연적 존재'를 '요괴'라든가 '마'라고 기술할 경우에 먼저 생각할 수 있는 정의를 말해 두자.

일본의 요괴학 연구

'요괴'란 현실세계에 일어나는 모든 현상·사물을 이해하여 질서를 세우려고 하는 사람들이 시도하는 설명체계 앞에 그 체계로는 충분히 설명할 수 없는 현상이나 사물이 나타났을 때, 이해하기 어려운 것, 질서를 갖추어 설명할 수 없는 것을 지시指示하기 위해서 이용하는 단어라고 할 수 있다. 고대인은 이것을 의존명사인 '모노(것)'라고 부르고, 그것이 출현한 징후를 '모노노케'라고 했다.* 즉 제1부에서도 말한 바와 같이 '요괴'란 정체가 불분명한 것이며, 정체불명이기 때문에 조우한 사람에게 불가사의하다는 생각, 불안한 생각을 품게 하여 공포심을 유발하고, 그 결과 '초자연'의 활동으로 귀결시키게 되는 현상·사물을 가리킨다. 바꾸어 말하면 민속사회가 가지는 두 개의 설명 체계, 즉 '초자연'을 개입시키지 않는 설명체계와 '초자연'을 개입시킨 설명체계, 이 두 가지 사이를 오가는 정체불명의 것이 사람들의 인식과정에서 제일단계의 '요괴'가 되는 것이다. 그리고 정체불명이기 때문에 사람들에게 불안이나 공포심을 일으키게 하므로, 이 단계의 '요괴'도 사람들에 있어서 바람직한 존재가 아니라고 할 수 있을 것이다. 그러나 이 단계에서는 아직 사람에게 해를 가하는 사악한 것이라는 명확한 판단이 내려지지는 않았다.

그러면 이러한 두 개의 다른 설명체계의 틈바구니에서 나타나는 정체불명의 '요괴'를 민속적 사고는 어떻게 처리하여 질서를 세우게 되는가. 그것은 결국 사람들이 지닌 사고체계가 '초자연', '초월적인 것'의 개입에 의존하지 않고 '요괴'의 정체를 해명할 수 있을 것인가. 아니면, 그것이 되지 않기 때문에 '초자연'의 영역에 편입시켜서 설명하고자 한 것인가. 두 가지 가운데 어느 쪽을 선택하는가에 달려 있다.

전자의 경우는 '유령의 정체를 알고 보았더니 시든 억새풀'이라

* 예전에는 '모노', '바케모노' 등과 함께 '백귀야행', '요물(妖物)', '이매망량(魑魅魍魎)' 등의 단어도 이용되었다.

는 센류川柳[6]에 잘 나타나 있다. 즉 정체를 잘 몰라서 유령이라고 생각했는데, 알고 보니 그 정체가 '초자연적인 것'과는 관계가 없는 시들어버린 억새풀이었다고 합리적인 설명을 하였던 것이다.

정체가 명확하지 않을 때는 요괴현상으로 여기지만, 정체가 밝혀지자 '요괴'는 이미 '요괴'가 아니었다. '요괴'는 과학적·합리적 설명체계에 의하여, 다른 사물·현상으로 즉 '유령'으로부터 '시든 억새풀'이라는 상태로 바뀐 것이다.

이에 대하여 정체가 불분명하기는 하지만 정체를 과학적·합리적으로 설명할 수 없을 때, 민속적 사고는 그것을 초월적·비과학적 설명체계 속에서 질서를 갖추려고 한다. 즉 정체불명의 것을 초자연의 활동으로 인정함으로써 그것을 설명하려고 한 셈이다. 예를 들면 1692년에 간행된 에도시대 초기의 작가 아사이 료이浅井了意의 『강아지 종이인형[狗張子]』에 다음과 같은 이야기가 실려 있다. 어떤 농민이 키가 9자 정도나 되는 두 법사를 따라갔다가 동굴 속에 갇힌다. 두 법사가 입구에서 망을 보고 있었지만, 그들이 깊이 잠든 틈을 타서 가래로 두 사람을 베어 죽이고 집으로 도망쳐 돌아왔다. 다음날 현장에 가 보니, 동굴의 입구에는 단지 1자 정도 크기의 거북이와 개구리가 죽어 있었다.

이 이야기에 나타난 거북이와 개구리는 보통 거북이와 개구리가 아니다. '초자연'의 영역으로 이행된 거북이와 개구리이다. 그것을 암시하는 것은 9자나 되는 괴이한 크기이며, 아마 장수하는 동물이기 때문에 '초자연'의 존재로 인식되며, 둔갑하는 능력을 획득한 것이리라. 다시 말해서 9자나 되는 두 법사는 '요괴'로서 그 정체가 거북이와 개구리라고 밝혀진 시점에도 '요괴'로 존속하고 있는 것이다. 그 정체 바로 그 자체가 초자연적이며, 불가사의한 것이다.

사람들이 제1단계의 '요괴'를 설명하기 위해서, 그것을 초월적 설명체계에 포함시켰을 때, 이 설명체계의 범위 내에서 개별화·질서세우기가 이루어진다. 앞의 예로 말하자면, 무섭고 기형적인 두 법사는 거북이와 개구리의 정령이 변한 것이라고 이해하여 '요괴'의 개별적 성격이 확정되는 셈이다. 요컨대 민속사회가 소유한 수많은 '초자연적 존재' 가운데 한 가지를 골라 대입시킴으로써 그 정체를 설명하고자 하는 것이다.

이러한 '초자연적 힘'이나 '초자연적 존재' 혹은 '영적 존재'는 크게 두 가지로 분류할 수 있다. 하나는 사람들에게 부나 행복을 가져다주는 것, 또 하나는 사람들에게 재액을 초래하는 것으로 전자는 '신'이라고 부를 수 있고, 후자는 '요괴' 혹은 '마'라고 부를 수 있을 것이다. 이미 말한 바와 같이 '마'라는 단어는 원래는 '부처'와 그 수호자에게 해를 끼치는 존재였지만, 일본에서는 본래의 의미보다도 넓은 의미로 사용되었던 것 같다. 초월적 설명체계 가운데 편입된 제1단계의 '요괴' 가운데 그것이 사람들에게 바람직한 존재로서 판단되었을 때, 그 '요괴'는 '신'으로 전화된다. 그런데 '신'으로 전화하지 못한 존재, 바람직하지 않다고 판단된 '요괴'는 개별화된 뒤에도 계속해서 '요괴'로 남게 된다. 따라서 앞의 사례에서 본 거북이와 개구리의 영은 '신'이 아니고 '요괴'의 하나이다. 그리고 '신'이라고 판단되지 않은 '요괴' 가운데 특히 악한 속성을 띠고 있는 것은 '마'라고 부르기에 적합하였다. 그러나 이 단계에서의 '마'와 '요괴'는 대부분 중복되는 카테고리라고 생각하는 것이 무난한 것 같다. 많은 일본인에게 그것은 '마'라고 하거나 '요괴'라고 하거나 어떤 이름으로 불러도 좋은 존재였다.

우리들은 지금까지 민속사회의 '신'이나 '요괴' 혹은 '마'를 규정하기 위해서 사람들의 사고의 프로세스에 착안점을 두었다. 그렇지만 일본의 '신'이나 '요괴'는 그리스도교 등의 신이나 악마와 같은 존재와는 크게 다르다. 그리스도교에 있어서 신은 항상 신이며, 결단코 악마가 되는 일은 없고, 악마는 항상 악마이지 신이 될 수 없다. 악마는 항상 신에게 대립하며 계속해서 존재한다. 『드라큘라』나 『엑소시스트』 등의 영화를 보면 그것을 곧 이해할 수 있을 것이다. 그런데 일본인의 신관념으로는 '신'으로 여겨지고 있었던 것이 '요괴'가 되거나, '요괴'였던 것이 '신'이 되기도 한다. 일본의 '영령적 존재'는 매우 큰 가변성을 지니고 있다.

거기에서 어떤 '영적 존재'가 '신'의 상태에 있었는가, 아니면 '요괴'의 상태에 있었는지에 대하여 판단기준의 문제가 생긴다.

제1부에서도 말한 바와 같이, 양자를 구별하는 지표의 하나는 사람들에 대하여 플러스 가치를 띠고 있는가, 마이너스 가치를 띠고 있는 것인가라는 점에 있다. 그러나 민속사회에 있어서의 '신'과 '요괴' 사이를 오가는 변환의 다이너미즘dynamism은 복잡한 양상을 띠고 있어서, 플러스 값과 마이너스 값만으로는 전모를 제대로 파악할 수 없다. 일본인의 신관념에 있어서는 '영적 존재'가 플러스 값을 띠고 있을 경우뿐만 아니라, 마이너스 값을 띤 상태로부터 제로 값의 상태로, 이어서 제로 값으로부터 플러스 값의 상태로 전환시킬 때에 '신'이 된다는 특징을 내보이고 있기 때문이다. 이와는 반대로 '요괴'는 마이너스 값일 때뿐만 아니라, 플러스 값으로부터 제로 값으로, 제로 값으로부터 마이너스 값으로 전환될 때에도 등장하는 것이다.[7]

그러나 이 설명은 지나치게 추상적인 것 같다. 나아가 이러한 특징을 잘 나타내는 사례를 민속사회나 역사상의 전통사회 가운데서 살피고 조금 더 구체적인 형태로 그 지표를 제시할 필요가 있다. 그리고 이러한 관점에서 사람들의 행동을 바라볼 때, 마이너스

7 상세한 것은 제1부 「요괴란 무엇인가」 및 『憑靈信仰論』을 참조.

인가 플러스인가를 분석하는 지표로서 가장 적절한 것이라고 생각되는 사례를 살펴보고자 한다. 그것이 '제사를 지내며 섬기기'와 '제사를 지내다가 버리기'라는 행위다.

사람들은 '요괴'를 '신'으로 변환시키기 위해서 제사를 지낸다. 또, 사람들의 제사가 부족하면, '신'은 '요괴'로 변모하게 되는 것이다. '신'이란 사람들이 모시고 섬기는 '초자연적 존재'이며, '요괴'란 사람들에게 모셔지지 않는 '초자연적 존재'이다. 다시 말하자면 제사를 받는 '요괴'가 '신'이며, 제사를 받지 않는 '신'이 '요괴'라는 것이다.

제사를 지내며 섬기는 '요괴'

『히젠국肥前國 풍토기』「사가군佐嘉郡」 조에 다음과 같은 이야기가 있다.

어떤 사람이 말하기를 군의 서쪽에 있는 강을 사가강(佐嘉川)이라 했다. 은어가 있는데, 그 근원은 군의 북쪽 산에서 나와서 남쪽으로 흘러서 바다로 들어간다. 이 상류에 성격이 거친 신이 있었다. 왕래하는 사람들을 붙잡아 반은 살려주고 반은 죽여버렸다. 이 지역의 지배자인 오아라타(祖大荒田)가 흙거미 세력이 살고 있는 오야마다(大山田) 여자와 사야마다(狹山田) 여자에게 점을 쳐 물어보았더니, "시모다(下田) 마을의 흙으로 사람인형과 말인형을 만들어서 이 신에게 제사지내면 반드시 응답하여 평온해지리라."고 하여 그대로 하였다. 오아라다가 곧 들은 바대로 이 신을 모시고 제사지냈더니 이윽고 두루 평온해졌다.[8]

8 『肥前國風土記』; 秋山吉郎, 『日本古典文學大系2 - 風土記』 (岩波書店, 1958).

이 설화는 많은 문제를 내포하고 있어서 흥미롭다. 이 지역의 지배자인 오아라다는 토착민이 아니고 새로운 정복세력의 족장이라고 생각된다. 이에 대하여 '흙거미'라고 불리는 토착계의 피정복세력이 존재하고 있다. 오야마다라는 여자와 사야마다라는 여자는 흙거미 세력의 무당적 존재이며 신탁을 받는다. '성격이 거친 신'은 이 흙거미 세력이 제사지내며 모시던 신이며, 그 때문에 이 여자들에게 신의를 알린 것일 것이다. 이 '성격이 거친 신'에 의해 피해를 입는 것은 오아라다 쪽이다. 따라서 이 신의 소행은 새로운 세력에 귀순하는 것을 가로막으며, 한편 저항하고 있는 일부 흙거미 세력의 활동을 상징적으로 표현하고 있는 것으로 해석할 수 있다. 혹은 흙거미 세력이 패배함으로 제사지낼 사람이 없어진 신이 새로운 제사자를 구하기 위하여 피운 난동이라고도 해석할 수 있다.

어떻든 지배자에 있어서 사가강의 상류에 살며 통행인의 반수를 살해하는 '성격이 거친 신'은 사악한 신이며, 우리들의 카테고리에서 말하면 '요괴'라고도 '마'라고도 말할 수 있는 존재이다. 오아라다는 이 신의 마이너스 값을 제로 값으로 끌어올리기 위해서, 이 신을 모시고 제사를 지낸 결과 신은 누그러지게 된다. 즉, '요괴'로부터 '신'으로 전환된 것이다.

이것과 같은 설화는 『히젠국肥前國 풍토기』, 「기이군基肄郡」 조나 『히타치국常陸國 풍토기』, 「나메카타군行方郡」 조에도 나타난다. 전자에서는 성격이 거친 공주신이 지쿠젠국筑前國(현재의 후쿠오카현) 무나카타宗像 사람인 가제코珂是古에게 자신을 잘 모셔 주면 사람들에게 재앙을 일으키지 않겠으니 신당神堂을 만들어 달라고 요구하였다. 후자에서는 재액을 초래하는 '야쓰노카미夜刀の神'를 야하즈노마타치가 무력으로 쫓아버리고, 그 "표시로서 지팡이를 경계선의 도랑에 꽂았다.", 이 신을 향하여 "여기부터 위는 신의 땅으로 인정합니다. 그러나 이보다 아래는 사람들의 논밭입니다. 이후로 나는 신을 기리며 영원토록 경배하겠소. 그러면 재앙도 거두고 원망도 마십시오."[9]라고 하였다. 이에 곧 신당을 지어 제사를 지내고 그 자신도 그 제사 지내는 사람 즉 무당이 되었다고 한다.

이렇게 마이너스 값을 가지는 초자연적 존재 즉 '요괴'는 제사를 받게 됨으로써 제로 값의 '영적 존재'로부터 나아가 플러스 값의 '신'으로 전환되는 셈이다.

이러한 사상은 고대뿐만 아니라, 오랜 시간이 흐른 오늘날에도 널리 찾아볼 수 있는 사상이다. 일본인의 신관념을 생각할 때, 이것을 무시하고는 그 본질을 이야기할 수는 없다고 해도 결코 과언이 아니다.

민속사회에서 이러한 사상을 이야기하는 사례를 한 가지 들어 보자.

고치현 가미군 모노베촌에서 활동하는 '이자나기류'(민간음양도의 일종) 종교자들은 산신山神이란 인간에게 지벌을 가하는 '마의 인간 魔人'이었다고 생각하고 있다. 그들이 전하는 '산신의 제문'이 그런 사정을 잘 드러내고 있다.

산신은 천축하늘(天쓰天)의 산신의 장남으로서 태어나지만, 일본의 모든 산을 지배하기 위해서 하늘에서 내려온다. 그런 것을 모르는 사람들은 산에 들어가서 초목을 캔다. 그러자, 원인불명의 병에 걸려버린다. 난감해진 사람들은 '호시야조몬'이라는 점쟁이 기도사를 불러 원인을 점치게 하였더니 "하늘로부터 마의 인간 한 분이 내려와서, 일본의 산을 지배하고 있는데도 불구하고, 그 허가를 얻지 않고 산의 초목을 마구 캤으므로, 그 사람이 화내어 벌을 하고 있는

9 『常陸國風土記』; 秋山吉郎, 『日本古典文學大系2 - 風土記』 (岩波書店, 1958).

10 小松和彦,「『いざなぎの祭文』と『山の神の祭文』－いざなぎ流祭文の背景と考察－」,五來重 편,『修験道の美術・藝能・文學II(『山岳宗教史叢書』第15卷)』(名著出版, 1981).

것이다."라고 알려주었다. 이에 사람들은 이 '호시야조몬'을 '마의 인간'에게 보내서, "정성껏 제사를 지낼 테니 산의 일부를 이용하는 것을 허락해주기 바란다."고 부탁하여 허락을 받았다. 이렇게 해서 현재의 '산신 제사'가 시작된 것이다.[10]

다시 말하여 이 제문은 사람들에게 재액을 초래하는 '마'를 제사 지냄으로써 '산신'으로 격상시킨 것으로, 그 마이너스 값을 제로 값으로 끌어올리고 나아가 플러스 값으로 자리잡게 했다는 이야기인 셈이다.

버림받은 '신'

위에서 우리들은 제사를 받지 않던 '요괴'가 제사의 대상이 됨으로써 '신'이 되는 과정을 보았다.

이와는 반대로, 지금까지 제사 지내던 '신'이 모셔지지 않게 되어 요괴화되는 사례를 보기로 하자.

이미 언급한 『히젠국 풍토기』 사가군의 설화 중 한 사례이다. 다시 말해서 일찍이 흙거미계통 사람들이 모시던 '신'이 새로운 세력에 의하여 제사를 담당할 사람들이 없어졌기 때문에 제사를 받지 못하는 상태가 되어버렸다. 그러자 지벌을 초래하는 '요괴'로 변하였고, 새로운 세력에게 제사를 요구하였다는 것이다. 즉, '신'이 변하여 '요괴'가 된 셈이다. 고치현에서는 일찍이 제사를 받고 있던 '신'이 제사를 담당할 사람을 잃고 빈집에 방치되거나 길가나 전답에 버려진 상태에 있을 때, '물에 빠져 있다'라고 표현한다. 이러한 물에 빠진 신은 새로운 제사자를 찾기 위하여 이웃 사람이나 통행인에게 재액을 끼침으로써 그 존재를 알아차리도록 한다. 또한 각지에 전해지는 무언가 씌어 있는 것이라고 하는 '빙물憑物'도 제사자가 제사를 소홀히 하거나 방치하거나 하면, 이전의 제사자나 주변 사람에게 재액을 초래한다고 한다. 이렇게 '제사를 받지 못하는 신'이 '요괴'가 되면, 다시 '제사 받는 요괴' 즉 '신'이 되기를 지속적으로 추구한다는 것이다.

이러한 신앙구조가 일본 민속사회의 기층에 깔려 있음을 일찍이 간파한 미야타 노보루는 그것을 '제사 드리기와 제사지내다가 버리기의 구조'라고 표현하였다.

일본 신들의 복잡하고 다양한 모습은 지적한 바와 같지만, 무엇 때문에 그렇게 된 것인지에 대한 설명은 쉽지 않다. 그러나 민간신앙 가운데서 일견 하찮게 보이는 작은 사당을 잘 살펴보면, 제사를 지내며 섬기기도 하고, 제사 지내다가 버리기도 한다는 말로 포괄되는 구조가 일본인의 전통적인 신관념의 바닥에 깔려 있음을 지적할 수 있다.[11]

미야타는 이러한 신관념을 나타내는 사례를 에도의 서민신앙 가운데서 찾고자 했다. 그러나 이는 고대부터 현대까지 골고루 전승되어 일본사회 전반에서 찾아볼 수 있는 관념이며, 그 사례는 매우 풍부하다. 제사를 받음으로써 '신'이 되는 '요괴'는 동시에 버려짐으로써 다시 '요괴'로 돌아간다는 것이다. 이와 같은 가변성은 일본의 '신'이나 '요괴'를 파악하려는데 매우 중요한 포인트가 된다.

11 宮田登, 『江戶の小さな神々』(青土社, 1989).

가운데 주요한 내용은 小松和
彦, 『日本妖怪異聞錄』(小學館,
1992); 小松和彦, 『日本人と異
界』(NHK 出版, 1993) 등을 참
조.

퇴치당하는 '요괴'

우리들은 '요괴'로서 존재하던 것이 제사를 받음으로써 '신'이
된다는 구조를 살펴보았는데, 사람들을 위협하는 '요괴'를 처리하
는 민속적인 구조 가운데는 요괴 '퇴치'라는 것이 있다. 이것도 또
한 '제사 지내며 섬긴다'는 것과 함께 지극히 중요한 것이다.

미나모토노 요리미쓰源賴光나 다무라田村 장군(사카노우에노 다무라마
로 坂上田村麿)을 비롯하여, 전국각지에 귀신이나 오니를 퇴치한 장
수에 관한 전설이나 설화가 전해지며 기록도 남아 있다.[12] 이러한
전승에는 '요괴'들이 마을에 출몰해서 사람들을 위협할 뿐만 아니
라, 사람을 납치하여 죽이거나, 잡아먹거나, 혹은 강제적으로 인간
의 여자를 아내로 삼는다는 이미지로 전승된다. 그래서 이러한 사
악한 '요괴'가 날뛰는 것을 저지하기 위해서 용감하고 명예로운
무사들이 스스로 자진하여, 혹은 선발되어 '요괴'와 대결하여 결
국 요괴를 퇴치하는 형식이다.

'요괴'를 퇴치한다는 행위는 '요괴'를 제사 지낸다는 것과는 전
혀 다르다. 마이너스 값을 가진 '요괴'를 살해 · 파괴하여 이 세상
에서 말살하는 것이다. 이러한 인간의 행위에는 '요괴'에 대한 인간
측의 우위성이 나타나 있다. '요괴퇴치' 전승은 요괴 섬기기가 쇠퇴
한 결과에 따라서 발생된 이야기라고 생각된다. 그러나 『고사기』
『일본서기』에도 요괴퇴치의 기사가 기록되어 있음으로 보아, 고대
부터 있었던 관념이었던 것은 의심할 여지가 없다.

고대 신화 가운데 가장 유명한 요괴퇴치담은 스사노오의 야마타
노오로치 퇴치이다.

『고사기』에 의하면 이즈모出雲 지방(시마네현)의 히노가와肥の川에
있는 도리카미鳥髮라는 곳에 하늘로부터 내려온 스사노오는 강의

상류에서 노부부가 딸을 사이에 두고 울고 있는 것을 발견한다. 까닭을 물으니 딸인 구시나다히메를 무시무시한 괴물에게 바쳐야 한다는 것이다. 괴물은 "눈이 꽈리처럼 빨갛고, 몸통 하나에 머리 와 꼬리가 여덟 개씩 달렸으며, 몸에는 이끼와 노송나무와 회나무 가 돋아나 있고, 꼬리는 여덟 골짜기에 걸쳐 있는데, 배를 보면 모 두 항상 피가 뚝뚝 떨어지고 있었다."[13]고 하며 이름은 야마타노오 로치라고 한다. 스사노오는 자신의 신분을 밝힌 뒤, 구시나다히메 를 아내로 맞이하고 야마타노오로치를 퇴치하기로 한다. 먼저 독 하게 빚은 술을 마시게 하여 오로치가 취하여 깊이 잠든 틈을 타 서 베어 죽여버린다. 다시 말해서 이 지역 사람들을 대할 때 성격 이 '거친 신'이었던 야마타노오로치는 그 거칠고 난폭한 속성 때문 에 퇴치당한 것이다. 야마타노오로치란 퇴치당한 '신령'이며, 그런 의미로 '요괴'라고 할 수 있는 셈이다.

같은 기사가 『일본서기』 닌토쿠仁德천황 67년조에도 나타난다. 기비노미치나카국吉備中國(오카야마현 서부) 가와시마강川嶋河 강가의 가와마타川股에 '미쓰치'(큰 뱀 또는 용)가 살고 있었는데, 행인들에게 화를 입혔기 때문에 가사노아가타笠縣의 수령이 이를 퇴치했다는 이야기가 실려 있다. 『금석이야기』권26 제7화(같은 이야기가 『우지 슈 이 이야기』권10에도 보인다)도 같은 구조를 지닌 이야기다.

미마사카국(美作國, 오카야마현 북부)에서는 원숭이를 신으로 모 시며 매년 희생제물로서 처녀를 바쳤다. 우연히 그곳을 방문한 동 국의 사냥꾼이 이 이야기를 듣고 희생제물이 되는 딸을 보고 반하여 구해주려고 하여, 원숭이신 퇴치 계략을 세웠다. 딸 대신 원숭이신 앞에 가서 계략대로 원숭이신들을 혼내주었다. 그 이후로 희생제물 을 바치지 않게 되었다.[14]

13 『古事記』, 倉野憲司・武田 祐吉 교주, 『日本古典文學大 系1－古事記 祝詞』(岩波書店, 1958).
14 長野嘗一 교주, 『日本古典 全書 今昔物語5』(朝日新聞社, 1953).

15 역주 : 중세부터 근세까지 유행하던 직업적인 이야기꾼의 이야기. 불교의 설경에서 시작되어 악기 반주에 맞추어 노랫조로 이야기하는 유랑예인의 연희로 정착되었다.

16 小松和彦, 『說話の宇宙』(人文書院, 1987).

17 小松和彦, 『異人論』(靑土社, 1985); 赤坂憲雄, 『異人論序說』(筑摩學藝文庫, 1990).

'신' 혹은 '요괴'에게 희생제물을 바치는 이야기는 중세에도 많이 보인다. 예를 들면 설경說經[15] 『마쓰우라松浦 갑부』 등에 보이는 사요공주의 희생제물 이야기, 『신도집神道集』 '나와치로다이묘신那波八郎大明神'의 희생제물 이야기 등이 잘 알려져 있다. 이러한 희생제물 이야기는 민담으로도 널리 민속사회에 유포되며, 민담연구자는 이 종류의 이야기를 '원숭이신 퇴치', '뱀사위로 들어가기'라고 분류하고 있다.[16]

아무튼 그 지역 사람들에 의하여 기피되고 두려움의 대상으로서 '신'으로 섬겨지며 제사 받는 존재가 다른 곳에서 온 영웅이나 용기와 지혜가 있는 사람에 의하여 '신'의 자리에서 끌려내려가, '요괴'로 퇴치당한다는 구성은 대단히 흥미롭다. 특별히 '타관 사람' 즉 '이인異人'에 초점을 두고 분석하면 공동체를 구하는 것이 어떤 존재인가, 민속사회를 활성화시키는 존재란 무엇인가라는 점을 다시 생각하게 한다.[17] 그러나 이하에서는 '요괴'를 제사 지내기와 '신'의 퇴치라는 점에 관점을 맞추어 분석해 보도록 한다.

확실히 스사노오의 야마타노오로치 퇴치와 사냥꾼의 원숭이신 퇴치는 같은 구조를 가지고 있다. 그러나 미묘한 차이가 발견된다. 전자에서는 야마타노오로치를 베어 죽여 버렸지만, 후자에서는 원숭이신을 혼내주기만 하고 죽이지는 않았다는 점이다. 즉 완전히 퇴치하지는 않았다는 것이다. 『금석이야기』 권26 제8화에 보이는 떠돌이 중에게 퇴치당하는 원숭이신 이야기에는 원숭이신을 혼내주고 사람을 희생제물로 삼지 못하도록 하는 대신 사슴 등의 동물을 희생제물로 쓰도록 하였다. 원숭이신은 여전히 '신'으로 존속하고 있는 셈이다.

이 차이는 하찮은 차이처럼 보이지만 매우 중요한 것이다. 이런 점을 염두에 두고 주의 깊게 살펴보면, 이미 예시한 『히타치국 풍토기』의 '야쓰노카미'도 다른 방식으로 해독할 수 있다. 야쓰노카미의 대부분은 야하즈노마타치에게 죽음을 당하거나 쫓겨나지만, 그 나머지는 '신'으로 모셔져 제사의 대상이 되었다. 요컨대, '제사의 대상으로 받들기'와 '제사 지내다가 버리기' 즉 퇴치당하기가 동시에 행해지고 있는 것이다. 전혀 반대의 '요괴' 처리방식처럼 보이지만, 민속사회에서는 이 두 가지의 상반된 처리 방법이 병행되고 있는 것 같다. 분명히 말하자면 실세계에서는 '요괴'를 '제사의 대상으로 받들기' 의례가 집행되어 그것을 신화적으로 표현한 것이 '요괴퇴치' 이야기이다.

예를 들면, 고치현 깊은 산속의 모노베촌에서 조사하고 있었을 때, 야쓰라오八面王라는 야마타노오로치의 자손과 같은 괴물을 퇴치한 이야기를 들은 적이 있다. 마을사람의 이야기에 의하면, 야쓰라오를 죽인 뒤 그 괴물의 지벌을 두려워해서 무덤을 만들고 거기에 제사까지 지내 드렸다는 것이었다. 또 유명한 오에야마의 술꾼동자전설의 주변에도 '퇴치'와 '제사의 대상으로 받들기'의 관념이 나타난다. 퇴치하는 것만으로는 불안하여 제사를 지내는 것이 최종적인 처리방식이었던 모양이다.

오에야마의 귀신퇴치 설화의 생성과정을 연구한 사타케 아키히로佐竹昭広[18]는 술꾼동자가 오에야마에 살게 될 때까지의 과정을 그린 이야기책인 『슈텐 동자酒典童子』와 그 변형인 『이부키伊吹 동자』에 주목했다. 이 『슈텐 동자』에 의하면 슈텐동자는 이부키 다이묘신大明神의 아이로 여겨지고 있다. 이 이부키 다이묘신은 모토 이즈모에 살 때 야마타노오로치라고 불렸지만, 스사노오에게 쫓겨나 이부키야마에 들어가서 그곳의 산신으로서 제사를 받게 된 것이라고 한다.

『이부키 동자』에서는 오에야마에 옮겨 살게 된 이부키 동자라는

18 佐竹昭廣, 『酒呑童子異聞』 (平凡社, 1977).

19 역주 : 실존인물로서 전란에서 공을 세웠기에 관리로 임명받았으나, 농민을 착취하고 괴롭혔기 때문에 사사키 사다쓰나가 토벌에 나섰다. 그는 공격을 피하여 이부키의 산속에 도망가서 숨어살면서 부근의 마을을 습격하여 공포의 대상이 되었다.
20 島津久基 편・市古貞次 교주, 『續お伽草子』(岩波文庫, 1956).
21 池上洵一 교주, 『三國傳記 上』(三彌井書店, 1976).

오니는 이부키 다이묘신에게 기도해서 태어난 '이부키의 야사부로弥三郎'[19]라는 둔갑술에 매우 능한 아이라고 한다. 야사부로의 요괴헨게變化로서의 성격은 "이 야사부로는 산과 들의 짐승을 사냥하여 아침저녁의 식사로 삼았다. 만약 짐승을 잡지 못한 날에는 시골사람들이 보물로 여기는 가축을 잡아다 먹고, 땔감을 지고 가는 말, 논을 가는 소 등을 잡아다 먹어치웠다. 귀신의 짓이란 이런 것을 가리킨다. 이후에는 사람도 잡아먹었기 때문에, 이런 일을 아는 사람은 모두 도망쳐버리고 이부키 부근에는 아무도 살지 않게 되었다."[20]라는 문장으로 충분히 알 수 있다. 이 야사부로가 마을의 귀한 집 따님을 밤마다 찾아다니다가 임신시켜 이부키 동자를 낳은 것이다. 야사부로는 따님의 집에서 접대를 받았을 때 술을 많이 마셨는데 이 술이 화근이 되어 죽어버린다. 사타케는 야사부로가 큰 술 때문에 죽은 것을 야마타노오로치가 큰 술을 마시고 취했다가 스사노오에게 죽음을 당하는 장면과 중첩시키고 있다. 탁견이라고 해야 할 것이다.

이러한 야사부로설화에 선행하는 형태로 존재하던 이야기인 『삼국전기三國傳記』[21] 권6의 기록에 사타케는 주목하였다.

오우미 이부키야마에 야사부로라는 둔갑술에 능한 사람이 살고 있었다. 낮에는 바위 동굴에서 살고, 밤에는 멀리까지 가서 인가의 보물을 훔치고, 일대를 황폐하게 하고 돌아다녔다. 미나모토노 요시쓰나에게 야사부로를 퇴치하라는 칙명이 내린다. 요시쓰나는 아주 못된 놈인 야사부로를 어렵게 찾아내어 퇴치한다. 그러나 그후에 야사부로의 원령이 독사로 변하여 논의 물이 마르게 하는 등 민간에 해를 끼쳤으므로, 야사부로의 영을 신으로서 제사 지내고 '우물의 명신(明神)'이라고 명명했다.

사타케는 이러한 야사부로 이야기를 모태로 해서 이부키산伊吹山 계통의 〈술꾼동자〉 설화가 생성되었다고 생각한 것이다.

나아가 다니카와 겐이치谷川健一는 사타케의 설에 부연하여 에치고越後(니가타현)의 야사부로 노파전설과 비교하면서, 대장장이와 관련된 전승이 아닐까라는 추측을 한바 있다.[22]

아무튼 일본문화의 전통 가운데 '퇴치되는 것'과 '제사 받는 것'이라는 상반된 행위뿐만 아니라, 병행·공존하는 경우도 있으며, 또 퇴치한 이후에 다시 제사의 대상이 된 사례도 확인할 수 있다. 왜 퇴치하는 것만으로는 불충분한 것일까. 왜 '제사를 지내며 받들기'가 필요했던 것인가. 그것은 아마 원한을 품은 영에 대한 공포심을 설화나 의례로 어떻게 표현하였는가에 따라 다르게 나타났다고 할 수 있다.

22 谷川健一, 『鍛冶屋の母』(講談社學術文庫, 1985); 나는 이 전설이 흉적 미사부로(彌三郎) 퇴치라는 사건(역사적 사실로 추측됨)에 바탕을 둔 전승과 그후 이 지방에 찾아온 한발 등이 결합되어 생성된 것이라고 생각한다. 자세한 것은 小松和彦, 「說話の生成と變遷」, 『鬼の玉手箱』(福武文庫, 1991)을 참조.

2. '요괴'의 민속적 기원이론

요괴는 어떻게 해서 생기는 것인가

우리들은 '요괴'를 규정하기 위해서, '요괴'를 상대하는 두 가지 방법, 즉 '퇴치하기'와 '제사하기'에 착안하여 일본인의 '신'관념과 '요괴'관념이 매우 복잡한 양상을 띠고 있음을 살펴보았다. 이어서 일본인이 '요괴'들을 어떻게 이해하고 있는지에 대하여, '요괴'에 관한 민속적 측면의 기원 전승 몇 가지를 검토하고자 한다.

민속사회에는 엄청난 수의 '요괴'나 '마'가 살고 있다고 한다. 예를 들면, 『도노 이야기』[23]에는 '자시키와라시', '덴구', '야마오토코', '야마온나', '설녀', '갓파', '여우' 등의 '요괴'가 기록되어 있다. 민속사회의 사람들이 요괴시하는 이러한 형상이 어떻게 형성되었는지에 대하여 분석하기에 앞서, 사타케가 '술꾼동자'를 실재의 흉적 가시와바라 야사부로柏原弥三郎 퇴치사건을 신화화한 것이라고 분석하거나, 다니카와가 '애꾸눈 괴물'을 철기의 생산·가공

23 柳田國男, 『遠野物語』(新潮文庫, 1973).

에 종사한 사람들이 신앙하던 신이 영락한 것이라고 분석한 방법도 흥미 깊은 요괴기원이론이다.

그러나 이러한 연구자의 시선에서 요괴생성의 프로세스 해명과 병행하여, '요괴'를 만들어 내고 그것을 믿는 민속사회의 일반 사람들이 생각하는 요괴기원이론에 주목하는 것도 중요한 방법이다. 단 '요괴' 모두가 민속적 기원전승을 수반하고 있는 것은 아니다. 오히려 기원에 관련된 전승을 가지고 있는 경우는 지극히 드물다. 우선, 우리들은 민속사회의 전승이나 과거의 설화 가운데서 몇 가지 사례를 찾을 수 있다.

그 카테고리를 대별하면 인간기원의 요괴와 비인간기원의 요괴 두 가지로 구분된다. 에마 쓰토무는 요괴의 본체를 요괴의 형태에 따라서 사람, 동물, 식물, 기물, 자연물, 그 어느 하나와 유사한 것이라고 판단할 수 없는 것 등 여섯 가지로 나누었다.[24] 그러나 나는 '요괴'의 형태가 아니라 요괴가 발생된 모태·본체를 문제로 삼는다. 예를 들면 청룡으로 변한 스가와라 미치자네菅原道真의 원령의 경우, 그 본체는 '뱀'이 아니라 원한을 지닌 채로 죽은 자의 원령이라고 생각한다.

비인간기원의 요괴

일본인은 요괴가 어떻게 해서 발생된다고 생각하였던 것일까. 우선, 비인간기원의 요괴, 즉 동물이나 인형 등의 요괴에 대하여 검토해보자.

『일본 영이기日本靈異記』[25] 상권 제2의 「여우를 아내로 맞이해서 아이를 낳은 인연」은 기쓰네 즉 여우라는 말의 민간어원설을 이야

24 江馬務, 『日本妖怪變化史』(中公文庫, 1976).
25 역주 : 승려 게이카이(景戒)가 882년경에 쓴 헤이안시대 초기의 불교설화집. 인과응보에 관한 일본의 사례 특히 기이한 이야기를 모아서 선행을 권하려는데 목적을 두었다.

〈그림 20〉 오래 쓰던 도구가 변신한 요괴인 쓰쿠모신

기하는 것이다. 여기에 등장하는 여우는 인간의 여자로 변신하여 인간의 남자와 결혼하여 사내아이를 낳았다. 여우가 본래의 모습과는 다른 것으로 변할 수 있다는 사상은 고대 중국에도 있었는데 그 사상이 일본에도 일찍부터 침투되어 있었다고 생각된다. 이처럼 변신한다는 사상은 오늘날 민간에 널리 유포되어 있는 요괴 속성의 한 가지로, 그런 속성을 갖춘 요괴로는 여우나 너구리가 가장 유명하다. 이외에도 수많은 동물이나 식물 나아가 기물 등이 요괴로 변한다고 생각하였다.

그러나 이런 것들도 모두가 무조건 변하는 것은 아니었던 모양이다. 『쓰쿠모신기付喪神記』는 기물이 변한 요괴의 일당이 악행을 거듭하다가 승려들의 기도에 굴복하여, 나중에 덕이 높은 스님을 찾아가 입산수도한다는 이야기이다. 이 책의 첫머리에 "음양잡기에 이르기를 100년의 세월이 흐르면 기물이 변하며 정령이 깃들게 되어 사람의 마음을 홀릴 수 있게 되는데, 이것을 쓰쿠모신이라

〈그림 21〉 쓰쿠모신이 인간을
흉내내어 벌이는 한바탕의 놀이
마당

고 일컫는다."[26]고 씌어 있다. 즉, 100년이라는 긴 세월을 경과하
면 기물도 영을 획득하고, 둔갑할 수 있게 된다는 것이다. 이 쓰쿠
모신은 중세기에 가장 활발하게 활동했던 모양인데 『백귀야행 두
루마리 그림』 등 중세의 두루마리 그림에 자주 등장한다.[27]

이러한 관념은 기물에만 한정되는 것이 아니라, 동물이나 식물
에 대해서도 같은 생각을 하였으며, 인간에게도 적용되었다. 『금
석이야기』 권27 제22의 「사냥꾼의 어머니가 귀신이 되어 아이를
잡아먹으려고 한 이야기」는 나이를 먹은 어머니가 귀신이 되어서
아이를 잡아먹으려 하지만, 반대로 아이가 어머니의 손을 쏘아 떨
어뜨렸다는 이야기이며, 이러한 사상이 일찍부터 침투되어 있었음
을 나타내고 있다.

민속사회에서 가장 자주 접할 수 있는 비인간기원의 요괴담은
여우와 너구리의 이야기일 것이다.

밤길을 걷고 있다가 아름다운 여자를 만나게 되었는데, 무심결

26 橫山重・松本隆信 編, 『室
町時代物語大成9』(角川書店,
1981).
27 田中貴子, 『百鬼夜行の見
える都市』(新曜社, 1994) 참조.

에 색욕이 일어나서 그 뒤를 쫓아갔다가 혼이 났다는 이야기는 각지에 남아있다. 이처럼 사람을 속일 수 있는 여우나 너구리는 보통 여우나 너구리가 아니고, 특별한 영력을 가진 여우나 너구리이다. 그것은 늙은 여우·늙은 너구리 즉 나이를 먹었기 때문에 영력을 발휘할 수 있는 존재라고 여겨지는 경우이다. 내가 조사한 고치현 가미군 모노베촌에 있는 고노이타산古板山에도 늙은 너구리가 살고 있는데, 종종 마을에 내려와서 사람을 속인다고 믿었다.

갓파는 민속사회의 요괴 중에서도 가장 일반적인 요괴다. 강이나 늪에 살며 오이를 좋아하고, 말을 물속에 억지로 끌어들이고 엉덩이를 잡아 뺀다고도 한다. 사람에게 스모를 걸기도 좋아하며, 또 신통한 약을 가지고 있다고도 한다. 갓파의 이미지는 지방에 따라 다르지만, 생김새는 원숭이와 비슷하나 등에는 껍데기가 붙어 있고 물속에서 사는 거북이의 속성도 지니고 있다.

갓파의 기원은 무엇일까. 이것에 대해서는 대략 세 가지의 설이 민속사회에 유포되어 있었던 것 같다. 하나는 인간이 만든 인형이 변화했다고 하는 설, 하나는 외국에서 도래했다는 설, 또 하나는 우두천왕牛頭天王[28]의 아이신이라는 설, 여기에서는 민속기원담을 소개한다.[29]

구마모토현熊本県 아마쿠사天草지방의 전승에 의하면, 히다리진고로左甚五郎가 영주의 명령을 받아서 그 저택을 지을 때, 기한 내에 완성하지 못할까 걱정이 되었다. 이에 많은 짚 인형을 만들어서 생명을 불어넣어 공사를 돕게 하여 경사스럽게도 기한 내에 완성할 수 있었다. 그후 이 인형들을 강에 버리려고 하자, 인형들이 "이제부터 무엇을 먹어야 하지?"라고 물었을 때, "사람의 엉덩이라도 먹어라."라고 했다. 그리하여 인형이 갓파가 되어서 물에 살면서 사람의 엉덩이를 먹으려고 한다는 것이다.

28 역주 : 원래 인도 기원정사의 수호신이라고 하며, 약사여래의 화신이라고도 한다. 일본에서는 역병신(疫病神)으로서 제사의 대상이 되며, 분노한 표정에 머리 위에는 소머리를 이고 있다.
29 石川純一郎, 『河童の世界』(時事通信社, 1974).

오이타현大分県 나오이리直入지방의 진종眞宗에서 어떤 절을 건립할 때의 이야기이다. 공사를 청부맡은 다케다竹田 목수 십장은 일손 부족으로 골치를 앓다가, 나무로 인형을 만들어 제자로 삼아 일을 시켰다. 이 때문에 무사히 절을 건립할 수 있었다. 그후 이 제자들을 원래의 인형으로 되돌려서 강에 띄워 보냈다. 이것이 갓파가 되었다고 한다. 여기에서 말하고 있는 '다케다 목수'는 '히다의 장인飛驒匠'이나 '히다리진고로'와 함께 '목수의 신'으로 숭배되는 신화적 인물로서 근세에도 널리 목수들 사이에서 신앙되고 있었다.

각지의 갓파 인형기원담을 보면, 건조물을 만들 때 부족한 일손을 보충하기 위해서 목수가 주술의 힘으로 인형에 생명을 불어 넣은 것에서 갓파의 기원을 찾고 있다. 따라서 이런 종류의 전승에는 목수 십장이 깊이 관여되었다고 상상할 수 있다.

여기에서 생각할 수 있는 것은 마쓰타니 미요코가 간사이関西에서 들었다고 하는 교키行基[30] 전설이다. 그녀는 어떤 연못이 교키에 의하여 만들어졌다는 이야기를 듣는다.

이 연못은 교키스님이 파냈다고 한다. 그 때 흙인형을 사용해서 팠다. 그것이 한 가지 이야기이고, 다음은 연못을 파낼 때, 공사중에 주변 마을들에서 처녀들이 나와서 차를 대접하며 경쟁했다고 한다. 공사가 끝났을 때, 경쟁에 이긴 마을의 처녀에게 상으로 무엇을 줄까라고 물었다. 그러자 그 딸은 "이 연못을 원한다."고 했다. 달라고 해도 그것은 곤란하다. 줄 수 없구나 라고 하자, 처녀는 훌쩍 연못에 뛰어들어서 큰 뱀이 되어버렸다. 이것이 두 번째 이야기이다. 그러자 진 마을의 처녀들은 매우 아쉬워하며 불덩어리가 되었다. 불덩어리가 이 제방 일대를 이리저리 굴러다니면서, 교키가 있는 절을 불태워버려야지. 불태워 버려야지라고 했다. 이것이 세 번째 이야기이다.[31]

30 역주 : 나라시대의 승려로 여러 지방을 순례하면서 민중 교화에 힘쓰는 한편, 보시를 모아 사찰을 건립하고, 제방을 쌓고, 다리를 놓는 등 사회사업을 하였다. 처음에는 승니령(僧尼令)을 위반했다 하여 탄압도 받았으나, 동대사(東大寺)의 대불상 건립에 권진담당으로 기용되어 활약했다.
31 松谷みよこ, 『民話の世界』 (講談社新書, 1974).

32 역주 : 차별부락에 모여 사
는 사람들이 신분적 사회적으
로 심한 차별대우를 받는 일.
에도시대에 봉건적 사회제도
아래서 천민으로 형성된 차별
부락민은 교제, 결혼, 취직 등
다방면으로 차별을 당하며 고
통을 겪었다.
33 예를 들면 三田村鳶魚 編,
『未刊隨筆百種』(中央公論社)
에 수록되어 있는 「勝扇子」를
참조. 이 문제에 관하여는 田
中貴子, 『百鬼夜行の見える都
市』참조.

그리고 이 전승을 들은 뒤, 그녀는 이 전승 가운데 나오는 흙인
형의 자손이 오늘도 여전히 이 부근에 살고 있으며, 그들은 일종의
차별을 받으면서 살고 있다는 것을 알게 되었다.

목수가 인부로 삼기 위하여 지푸라기로 만든 인간, 교키가 인부
로 삼기 위하여 흙으로 만든 인간, 한 쪽은 갓파가 되고, 한 쪽은
차별[32]받는 사람들이 되어 있다. 표면상으로는 위치가 다른 것처럼
보이지만, 요괴나 마의 문제를 추구해 가면 요괴의 문제와 차별의
문제는 깊은 곳에서 서로 관련되어 있음이 밝혀질 것이다.[33]

'요괴'로 변신하는 인간

일본의 요괴 그 중에서도 특히 흥미롭고, 그리고 무서운 것은
인간이 변신한 요괴이다. 일본의 문화전통에는 아름다운 여자가
눈 깜짝할 사이에 무서운 요괴로 변신한다는 이미지가 면면히 흐
르고 있다. 여자뿐만 아니라 남자도 요괴로 변신하였다.

이러한 요괴는 인간 내면의 모습이 외면에 나타난 것으로 설명
된다. 그리고 그 설명 내용은 때때로 불교적 색채를 강하게 띠고
있다. 예를 들면, 『법화험기法華驗記』권하 제129화 「기이국紀伊國
모로군牟婁郡의 악녀」에 처음으로 출현하는 도조지道成寺 설화에서
여주인공 기요히메清姫는 자신이 반한 젊은 스님이 배신한 것을 알
게 된다. 기요히메는 들끓어 오르는 원한과 분노를 이기지 못하여
용뱀[龍蛇]으로 변하여, 도조지의 범종 속에 숨어 있는 스님을 태워
죽인다. 초기 전승에서는 자신의 집에서 용뱀으로 변하지만 중세
의 두루마리 그림 등에는 젊은 스님을 좇아가는 도중에 히다카강
日高川 강가에서 무서운 용뱀으로 변신한다고 되어 있다.

그리고 용뱀으로 변한 여자와 그 남편이 된 젊은이(이 남자도 용뱀으로 변했다), 이 두 사람의 영을 진정시키기 위해서, 도조지의 고승은 두 사람을 공양하는 법회를 열었다고 한다. 이 불교에서의 '공양'이란 신도에서 말하는 '제사 지내기'에 상당하는 것이다.

『헤이케 이야기[平家物語]』[34] 「검의 권劍の巻」 에 보이는 '우지宇治다리의 여자'도 연애의 원한을 풀기 위해서 귀신으로 변하는 여자를 묘사한 것이다.

어떤 공경대부의 딸이 너무나 질투가 심해져서 7일 동안이나 기부네(貴船)신사에 머물면서 신에게 빌었다. "바라옵기는 7일 동안 머물면서 기도하여 얻은 영험으로 나는 살아 있으면서 귀신이 되기를 원한다. 내가 질투하는 그 여자를 죽이고 싶다."라고 빌었더니, "오니가 되고 싶으면, 옷을 바꾸어 입고 우지(宇治) 강에 가서, 21일 동안 물속에 잠겨 있어라."라는 계시가 있었다. 여자는 응답을 받고 기뻐하며, 다리 아래 물속에 사람 눈에 띄지 않게 몸을 담갔다. 긴 머리를 다섯 갈래로 나누어서 뿔처럼 돋우어 올리고, 얼굴에는 주홍색을 칠하고, 몸에도 붉게 칠하고, 삼발을 머리에 뒤집어쓰고, 삼발 끄트머리마다 횃불을 꽂았다. 뿐만 아니라 횃불을 입에 물고 두 다리에도 불을 붙인 채, 밤이 깊은 야마토(大和) 큰길을 가로질러 다니며 우지의 강물에서 정진하기를 21일, 결국 살아 있는 그대로 오니가 되었다. 그리고 질투하는 여자들을 찾아가서 잇달아 죽여버렸다. 이 여자를 우지다리의 여자

〈그림 22〉 도조지 설화의 주인공 기요히메는 타오르는 분노 때문에 뱀으로 변신한다.

34 역주 : 겐씨(源氏)와 헤이씨(平氏) 사이에서 일어난 전란을 소재로 한 군담소설로 1221년경에 완성. 헤이씨의 영화와 몰락을 다룬 서사문학으로 불교적 무상관과 인과응보관념을 전편에 깔면서, 당시의 복잡한 권력관계 속에서 대두된 무사들의 인간상을 잘 묘사하였다.

라고 한다.[35]

'우지다리의 여자'를 둘러싼 설화에는 『다리공주 이야기』처럼, 같은 다리공주라는 이름을 가지면서도, 이와는 다른 계통의 설도 전해지고 있다. 「검의 권」에 나타나는 '다리의 여자'는 질투가 너무도 심한 나머지 스스로 인간이면서도 귀신으로 변하고자 기도한 결과, 바라던 대로 귀신이 될 수 있었던 사례로서 흥미롭다. 또 『신도집』 권7의 「다리공주 묘진明神」에는 "애초부터 다리공주라고 하는 신은 일본의 크고 작은 강의 다리를 지키는 신이다. 그러므로 셋슈攝州(오사카부) 나가라長柄의 다리공주, 요도淀의 다리공주, 우지宇治의 다리공주 등 매우 많은 다리공주가 있다."[36]고 하여, 각지의 다리를 수호하는 신으로서 다리공주가 제사의 대상으로 모셔지고 있었던 것을 말하고 있다. 또한 『신도집』의 기사는 '사람을 희생제물[人柱]'[37]로 삼던 이야기로 보인다.

야나기타[38]나 야시로 가즈오矢代和夫[39]를 비롯한 연구자가 지적한 바와 같이 다리공주를 둘러싼 전승은 서로 얽혀 있는 것 같다.

이야기 책 『이소자키磯崎』에도 여자의 질투심이 변신을 일으킨다는 사상을 이야기해주고 있다.

이소자키라는 사무라이가 가마쿠라鎌倉에서 새로운 여자를 교토로 데리고 온다. 이것을 안 본처는 새 여자를 질투하고, 가면극 연희자에게 오니의 가면과 지팡이 등 한 벌을 빌려다 쓰고 여자가 있는 곳에 난입하여 놀라 두려워하는 여자를 때려 죽여 버린다. 그런데 본처가 오니 가면을 벗으려고 하였더니, 어찌된 일인지 가면은 얼굴에 찰싹 붙어 떨어지지 않았다. 사람의 내면이 귀신으로 변했을 때, 오니 가면을 씀으로써 외면도 또한 오니로 변해버린 것이다.[40] 이런 설화는 서민들 사이에서 읽혀지거나 이야기되는 동안

35 麻原美子 外 編, 『屋代本・高野本對照 平家物語3』(新典社, 1993).
36 近藤喜博 교정, 『神道集』(角川書店, 1959).
37 역주 : 대규모 건축공사나 제방공사에서 어려움을 극복하기 위하여 살아 있는 사람을 신에게 제물로 바치던 일. 신의 가호를 받기 위하여 공사장에 관련된 부정을 씻는 인신공양의 일종이다. 다리나 건물의 토대나 벽속에 사람을 묻었다는 전승이 많이 남아있다.
38 柳田國男, 「一目小僧その他」, 『定本柳田國男集』 第5卷(筑摩書房, 1968).
39 矢代和夫, 『境の神々の物語』(新讀書社, 1972).
40 御伽草子, 『酒典童子』도 「얼굴에 달라붙은 가면(肉附面) 모티브」를 지닌 설화이다. 이부키다이묘진(伊吹大明神)의 아이로 태어난 동자는 수행하기 위하여 히에산(比叡山)의 절에 동자승으로 들어가지만, 술고래라는 이유로 친구들에게 따돌림을 당할 때, 제사용 오니 가면을 만들어 쓰고 제사에 참가한다. 제사가 끝나서 가면을 벗으려고 하자 얼굴에 찰싹 달라붙어 떨어지지 않기 때문에 동자는 절에서 쫓겨나와 각지의 산을 전전하다가 결국 오에야마(大江山)에 정착하게 된다.

에 변형이 이루어졌다고 할 수 있다. 아무튼 당시 사람들의 요괴에 관한 관념이 표현되었다는 점은 확실하다.

그러면 민속사회에 이러한 요괴가 나타났을 때, 사람들은 어떻게 대처하는 것일까. 혹은 어떤 인간이 요괴로 변했다고 생각하는 것일까. 이러한 의문에 정확하게 대답해 주는 민속자료는 적지만, 마쓰모토 미노루松本実가 고치현 모노베촌에서 채집한 다음과 같은 이야기에는 민속사회에 있어서의 인간이 '요괴'로 변신하는 방식이 잘 나타나 있다.

니시타니(西谷)에 어떤 할머니가 살고 있었다. 나이를 먹어서 차츰 일을 할 수 없게 되었으므로, 손자를 돌보면서 생활하고 있었다. 언제부터인가, 아이를 데리고 있으면 코로 킁킁 냄새를 맡게 되었다. 집안 식구들은 못마땅하게 여기며 이 할머니를 싫어하기 시작했다. 산 일이 바쁜 어느 날, 집안 식구는 마지못해 하면서 할머니에게 아이를 부탁하고 일하러 나갔다. 저녁에 돌아와 보니, 무참하게도 아이의 팔은 할머니에게 먹혀버리고 없었다. 놀랍고 두려워진 집안 식구는 "이 오니 할머니를 죽여버려라."고 하며, 이웃을 불러모아 땔나무를 산처럼 쌓아놓고 그 가운데에 할머니를 던져 넣어 태워 죽여버렸다고 한다.[41]

다시 말해서 사회의 도덕, 사회의 질서를 깬 자, 인간으로서는 안 되는 짓을 행해버린 자는 이미 민속사회에서 함께 사는 것이 용서되지 않는 것이다. 그러한 사람들은 반사회적 인간, 즉 '마'의 인간, '요괴'라고 이미지되어 사회에서 말살되거나 추방시키려 했는데 실생활에서는 이야기와는 반대로 반사회적 행위의 원인을 인간이 '요괴'로 변신하였기 때문이라고 설정한다는 것이다. 이 이야

41 松本實, 『村のあれこれ』(物部村教育委員會, 1971).

기를 이미 소개한 『금석이야기』 권27 제22의 「사냥꾼의 어머니가 귀신이 되어 아이를 잡아먹으려고 한 이야기」와 중첩시켜 읽으면, 그 사상을 잘 알 수 있을 것이다.

원령과 영혼

살아 있으면서 요괴로 변하는 인간이 있을 뿐만 아니라, 사망자가 요괴가 되어서 사람들을 위협하는 일이 있다고 여겼다. 현세에 미련을 남긴 채, 특히 원한을 남긴 채 죽었는데도 불구하고 살아 있는 사람들이 사망자의 영에 대하여 마땅한 조치, 즉 '제사 지내기'나 '공양'을 하지 않을 때, 이러한 사령死靈은 요괴가 되어서 사람들 앞에 나타난다. 이러한 영을 우리들은 '원령'이라고 한다. 원령은 개인 앞에 나타나는 경우와 불특정 다수 앞에 나타나는 경우가 있지만, 보다 심각한 것은 사회적 문제가 되는 후자의 경우다.

원령이 나타나는 방법은 가시적으로 나타나는 직접적인 방법과 불가시적 즉 간접적인 방법의 두 개의 타입이 있지만, 대개 사회적인 문제가 되는 것은 불가시적으로 나타나는 경우이다. 이런 경우는 '지벌'을 당한 것이라고 이해된다. 예를 들면 사회에 전염병이 유행하거나 천변지이가 계속되거나 연달아 사람이 죽거나 했을 때, 그 원인을 원령의 지벌이라고 판단하는 경우이다. 9세기 이후 궁정의 사서史書 등에 '어령御靈'이라고 하는 어휘가 기록되기 시작하였다. 어령이란 한마디로 말하면, 이러한 원령의 지벌을 진정시키기 위해서 제례를 지내며 '신'으로 모시게 된 영을 뜻하고 있다.

원령을 위한 제례 즉 '어령회御靈會'의 첫 기사는 『삼대실록三代實錄』[42] 863년 5월 20일 조이다. 이 기록에 의하면 당시 전염병이 유행하여 죽는 자가 매우 많았는데, 사람들은 이것을 원령이 일으키는 지벌이라고 생각하였다. 교토에서 시작되어 지금은 전국 각지에서 여름이나 가을에 어령회가 개최된다. 당시에 재액이 많이 일어나자 민간뿐만 아니라 조정의 신센엔神泉苑에서도 어령회를 개최하였던 것이다. 이 원령회에서 모시는 영은 정쟁에 패하고 처형을 당한 스도崇道천황[사와라친왕(早良親王)], 이요伊予친왕, 후지와라藤原부인과 관찰사, 다치바나노 하야나리橘逸勢, 분야노 미야타마로文室宮田麻呂 등 6명의 원령이었다.[43]

그러나 이러한 원령신앙의 선구적인 형태는 이미 나라시대에도 있었다. 예를 들면 757년 7월 다치바나 나라마로橘奈良麻呂가 난을 일으켰을 때, 그 일당이 옥사한 직후의 칙령에 따라서 역도는 모두 처형되었다. 민간에서 그 망혼에 가탁하여 유언비어를 퍼뜨리거나 소란을 피우는 자도 같은 죄로 처벌한다고 하였다. 또한 772년 3월에 천황을 저주하였다고 하여, 같은 해 5월에 황후인 이노우에井上 내친왕의 아들인 황태자 오사베他戶친왕이 폐위되어 유폐당했다가 775년에는 모자가 수수께끼 같은 죽음을 당하였다. 이후 궁중에서 괴상한 사건이 줄줄이 발생하자, 이 때문이라고 생각하여 큰 액막이 행사를 개최하였다. 또한 민가에서는 스오周防(야마구치현 동부) 출신 남자가 오사베왕자를 사칭해서 백성을 속였다는 죄로 이즈伊豆로 유배되었다. 원령들은 일찍부터 궁중뿐만 아니라, 서민의 사이에서도 널리 활동하고 있었던 셈이다.

최초의 어령회는 임시로 열렸던 행사였기 때문에 상설된 신당이나 신사가 없었으나 이윽고 교토에 어령회로 유명한 신사인 기온사祇園社[44]가 창건되며 어령신앙은 더욱 발전했다.

42 역주 : 세이와(清和), 요제(陽成), 고코(光孝) 등 3천황의 재위기간(858~887) 약 30년간의 역사를 관이 주도하여 기록한 사서이며, 901년에 완성.
43 柴田實編, 『御靈信仰(『民衆宗教史叢書』 第5卷)』(雄山閣, 1984)의 여러 논문 참조.
44 역주 : 지금은 야사카(八坂)신사라고 하며, 스사노오와 신사의 수호신인 고즈(牛頭)천왕을 모신다. 원령신앙이 확산됨에 따라 제례가 확산되고 신도도 많아졌는데, 어령회에 기원을 두는 기온마쓰리(祇園祭)의 중심적인 제당이 된다.

역사상 가장 유명한 어령은 정적 후지와라노 토키히라藤原時平와의 정쟁에 패하여 다자이후大宰府에 유배당한 스가와라노 미치자네菅原道眞의 영일 것이다. 903년에 죽은 후 20년 정도가 지난 923년에 황태자 호묘保明친왕이 너무도 젊은 나이에 죽은 것에 대해서, 항간에서는 미치자네 영의 지벌 때문이라고 생각하기 시작했다. 이러한 미치자네 원령이 정사正史에 등장한 이후 약 30년 만에 그의 영을 제사하는 기타노천신신사北野天神社라는 신사가 건립되어 있었음이 사서의 기록으로 나타나기 시작했다. 즉 그의 원령이 '신'으로서 제사의 대상이 되었던 것이다. 맹위를 휘두르는 미치자네의 원령은 민간의 뇌신雷神신앙과 결부되고, 나아가 뇌신을 용뱀과 중첩시키려는 신앙과 관련되었다. 이후의 『기타노천신 연기緣起』여러 판본에서 미치자네 원령의 현시장면이 뇌신 혹은 용뱀의 모습으로 묘사된 것이 많다.

민간의 원령신앙이 언제부터 발생했는지는 확실하지 않다. 그러나 나라시대에는 이미 그러한 신앙의 흔적이 나타나기 때문에 상당히 오래 전으로 거슬러 올라갈 수 있음에 틀림없다. 그리고 이러한 신앙은 교토에서 형식을 갖춘 어령회의 영향을 받으면서 각지에서 널리 민간신앙화되었다고 상상된다. 특별히 어령신앙은 조령祖靈이나 사령死靈과 결부되었고 한편으로는 신년의 축제나 백중맞이[お盆] 행사 가운데 나타나는 동시에 지방에서는 재액의 원인을 지벌이라고 여기는 사고가 정착되어 갔다. 전염병이 유행하면 그 원인을 원령에서 찾거나, 그 영을 '신'으로 모시고 제사 지내는 풍습이나 전설이 민속사회에 많다. 이것은 '어령신앙'을 빼놓고는 이야기할 수 없고, 그 신앙의 근저에는 성격이 거친 신 즉 '요괴'를 모셔 제사를 지냄으로써 지벌을 피하려는 신앙이 매우 오래전부터 있었다고 할 수 있다.

일본의 요괴학 연구

예를 들면 '벌레 쫓아보내기 행사[虫送り]'나 '액신 쫓아보내기[厄神送り]'라는 민속행사에는 이 어령신앙의 영향이 강하게 나타나고 있다. 동북지방東北地方의 반가쿠番樂*나 미카와三河 지방의 하나마쓰리花祭, 남부 신슈南信 지방의 시모쓰키마쓰리霜月祭** 등도 원령을 진정시키려는 목적에서 발생되었다고 본다. 전란이 계속된 중세는 이러한 영혼 원령이 날뛰던 시대이며, 『헤이케 이야기』를 비롯하여 많은 중세의 문예나 예능도 원령신앙과 어령신앙의 영향을 무시할 수는 없을 것이다.

* 주로 아키타·야마가타 등 동북지방의 동해 쪽에 전해지는 야마부시·슈겐이 행하는 제사용 연희
** 물을 끓여 증기를 피워 올리며 신탁을 받는 제사용 연희

이 세상에 원한을 남기고 죽은 미치자네의 영은 사후에 원령으로 변하여 뇌신이나 용뱀으로 묘사되지만, 그의 영뿐만 아니라 사령이나 원령이 가시적인 '요괴'로 묘사되는 사례도 많이 있다. 예를 들면 이부키 야사부로는 사후에 독사로 변해서 사람들에게 지벌을 가하고 있고, 궁중의 신센엔에서 열린 어령회에서 제사를 받던 원령 6명은 사후에 오니로 변해서 재앙을 일으킨다고 여겼다. 다시 말해서 당시 사람들 사이에서는 『헤이케 이야기』「검의 권」의 다리의 여자나 도조지설화의 기요히메와 같이 산 채로 오니나 큰 뱀 등의 요괴로 변한다는 신앙뿐만 아니라, 사후에 사람이 오니나 큰 뱀 등의 요괴로 변한다는 신앙도 있었던 것이다.

『우지 슈이 이야기』「니치조日藏 스님이 요시노야마吉野山에서 오니를 만남」에 묘사된 오니의 한 가지 사례이다.

키가 7자 정도이고 "몸의 색은 감청색에 머리는 불꽃처럼 빨갛고, 목은 가늘고 앙상한 갈비뼈가 튀어나와 있고, 배는 불거져 있고, 정강이는 매우 가늘었다."는 이 오니는 자신의 신상에 대해서, "나는 지금부터 400~500년 전 사람인데 못된 놈 때문에 원한이 맺혀 이처럼 오니의 몸이 되어 살고 있다. 못된 놈을 죽이고 그놈의 아들, 손자, 손자의 손자까지 모두 죽여버려서 이제는 죽일 놈이 없다. 그러나 그놈이 혹시 환생하면 그놈까지 죽여버리겠다. 그런데 그놈이 어디 있는지 몰라서 죽일 수가 없다. 분노는 여전히 타오르고 있지만 그놈의 자손은 끊겨버렸네. 나 혼자 꺼질 줄 모르는 분노에 타오르지만 어쩔 수 없이 고통만 삼키고 있네."라고 했다.[45]

45 渡辺綱也・西尾光一 교주, 『日本古典文學大系27 – 宇治拾遺物語』(岩波書店, 1960).

원령이 오니가 되어 증오하는 자의 일족을 차례로 죽이고, 드디어 죽여야 할 자가 모두 없어졌지만 그래도 원념은 꺼지지 않아

일본의 요괴학 연구

괴로워하고 있다는 것이다.

사람에게 나타나는 사령 즉 유령

지금까지 고찰한 바는 인간에 기원을 두는 '요괴'를 살펴보았지
만, 여기에서 화제를 바꾸어 근세에 들어서·급격히 변질된 '유령'
에 대해서 간단히 검토해 보기로 한다. '유령'은 '망령'과 거의 같
은 의미로 쓰이는 단어로, 사망자가 생전의 모습으로 이 세상에 나
타난 것을 뜻하고 있다. 나타난 이유는 원한뿐만 아니라 이 세상
에 커다란 미련이 남았거나, 사망자와 생전에 깊은 인연이 있었던
사람이 사망자를 깊이 생각할 때에 그 생각에 이끌려 출현하거나,
무엇인가 부탁을 하기 위하여 출현하는 등 출현 이유는 매우 다양
하다.

야나기타는 오바케ぉ化와 유령을 구별하고, 유령은 정해진 시간
에 특정한 상대를 목표로 해서 출현한다고 말하였다.[46] 그러나 야
나기타의 머리 속에 있던 유령은 에도시대에 이미 변질 과정을 거
친 후의 유령이었다. 고대부터 현대까지의 유령을 보면 매우 다양
한 방법으로 나타난다. 이케다 야사부로는 야나기타의 견해를 발
전시켜 '장소에 집착하는 영령'을 요괴, '특정한 개인에 집착하는
영'을 유령이라고 크게 구별해야 한다고 말하였다.[47] 그러나 나는
여기에서 유령을 세분화하거나 요괴와 구별해 보는 일에 그다지
관심이 없다. 오히려 나는 제사의 대상이 되지 않는 영적 존재를
요괴라고 생각하고 있으므로, 유령을 '요괴'의 한 가지로서, 사령
이 특수한 타입 즉 생전의 모습으로 사람들 앞에 나타나는 존재
라고 생각하고 있다.

46 柳田國男,「妖怪談義」,『定本柳田國男集』 第4卷(筑摩書房, 1968).
47 池田彌三郎,『日本の幽靈』(中公文庫, 1974).

예를 들면 다음 두 개의 사례를 읽고 비교해 보는 것도 좋을 것이다. 『금석이야기』 권27 제11이나 『우지 슈이 이야기』 권12 제15 등에 우다천황의 좌대신 미나모토노 도오루源融가 유령을 만나는 이야기가 실려 있다.[48]

가와라의 저택은 대신 미나모토노 도오루가 훌륭하게 지었지만, 그 자손이 우다인(宇多院, 은퇴한 우다천황)에게 헌상했으므로 우다인이 살고 있었다. 어느날 야밤중에 서쪽 침실이 열리고 인기척이 나는가 했더니 칼을 차고 단정하게 무사차림을 한 사람이 2칸 정도 앞에 서 있었다. 우다인이 "누구인가?"라고 묻자, "이 집의 주인인 노인입니다."라고 대답했으므로, "그렇다면 도오루 대신인가?"라고 물었더니 "그러하옵니다. 우다인께서 나의 집에 와서 살고 계시니 황공하오나 내가 너무나 조심스러워 불편합니다."라고 원한 섞인 말투로 하소연했다. "그렇지 않다. 나는 너의 자손에게서 이 집을 정식으로 양도받은 것이다. 죽은 사람의 영이라고는 해도 자세한 사정도 모르고 무슨 말을 하는 게냐."라고 호통을 치자 영은 사라져 없어지고, 이후로 다시는 모습을 나타내지 않았다고 한다.[49]

『금석이야기』 권7 제11에는 반노 요시오伴善雄의 영이 요리사 앞에 모습을 나타낸 이야기가 적혀 있다.

한 요리사가 있었다. 그날 일을 마친 밤 10시경, 사람들이 잠들어 조용해진 뒤에 집 바깥으로 나가다가 "빨간 외투를 입고 모자를 쓰고 있는 매우 무서운 사람"을 만났다. 그리고 "내가 누군지 너는 알고 있는가. 나는 옛날에 여기서 살던 부대신 반노 요시오이다. 이즈에 유배당하였다가 이미 죽은 몸이지만, 지금은 독감을 퍼뜨리는

〈그림 24〉 발이 없는 유령은 마루야마 오쿄가 생각해낸 모양이라고 한다.

48 이 이야기는 이른바 「化け物屋敷」 이야기의 하나로 이 책 제1부의 「妖怪と都市のコスモロジー」를 참조.
49 長野嘗一 교주, 『日本古典全書 今昔物語5』(朝日新聞社, 1953).

역병 유행신이 되었다."고 말하면서, "지금 천하에 유행하고 있는 독감은 나라 안의 모든 사람을 죽여버릴 정도로 엄청난 역병이지만, 옛날에 나라의 은공을 입었던 것을 생각하여 더 이상 번지지 않도록 정지시켰다. 이 이야기를 하고 싶어서 이렇게 나타난 것이다."라고 말한 뒤에 흔적도 없이 사라졌다. 그후로 사람들은 역병을 유행시키는 신은 반노 요시오의 사령이라는 것을 알게 되었다.[50]

50 長野嘗一 교주, 『日本古典全書 今昔物語5』(朝日新聞社, 1953).

이 두 가지 이야기를 비교해 보면, 이야기의 구성 자체에는 큰 차가 없는 것처럼 보인다. 도오루 대신과 반노 요시오 모두 생전의 모습인 듯 한 차림새로 등장하고, 사망자가 생자에게 메시지를 전하기 위하여 출현한다. 도오루의 경우, 그 출현 이유가 우다인 자택을 빼앗긴 원한을 말하기 위함이었다. 이에 대하여 요시오의 경우는 정쟁에 져서 일찍 죽었는데 아마 그 원한 때문이었을 것이다. 명계冥界에서 역병신 즉 '요괴'가 되었다는 것과 이번 역병은 가볍게 지나가게 해주었다는 것을 말하기 위해서 출현한다. 후자에서는 요시오가 역병신이라고 자칭하고 있기 때문에 기형적인 '요괴'에 가깝지만 실질은 유령과 큰 차이가 없다. 즉, 도오루도 요시오도 나타날 때의 모습은 유령 즉 생전의 모습이 아니라, 괴이한 모습이었다. 요괴의 모습으로 출현하면 같은 사령이라도 유령이 아니라 요괴가 되어버리는 것이다. 따라서 나는 유령을 사령의 특수한 타입과 요괴의 특수한 타입으로 나누어 보려고 한다. 유령을 연구하기 위하여 조작개념으로서 다른 요괴와 떼어내어 독립시켜 보아도 괜찮다고 생각한다. 그럼으로써 유령의 성격이 바뀌는 것은 아니기 때문이다.

후지와라 노부자네藤原信實가 썼다는 쇼큐본承久本 『기타노천신연기』의 한 장면에 미치자네의 유령이 어느 여름밤 엔랴쿠지延曆寺

의 주지 손이(孫意)를 찾아가 방문을 두드리는 그림이 있다. 그 모습은 마치 생전의 훌륭한 차림새 그대로이며, 그 그림만 보면 유령이라는 생각이 전혀 들지 않는다.

이러한 생전의 모습으로 출현하는 유령이야기는 오늘까지도 계속 전해지고 있지만, 한편은 에도 중기에 『도카이도 요쓰야 괴담』 등의 유령연극이 호평을 얻었고, 그러한 연극 취향의 영향을 받아 유령의 모습도 크게 바뀌었다. 근세 초기부터 도시 유령의 회화표현 양식은 죽은 사람을 관에 넣을 때의 복장과 모습으로 정형화되었다. 특히 1720년경부터 유령의 얼굴이나 입, 손, 손톱 등이 이상한 모양으로 그려지기 시작하고, 나아가 특정한 개인에 대한 원한이 그러한 유령과 깊이 결합되기 시작했던 것이다. 즉 사망자의 영이 지옥에 가지 않고 원한을 풀기 위해서 현세에 머물며, 사체를 되살아나게 하거나, 관 속에서 출현한다고 설정되었다. 뿐만 아니라, 이때부터 발이 없는 유령의 이미지가 형성되었다. 그리고 또 유령 모습의 다양화가 이루어지고, 그 결과 요괴의 모습에 다시 가까워지게 되었다는 것이었다.

이렇게 에도시대 후기의 유령그림은 에도 문화가 발전시킨 것으로, 지극히 특수한 이미지라고 말할 수 있다.[51] 오늘날 일반인이 이미지하는 유령은 이러한 에도시대의 예능이나 미술양식 안에서 그려진 유령이다. 그러나 항간에서 듣는 유령을 만난 사람들이 이야기하는 유령은 '유령을 태운 택시'와 같이 옛날부터 전해지던 전형적인 유령의 모습, 즉 생전의 모습으로 나타나고 있다. 문학작품 세계의 유령과 민속사회·서민사회의 유령은 큰 차이가 있다고 해야 할 것이다.

51 諏訪春雄, 『日本の幽靈』(岩波新書, 1988).

3. 저주와 빙의

저주 – 마에 몸을 맡긴 사람들

지금까지 우리들은 산 인간과 죽은 인간이라는 두 가지 측면에서 이전에는 인간이었던 것이 '요괴'로 변모해 간다는 사상을 살펴보았다. 그 과정에서 생자나 사망자 그 모두가 요괴화의 계기가 되는 것은 원한이나 질투, 미움과 같은 인간의 마음 내부에서 생기는 사악한 감정인 점을 밝히고자 했다. 일본에서는 서구와 같이 신에게 적대하는 악마에게 약점을 잡히거나 유혹당하는 것이 아니라, 자기 자신의 내부에서 생긴 사악한 감정이 정도를 지나쳤을 때, 인간이 인간 사회에서 이탈하여 '마'나 '요괴'의 영역으로 들어가게 되고 '요괴'나 '마'로 바뀌게 되는 것이었다.

그 경우 우리들의 관심은 마음의 내부에서 생긴 악이 육체의 표면이나 육체 전체의 형태가 바뀐 결과물로서의 요괴에 쏠려 있었다. 그러나 이러한 육체의 변용은 인간의 요괴화 · 마물화魔物化의 궁극적인 형태이며, 이는 신화적 상상력을 매개로 하여 구성된 것이다. 특히 인간의 요괴화를 생각할 때, 인간의 모습을 바뀌게 하는 마음, 마음의 내부에 생기는 사악한 감정 그것 자체에도 관심을 가지지 않으면 안 된다. 다시 말해서 인간의 모습이 요괴화되지는 않았으나, 마음속에 도를 넘어서는 원념·질투로 가득차 있는, 정말로 요괴화된 마음을 가진 사람들이 많이 있다는 것을 알아야 할 것이다.

그러나 이러한 사람들도 겉모양은 보통 사람과 꼭 같으므로 주위 사람들이 알아차리지 못한다. 그러나 그러한 사악한 마음을 가진 사람들은 그 마음에 이끌리는 대로 반사회적인 행위를 하기도 한다. 그런 때 요괴가 사회 가운데 확실히 드러나게 되는 것이다.

반사회적 행위로는 살인, 방화, 식인食人 등 다양한 행위가 있지만, 그 가운데서도 가장 사악하고 무서운 것은 남의 눈을 피해서 행하는 '저주' 즉 '주술'이었다. 저주란 일정한 행위나 언어로 초자연적인 힘이나 존재를 움직여서, 미워하는 적을 죽이거나 병들게 하는 행위로 문화인류학에서는 '사술邪術'이라고 일컫는다.[52]

저주에 관한 기록은 일찍이 『고사기』나 『일본서기』에 나타난다. 예를 들면 『일본서기』 신대神代 제9단에 의하면 이와나가히메磐長姫는 잘 못생겼다는 이유로 신의 자손인 니니기노미코토瓊瓊杵尊의 아내로 뽑히지 못했다. 아름다운 여동생 고노하나사쿠야히메木花開耶姫가 니니기와 맺어진 것을 시샘한 이와나가히메는 하룻밤만에 임신한 고노하나사쿠야히메의 뱃속에 있는 아이에게 "만약 저 분이 나를 아내가 맞이해 주셨다면, 태어날 아이가 자손만대 수명장수를 누리게 될 텐데 내 여동생을 아내로 맞이해버렸다. 이렇게 된 이상 태어날 아이에게는 나무의 꽃이 지는 것과 같이 덧없이 짧은 목숨을 주겠노라."라고 저주를 걸었다고 한다. 그 때문에 인간의 목숨은 변하기 쉽고 늙기도 쉽게 되었다고 한다.

52 일본의 주저사(呪詛史)의 개략에 관하여는 小松和彦, 『日本の呪い』(光文社, 1988)을 참조.

『고사기』 중권에 보이는 아키야마노시타비오토코秋山之下氷壯夫와 하루야마노카스미오토코春山之霞壯夫 형제의 저주담에는 저주의 방법이 자세히 나타난다. 다시 말해서 이즈시伊豆志 하마에八前의 대신大神의 딸로 이즈시오토메伊豆志袁登賣라는 신이 있었다.

많은 신들이 그녀를 사모했지만 아무에게도 마음을 주지 않았다. 시타비오토코도 차인 사람의 하나였다. 그는 남동생에게 "저 여자를 손에 넣으면, 많은 술과 산과 바다의 여러 물품을 주겠다."고 약속했다. 그래서 남동생은 어머니의 도움을 받아 그녀를 아내로 맞이할 수 있었다. 그러나 이것을 시샘한 형은 전혀 약속을 지키려 하지 않았다. 이 말을 들은 어머니는 크게 분노하여 시타비오토코에게 저주를 내려 중병으로 고생하며 반성하도록 했다는 이야기이다. 그 저주의 양상은 다음과 같은 것이었다.

어머니는 시타비오토코를 상징하는 것을 만들었다. 돌과 소금을 섞어 대나무 잎으로 싸서 만든 것을 저주물로 삼고, 그것을 굵고 거칠게 짠 대나무 바구니에 넣어 "이 대나무 잎이 푸른 것처럼, 이 대나무 잎이 시드는 것처럼, 푸르러졌다가 시들어버려라. 또 이 소금물이 밀려들었다가 바짝 마르는 것처럼, 이 돌이 물속에 가라앉는 것처럼 푹 가라앉아버려라."라고 저주하고, 이 저주한 것과 같은 운명이 되도록 하려고 하였다. 그 저주의 결과 시타비오토코는 8년간이나 병으로 고생하다가 결국 어머니에게 용서를 빌었다. 어머니가 용서를 받아주고 저주를 풀었더니 그의 몸은 원래의 상태로 되돌아갔다.[53]

53 『古事記』, 倉野憲司·武田祐吉 교주, 『日本古典文學大系1 - 古事記 祝詞』(岩波書店, 1958).

이 사례로도 알 수 있듯이 저주행위가 모두가 반사회적이라고 할 수는 없다. '저주'는 사람에게 화를 초래한다는 점에서 무서운 주술이지만, 그것을 행사하는 각각의 콘텍스트나 인간관계의 위치에 따라서, 바람직한 주술이 되기도 하고 사악한 주술이 되기도 하는 것이다. 위의 사례의 경우, 저주를 받은 시타비오토코 쪽에 잘못이 있어 어머니의 저주는 그 잘못에 주의를 주기 위한 것이었다. 따라서 악에게 대항하기 위한 주술, 선을 위한 저주라는 성격이 강하다. 그러나 개인적으로는 용서할 수 없는 인간이라 하여도 사회적으로는 죄가 없는 인간에 대하여 저주라는 수단으로 소원을 이루려고 하는 경우도 많다. 고노하나사쿠야히메가 이와나가히메에게 저주받는 경우 등은 분명히 저주하는 이와나가히메 쪽에 잘못이 있다고 해야 할 것이다.

저주하는 자가 비난받고 고발당하는 것은 이러한 저주를 행했을 때이며, 발견되면 사회로부터 처벌되는 것이 일반적이었다. 그들은 '인간'으로서의 본분을 일탈하였으니, 이미 '인간'이 아니라 '마'나 '요괴'의 세계에 몸을 맡긴 사람들로 간주되었기 때문이다.

물론 고노하나사쿠야히메를 저주한 이와나가히메는 그 때문에 모습이 '요괴'로 변한 것은 아니다. 그러나 후세에 사악한 저주를 행하는 자의 모습은 요괴(오니)로 변한다는 것을 거듭해서 묘사함으로써 반사회적인 저주 즉 사술을 행하는 사람들은 요괴와 가까운 존재로 여기게 되었다. 저주하는 자와 요괴는 항상 상호변환이 가능한 존재라고 생각되고 있었던 것 같다. 예를 들면 앞에 소개한 『헤이케 이야기』「검의 권」에 묘사된 '우지다리의 여자'는 미워하는 여자를 저주하여 죽이려고 했다. 헤이안시대부터 저주를 해주는 신으로 민중 사이에 알려져 있었던 기후네신사에 찾아가서 '한밤중의 참배'를 거듭하며 간절히 기도하여 '오니'로 변하는 소원을 이루었다.

내가 조사했던 고치현 모노베촌에서도 저주는 빈번히 행하여지고 있다. 이 지방에서는 대개 '저주'를 '인연조복因緣調伏'이라든가 '저주조복咀呪調伏'이라 한다. 저주할 때는 지역에 살고 있는 기도사에게 의뢰하는 경우와 자기가 직접 하는 경우가 있다. 보통 마을사람이 스스로 행하는 '저주조복'은 대개 적으로 설정한 짚 인형이나 적의 모습이 찍힌 사진에 바늘이나 못을 찌른다. 적이 그것과 같은 운명에 처하게 하려는 사술과 '이누가미犬神'나 '나가나와長繩'나 '사루가미(원숭이신)' 등의 특정한 동물의 영을 조작하여 그것을 적에게 빙의憑依시켜서 괴롭힌다는 사술 등의 두 가지 타입을 인정할 수 있다.[54]

이 종류의 사술은 널리 전국각지에 분포되고 있었던 것으로, 전자의 신앙은 '한밤중의 참배'를 통해 모든 소원을 이룰 수 있다는 신앙과 결부되어서 널리 전국에 유포되어 있다. 후자의 신앙은 관동지방에서는 '오사키(여우)', 중부지방에서는 '구다(여우)', 주고쿠지방에서는 '닌코(여우)', 규슈·시코쿠지방에서는 '도뵤(뱀)' 혹은 '이누가미'라는 형태로 전승되고 있다. 후자는 소위 무언가 씌운다는 뜻의 '빙물憑物'이라고 불리는 신앙이다.

민속학자의 보고에 의하면 이러한 '빙물'은 마을의 특정한 집(가문)에서 오랫동안 기르던 것이라고 여긴다. 그 집의 주인이 누군가를 저주하고 싶을 때, 주인은 기르고 있는 '빙물'에게 부탁하거나 명령하여, '빙물(동물의 영)'을 적이 있는 곳에 보내 씌우게 함으로써 적의 몸에 병이나 죽음 등의 재액이 들게 할 수 있다고 믿었다.[55]

예를 들면 시코쿠지방을 중심으로 뿌리가 깊게 신앙되고 있는 '이누가미'의 기원담에는 이러한 저주에 이용하는 '이누가미'를 만드는 법이 자세하게 묘사되어 있다. 그 하나를 『토양연악지土陽淵岳志』라는 책을 인용하여 소개한다.

54 小松和彦, 『憑靈信仰論』 (講談社學術文庫, 1994).
55 石塚尊俊, 『日本の憑きもの』(未來社, 1959).

일본의 요괴학 연구

어떤 사람이 말하기를, 사누키(讚岐) 동쪽 무기토라는 곳의 어떤 사람에게 보복할 일이 있었다. 그러나 때가 되지 않았기 때문에 매일 한탄만 하고 있었다. 어느날 기르고 있던 개를 산 채로 목까지 땅에 묻어 머리만 드러나게 했다. 평소에 좋아하던 고기를 마련하여 개 앞에 놓고 말하기를 "지금 고기를 줄 테니 너의 혼을 내게 주게." 그리고는 고기를 먹인 후에 칼로 개의 목을 쳐 베어버렸다. 그리하여 개의 혼을 원수에게 보내 물어죽이도록 하여 오랜 숙원을 풀었다. 그후로 그 집을 이누가미가 씌운 집이라고 하게 되었다. 결혼할 때는 도사지방에서 배필을 구해왔다고 한다.[56]

남에게 원한을 품고 있는 사람이 그대로는 원한을 풀 수 없었다. 결국 자신이 기르고 있던 개를 죽여서, 그 개의 혼백을 적에게 빙의시켜서 살해했다는 것이다. 그리고 그 자손이 '이누가미 집안'이 되었다고 설명하고 있다. 이것과 같은 전승은 시코쿠의 각지에 전해지고 있다.

인형을 이용하는 저주에 관한 기록은 『일본서기』 587년 4월 궁중의 제사를 담당하는 "나카토미中臣 가문의 가쓰미勝海는 집에 많은 사람을 모아, 즉위를 못마땅하게 여기는 히코히토彦人 황태자와 다케다竹田 왕자의 인형을 만들어 주술을 행했다."[57]는 것이 처음이다.

이 저주 기록과 이미 소개한 시타비오토코 · 가스미오토코의 어머니의 저주 기록을 비교하면, 상당히 큰 질적 차이를 느끼지 않을 수 없다. 아마 앞 사례의 기록은 일본 고래의 저주 전통을 근거로 하면서도, 직접적으로는 교류가 깊어지고 있었던 대륙으로부터 수입된 주술인 '고도蠱道'[58]를 포함하여 도교 · 주금도呪禁道 · 음양오행 사상의 영향을 받은 것이었다고 생각된다. 특히 나라시대에

56 『土陽淵岳志』(高知縣立圖書館, 1970).
57 『日本書紀』, 坂本太郎 · 家永三郎 · 井上光貞 · 大野晋 교주, 『日本古典文學大系68 - 日本書紀 下』(岩波書店, 1965).
58 주술이나 저주하는 도술 혹은 이를 행하는 사람.

〈그림 26〉 활·방울·종 등의 도구를 써서 빙물을 쫓아내는 주술사

는 정부내의 전약료典藥寮에 주금도를 연구·교육하는 부문이 있어서, 주금박사·주금사呪禁師를 중심으로 고도를 포함하는 주술로 병이나 재액을 퇴치할 목적으로 연구와 교육을 시행하고 있었다. 나아가 이 주금도에는 사람을 저주하는 사술도 포함되어 있었던 모양이다. 이 부문이 헤이안시대에 들어서면서 폐지되어버렸다는 것은 당시의 사정을 암시하고 있다. 나라시대에는 귀천을 막론하고 많은 사람들이 이러한 주금도 계통·도교 계통의 주술·사술에 매료되었던 것 같다. 그래서 몇 차례에 걸쳐 그런 종류의 사술이나 사교邪敎의 금지·탄압에 정부가 직접 나섰다는 기록이 있다.

당시의 사술은 '엽매厭魅'와 '고독蠱毒'이라고 불리는 것이 중심이 되었다. '명례율이서名例律裏書'(내각문고 소장 『율』의 「명례율」을 적은 종이의 뒷면에 씌어져 있었던 것)에 의하면 엽매란 다음과 같은 것이었다. "사악하고 속된 행위가 몰래 불법적으로 행해지고 있다. 인형을 만들어 가슴을 찌르고 눈에 못을 박고 손발을 결박하고 그 사람으

일본의 요괴학 연구

로 하여금 질병에 들어 고통을 당하다가 죽어 버리게 하려는 것이다." 이에 대하여 고독을 설명하여 "고에는 여러 종류가 있는데 자세히 알 수 없다. 모든 고를 모아서 한 그릇에 넣어두면 서로 잡아먹는다. 모든 고가 다 그러한데 뱀을 넣어두면 사고蛇蠱가 된다는 식이다. 축畜이란 묘귀猫鬼의 종류를 말하는 것이다."

644년에 일어난 '도코요노카미常世神'[59]사건, 729년에 일어난 나가야長屋왕이 '좌도左道' 즉 사악한 주술을 행한 것이 발각되어 실각·자살한 사건, 769년에 일어난 아가타이누가이縣犬養의 여동생이 쇼토쿠稱德천황을 저주한 사건 등은 모두가 주금도 계통의 주술로 유포된 '엽매'나 '고독'을 배워서 한 것이었다. 특히 흥미로운 것은 쇼토구천황 저주사건으로 사호강佐保川의 강가에서 발견된 해골에 주술을 건 쇼토구천황의 머리카락이 들어 있었다는 사술이 있었다. 이 당시 이미 사악한 주술 도구로서 두개골을 이용한다는 관념이 있었다는 점에 크게 주목해야 할 것이다.

이러한 주금도·도교계의 사술은 지속적인 탄압에 의해 지하로 숨어버리고, 주금사들의 이름도 문헌상에서는 나라중기 이후에 종적을 감춰버린다. 그러나 사술의 전통은 암암리에 음양도의 전문가인 음양사를 중심으로 전승되어, 마침내 민중 사이에 널리 침투해 간 것 같다.[60]

생령 빙의 · 사령 빙의 · 동물령 빙의

'생령生靈'이란 살아 있는 인간 가운데 머물고 있는 영혼이다. 그 영혼이 활동함으로써 인간은 살아갈 수 있다고 생각되어 왔다. '사령死靈'이란 죽은 사람의 영혼이다. 이러한 사람에게 깃들

59 역주 : 고대 일본민족이 먼 바다 저편에 있다고 상정하던 나라인 도코요에서 온 신으로 인간에게 장수와 부귀를 가져다준다고 한다.
60 下出積與, 『日本古代の神祇と道教』(吉川弘文館, 1972).

어 있는 '생령'이나 '사령'이 다른 인간의 육체 안에 깃드는 것을 빙의憑依라 한다. 이것이 '생령 빙의' 혹은 '사령 빙의'이다. '생령'의 빙의는 빙의를 당한 사람으로서는 바람직한 것이 아니었다. 병들게 하거나 죽음이라는 재액을 초래하기 위해서 빙의하기 때문이다.

일본 역사 가운데 '생령'이나 '사령'이 가장 활발하게 활동한 시대는 헤이안왕조시대였다. 당시의 일기나 설화집, 문학작품(이야기) 등에는 엄청난 수의 '생령'이나 '사령'의 활동이 묘사되어 있다. '생령'이나 '사령'은 처음부터 자신은 어떤 '영'이라고 자기 소개를 하며 남에게 빙의하는 것이 아니었다. 오히려 아무개의 '영'이라고 정체가 폭로되면 '영'으로서의 패배를 의미하는 것이었다. 빙령憑靈의 정체를 알면 빙의된 자들은 거기에 대처하는 방법을 찾아내어 빙령을 물리쳐버릴 수 있기 때문이다. 헤이안시대에는 이러한 정체를 알 수 없는 빙령을 '모노노케物の怪'이라고 불렀다. 그것은 문자 그대로 사람의 지혜로는 이해하기 어려운 초자연적 존재 전체를 의미하는 '모노物(그 어떤 것)'의 출현, 즉 '물의 괴'이며 '물의 기氣'였다.[61]

『영화榮華 이야기』[62]에는 '모노노케'와 대립시켜서 '가미노케神の怪'라는 말을 쓰는 장면이 있다. 다시 말해서 원인 불명의 병을 치료하려고 기도사를 불렀지만 화를 불러일으킨 영이 '모노노케'라면 고칠 수 있지만, '가미노케'라면 우리 손으로 해결되지 않기 때문에, 음양사의 손을 빌리지 않으면 안 된다고 대답하는 장면이다. 아마 '모노노케'라는 관념에는 보다 엄밀하게는 인간의 사악한 마음·감정에 발단이 된 악령, 인간에게 기원을 두는 악령 즉 '생령'이나 '사령' 등의 의미가 강조되어 있었던 것 같다. 이것에 대하여, '가미노케'는 신들의 지벌과 같이 비인간 기원의 영

61 국문학자인 藤本勝義는『源氏物語の「物の怪」－平安朝文學と記錄の狹間－』(靑山學院大學 女子短期大學 學藝懇話會, 1991)에 매우 중요한 지적을 했다. 즉 헤이안조의「모노노케(物の怪)」에 관한 기록을 보면「모노노케」의 정체는 모두가「사령(死靈)」이라고 단정하고 있다. 따라서「생령빙의(生靈憑き)」란 당시의 문학 가운데 만들어진 것, 즉 실생활에 있어서의「모노노케」의 모습과의 차이를 염두에 둘 필요가 있다.
62 역주 : 작자 미상의 헤이안시대의 역사 이야기로 1092년경에 완성되며, 우다천황부터 호리카와천황까지 약 200년간을 편년체 이야기조로 기술했다. 궁정귀족의 생활을 잘 묘사하여 풍속사 연구에도 귀중한 자료가 된다.

222

의 현시가 강조되어 있었던 것 같다. 그러나 '가미노케'도 점을 쳐서 그 정체가 '가미노케'라는 것이 밝혀질 때까지는 우선 '모노노케'라고 표현한 것 같다. 이러한 '모노노케'와 '가미노케'의 차이는 밀교승과 음양사의 역할분담을 나타내는 용어라고 할 수도 있다.

'생령'에 씌워서 고통받는 사람들과 '생령'을 사람에게 씌워서 괴로워하는 장면을 훌륭하게 묘사하고 있는 것은 『겐지 이야기[源氏物語]』63이다. 문학작품이지만 『무라사키 시키부紫式部일기』나 『마쿠라노소오시枕草子』64 『영화 이야기』 등의 '모노노케'를 조복시키기 위한 의례를 다룬 기사와 대조해 보면, 당시의 사람들이 행하던 의례나 당시 사람들이 믿던 '모노노케'관이 매우 충실하게 묘사되어 있음을 알 수 있다. 거기에 기술되어 있는 아오이노우에葵の上에게 씌운 로쿠조미야스도코로六条御息所의 '생령' 이야기는 마치 우리들이 당시 사회를 목격하고 있는 것 같은 현장감이 넘친다.

히카루겐지光源氏에게는 4살 연상이지만 정처正妻인 아오이노우에가 있었다. 그런데 언제부터인가 그보다 7살 연상의 로쿠조미야스를 찾아가 사랑을 나누곤 했다. 그때까지 이 두 여자의 사이는 표면상으로는 평온했다. 그러나 가모제賀茂祭에 앞서 열리는 축제 행렬을 구경하려고 외출한 두 사람의 수레가 서로 좋은 자리를 차지하려고 다툰 사건을 계기로, 로쿠조미야스의 '생령'이 '모노노케'가 되어서 아오이노우에를 괴롭히기 시작한다.

아오이노우에는 임신하고 있었기 때문에 자주 병에 걸렸다. 당시는 병든 원인을 '모노노케' 등의 초자연적 존재의 활동에서 찾는 것이 일반적이었다. 그리고 병을 치료하는 데는 승려나 음양사의 기도가 유효하다고 믿었다. 그와 같은 풍속이 있었기 때문에 아오이노우에의 병을 고치기 위하여 밀교계의 기도사를 불러서 쾌유를 비는 기도의례를 행했다. 그러자 여러 '생령'과 '사령'이 나타나서 자신의 정체를 밝히자, 이들을 잇달아 영매에 옮겨 붙게 하여 쫓아내 버렸다.

정체를 밝힌 '모노노케'는 기도의 힘 때문에 쫓겨나지 않을 수 없었다. 그런데 여러 '모노노케'가 정체를 밝히고 떠났지만, 쉽게 정체를 밝히지 않는 단 하나의 '모노노케'가 있었다. 확실히 아오이노우에의 몸에 씌어 있는 것 같은데, 입을 꼭 다문 채 정체를 밝히지 않는 것이다.

그러나 출산도 다가오고, 영험이 뛰어난 승려들의 기도가 고조되어 최고조에 달하자 그 '모노노케'도 결국 마지못해 말하기 시작했다.

"여기에 깃들려고는 생각지도 않았습니다만, 누군가를 그리워하는 사람의 혼은 역시 정말로 자신의 몸에서 떨어져 나와 이다지도 헤매게 되는 군요.

아무쪼록 나의 흐트러져 있는 혼이 나의 몸으로 돌아가 있도록 해 주십시오."

그 소리는 확실히 아오이노우에의 입에서 나오고 있었으나, 그 목소리와 말투는 아오이노우에가 아니라 틀림없이 로쿠조미야스의 목소리였다. 놀란 히카루겐지는 빙령에게 재차 그 이름을 묻자 틀림없이 그것은 로코조미야스의 '생령'이었다. 정체가 탄로난 로코조미야스의 '생령'도 '영매'에 옮겨지고 차츰 조복되어 돌아가 버렸다.

『겐지 이야기』는 픽션이지만 이러한 의례가 실세계에 있었던 '요괴퇴치' 방식이었던 것이다.

아오이노우에에게 집요하게 씌어 있었던 로쿠조미야스의 '생령'
은 로쿠조미야스 자신이 아오이노우에를 증오하여, 그녀에게 재액
이 생기기를 바라며 저주하려고 빙의한 것이 아니었다. 예의 '우차
자리 다툼' 사건 이래로 로쿠조미야스는 자기의 불운을 한탄하는
나날을 보내고 있었다. 그렇다고는 해도 결코 아오이노우에를 미
워한 일은 없었다. 그러나 인간의 혼(생령)은 자신의 의지와는 상관
없이 자신의 몸과 유리될 수도 있다는 것을 알고 있었다. 자신의
몸으로부터 혼이 빠져 나가서, 아오이노우에를 괴롭히러 가 있다
는 것을 어렴풋이 느끼고 있었다. 이것은 잠시 졸고 있을 때, 아오
이노우에인 듯한 여인에게 놀림감이 되고 있는 자신의 모습을 꿈
꾸었기 때문이다. 그리고 정신을 차리고 보니 자신의 기모노에는
'모노노케' 조복을 위해서 태우는 호마의 향기가 배어 있었다. 그
것을 보면, 자신의 혼이 자기도 모르는 사이에 아오이노우에에 옮
겨 붙어서 괴롭히다가, 기도로 쫓겨났다는 것을 실감하지 않을 수
없었다.

자신의 몸에 머물고 있지만 자신의 의지로 제어할 수 없는 '생
령'이 저도 모르는 사이에 남에게 씌어서 그 사람을 병들게 한다
는 관념이 일본 각지에 널리 퍼져 있었다. 문화인류학자 요시다
데이코吉田禎吾는 고치현 U부락을 조사하여 다음과 같은 사례를 소
개하고 있다.

고치현 U부락의 P씨 옆에 N부인이 살고 있었다. N부인의 집에는
연달아 불행한 일이 벌어졌다. 남편은 요절하고, 맹인인 딸이 3명
있었지만 모두 죽어버렸다. 시어머니도 맹인이어서 시중들기가 매
우 힘들었다. 경제적으로도 어려워져 전답도 팔았고 택지도 팔지
않을 수 없게 되었다. P씨는 그것을 사들여 은거할 집과 헛간을 세

웠다. 나중에 P씨의 아내가 부인병이 낫지 않아 역술가에게 물어보니 "인간의 생령이 씌어 있다."라고 하였다. 이때 P씨가 곧 떠올린 것은 이 N부인이었다. P씨는 "유달리 넓은 토지를 차지해버린 것은 아니었지만, 막상 집을 짓고 보니 N부인은 자신이 팔아버린 토지가 아깝게 여겨졌던 것이다."라고 말했다.[65]

이 촌락의 '생령'도 본인이 모르는 사이에 남에게 빙의한다고 여겨지고 있다. 내가 조사하고 있는 고치현의 모노베촌에서도 '생령 빙의'에 의한 병이 많다. 이 지방에서는 원인불명의 병이 나면 '무엇인가에 당한 것은 아닐까'라는 의문을 품는다. '당한다는 것'은 대별해서 '지벌'과 '저주'가 있다. 이것은 왕조시대의 '가미노케'와 '모노노케'에 상당하는 것으로, 후자의 '저주'는 인간의 사악한 마음에서 유래하는 병 전체를 뜻하고 있다. '저주'의 정체를 알기 위해서 기도사를 고용하며, 기도사는 점을 쳐서 병의 정체를 규명한다. '저주'의 정체로서 가장 많은 것은 '생령'과 '저주의 조복' 혹은 '이누가미'나 '사루가미' 등의 '빙의물'(동물의 영)이다.

이 지방에서도 '생령'은 본인이 일부러 주문을 외우거나, 자신의 '생령'을 남에게 씌워서 괴롭혀주고 싶다고 생각하지 않더라도 멋대로 사람에게 빙의한다고 생각하고 있기 때문에 마을사람 사이에 트러블이 생기면, '저주를 받을 지도 모른다'고 두려워했다. 이는 그러한 트러블에 의한 원한이나 미움이 생기면, 그 사람에 대한 좋지 못한 감정이 '생령'을 발동시켜 본인도 모르는 사이에 미움의 대상에게 빙의된다고 여기기 때문이다. 싸움, 토지다툼, 혼담의 원한, 이러한 것이 자주 '저주'가 되고, '생령 빙의'를 생기게 한다는 것이다.[66]

65 吉田禎吾, 『日本の憑きもの』(中公新書, 1972).
66 小松和彦, 『憑靈信仰論』(講談社學術文庫, 1994).

일본의 요괴학 연구

<그림 27> 비참하게 죽은 개의 사령(死靈)이 이누가미(犬神)가 된다고 한다.

또, 민속학에서 말하는 '빙물'(동물의 영)을 제사 지내며 기르고 있는 집안 식구가 앞에서 말한 것 같은 원한이나 질투심을 품었을 때, 본인자신은 증오의 대상에게 빙의했으면 좋겠다고 바라지 않아도 주인의 기분을 멋대로 헤아린 동물의 영이 남에게 빙의하여 괴롭힌다고 믿었다. 즉, 동물의 영을 기른다고 여겨지는 집안사람이 빙의현상의 원흉이라고 생각되는 경우, '저주 조복'과 같은 모양의 빙령(사술)과 여기에 말한 '생령'과 같은 모양의 빙령(요술) 등두 가지로 해석할 수 있다는 것이다.

여기에서 주의하지 않으면 안 되는 것은 '생령 빙의'이거나, '동물령의 빙의'이거나, 그러한 빙령현상은 먼저 개인에게 재액 특히 병이라는 형태로 나타난다. 그 원인으로서 영의 빙의가 아닌가 생각하게 되고, 그 영을 발동시킨 동기는 그 영의 소유자가 지닌 원한이라든가 질투 등의 사악한 감정이라고 여기는 것이다. 반대쪽에서 보면, 원한을 사고 있는 자나 시기당하는 자는 항상 빙의당할 위험을 안고 있는 셈이다. 또 어떤 특정한 사람을 원망하거나 시기할 때, 사람은 자기도 모르는 사이에 그 특정한 사람에게 빙의하거나, 자신 집의 동물령이 빙의할 가능성을 지니게 된다. 여기에서도 재액의 궁극적인 원인이 되는 우리들 인간의 마음 속에 있는 사악한 것, 원한, 질투 등을 발견하게 된다.

사람들은 누구나 생령을 가지고 있다. 게다가 그 생령은 본인이 자각하지 않은 상태에서 사악한 생각을 함에 따라서 남에게 재액을 초래한다는 사상은 매우 두려운 사상이다. 사람은 누구나 민속사회에 있어서 갑자기 범죄자가 될 가능성 혹은 '마'가 될 가능성을 지니고 있기 때문이다.

그리고 이러한 '마'로 전락하지 않는 최선의 방법은 될수록 남을 원망하거나, 시기하지 않는 것이다. 또한 재액이 들지 않도록 하는 최선의 방법은 남에게 원망을 사거나 시기의 대상이 되지 않도록 하는 일이다.

'빙의되는 집안' 두 가지

재액 가운데 병의 원인으로 간주되는 '생령 빙의'와 '동물령 빙의'를 비교했을 때, 두 가지는 본인이 자각하지 않은 상태에서 남에게 빙의한다는 공통점과 더불어 양자 간에는 결정적인 차이가 드러난다. 다시 말해서 '생령 빙의'가 '생령'이라는 말로 나타나는 것처럼, 인간이라면 누구나 가지고 있는 즉 인간에게 내재하는 영에서 빙의의 원인을 찾는 것과 달리, '동물령 빙의'는 인간에게 내재하는 감정에서 원인을 찾으면서도 빙의하는 영은 인간에 외재하는 영으로 파악하려는 사고가 엿보이기 때문이다. 게다가 민속사회에서는 '생령'은 뚜렷한 형상을 가지지 않지만, '동물령'의 경우, 상당히 확실하게 형상화가 이루어지고 있는 것이다.

지금까지 단편적으로 언급해 온 '빙물'이란 과연 어떤 것일까. 민속학에서는 특정한 집안에서 대대로 기르고 있다고 여겨지는 동물의 영이 남에게 빙의한다는 특징을 가지고 있기 때문에, 그 동물의 영을 '빙물'이라고 부른다. 나 자신은 빙의하는 영 모두가 어떤 의미에서 '빙의하는 것'이므로 혼돈되기 쉬운 개념을 사용함에 대하여 의문을 가지고 있지만, 여기에서는 우선 위와 같이 민속학적 의미로 '빙물'이라는 용어를 쓰기로 한다.

관동지방의 '오사키'는 쥐와 족제비의 잡종과 같은 것, 생쥐보다는 약간 크다고 여기며, 색은 흰색과 검정 얼룩, 등자나무, 차, 재, 차와 재의 혼색 등이라는 설이 있다. 머리로부터 꼬리까지 검은 줄 하나가 있다든가, 등에 흰 줄이 있다든가, 꼬리가 찢어 갈라졌다고도 한다. 또, 일반인들의 눈에는 보이지 않는다고 하며, 산속이나 강변 등에 때때로 무리를 지어 나타난다고 한다. 그러나 그 무리는 어디서부터인지 모습을 나타냈다가, 순간적으로 어디론가 사라져 자취를 감추어버린다. 주목되는 것은 낮에는 거의 출몰하지 않고, 드물지만 사람 앞에 모습을 나타내는 시간은 황혼무렵이라고 한다. 야나기타가 말하는 낮과 밤의 경계 시간인 '황혼무렵'이란 '마를 만나는 시각逢魔時'이었던 것이다.[67] 이 '오사키'도 일반적으로 그러한 시각에 모습을 나타내었다고 한다. '오사키가 들어와 있는 집안'이란 이러한 신비적 동물을 기르고 있다고 여겨지던 집안이다.

[67] 柳田國男,「妖怪談義」,『定本柳田國男集』 第4卷(筑摩書房, 1968).

68 『梅翁隨筆(『日本隨筆大成』
제2기 11)』(吉川弘文館, 1974).

1789년부터 1801년 사이에 간행된 저자불명의 수필집 『바이오
수필梅翁隨筆』에 이 '오사키'에 대하여 다음과 같이 묘사되어 있다.

조슈(上州)지방의 오사키라는 짐승이 사람에게 씌었다. 이 집의
혈통을 잇는 사람은 무슨 일이 있어도 오사키에게서 벗어날 수 없었
다. 이런 집안은 인연을 끊을 집이라 한다. 결혼 등 가연을 맺는 일
에는 신중하게 했다. 이런 집안은 아니라 해도 그 집 물건을 자기
집으로 가지고 가면 곧 오사키가 깃들게 된다고 한다. 밥을 매일 대
접하면 해를 끼치지 않지만 조금이라도 소홀히 하면 어김없이 물어
뜯는다. 혹시 화를 내게 하면 여러 가지로 복수를 하다가 마침내 그
사람의 뱃속에 들어가서 결국 잡아먹고 만다고 한다. 그런 이야기
가 전해지기 때문에 그런 집안을 매우 두려워하게 된다.[68]

이 '오사키' 신앙의 특징을 정리해 보면, 다음과 같다.

(1) 쥐 크기 정도의 소동물로 여우의 일종으로 여겨진다. (2) 보
통 때는 사람에게 보이지 않는다. (3) 비교적 유복한 집을 '오사키
가 씌었다'고 여긴다. (4) 오사키는 밤에 활동하고, 주인의 뜻을 따
라서 혹은 스스로 헤아려서 주인이 증오하는 자의 집에 가서 그 집
의 누에를 죽여버리거나 누에고치를 빼앗거나, 농작물을 시들게 하
거나 한다. 주인이 유리하도록 생사의 분양을 속이거나 훔쳐 오기
도 한다. (5) 다른 집안 식구에게 씌어 내장을 다 먹어 치우고 죽인
다. (6) 제사가 충분하면 재액을 일으키지 않지만, 불충분하면 주위
의 집은 물론 주인도 괴롭힌다. (7) 오사키가 빙의한 집안과의 혼인
은 꺼린다. 결혼으로 혈통이 이어지면 없던 집안에도 '오사키가 빙
의한다'고 하기 때문이다. (8) 오사키가 빙의하여 병이 났을 때는 슈

겐자나 불교 일연종(日蓮宗) 나카야마파(中山派)의 스님이나 신관 등을 고용해서 기도를 하여 쫓아내어 버렸다.

이 특징은 '구타', '닌코', '도뵤', '이누가미' 등의 동물령이나 그것을 기르고 있는 집안에 대해서도 같다.

그러나 '도뵤'와 '이누가미'의 경우, 민속학자들의 보고를 보면 그것을 제사 지내고 있기 때문에 그 집안이 부유해진다는 속성이 다소 약화된 것같이 생각된다. 이러한 차이가 무엇 때문인지 확실하지 않지만, '구다'나 '오사키' 등이 '구다키쓰네', '오사키키쓰네'라고 말하는 것처럼 이나리稲荷 신앙과 습합된 것과 달리, '이누가미'나 '도뵤'의 경우에는 그런 성격이 없다는 점이 주목된다. 게다가 '이누가미'나 '도뵤'에 관한 기록이 '구다'나 '오사키'보다도 오래 전부터 나타난 것을 보면 '이누가미'나 '도뵤'가 보다 오래전부터 있었던 것이라고 생각된다. 제사를 지내면 부귀해지고 무엇이든 마음대로 할 수 있다는 특징을 가지는 '빙물'은 이나리신앙의 침투와 관련지어 생각해야 한다.

참고로 '도뵤'란 어떤 것인지에 대한 기사가 1815년에 간행된 우에노 다다치카上野忠親(1684~1755)의 『설창야화雪窓夜話』에 실려 있다.

비젠(備前, 오카야마현 동남부)지방의 도뵤에 관한 일. 어떤 사람이 말하기를 이것은 여우가 아니다. 담뱃대 물부리 정도 크기의 작은 뱀, 길이는 7, 8치에 지나지 않는다. 이것이 집집마다 한두 마리씩 있는 마을이 있다. 이것은 그 집에서 좋아해서 기르는 것이 아니다. 마음속으로는 성가시다고 생각하여도 선조 대대로 길러왔기 때문에 이제와서 그 집에서 쫓아낼 수 없어서, 자손 대대로 이어가고 있을 뿐이다. 이것도 이누가미와 같이, 남과 싸우거나 같은 자리에

69 佐伯元吉編, 『雪窓夜話抄
(『因伯叢書』 제3책)』(名著出版,
1972).

앉게 되거나 함께 길을 가게 된 사람이 언짢은 얼굴을 하거나 주인
의 물건을 탐내거나 하면 그 집안에 있던 뱀신이 곧 주인의 마음을
알아차리고 상대방을 찾아가서 몸에 들어간다. 본인의 눈에도 주변
사람의 눈에도 보이지 않으며, 가죽과 살 사이에 들어가 병이 들어
고통스럽게 한다. 혹시 병든 사람이 그 원인을 알고 뱀신의 주인을
찾아가서 화해하면 곧 병든 사람의 몸에서 나오기 때문에 낫게 된
다. 이런 것을 모르고 화해하지 않으면 병으로 더 큰 고통을 겪게
된다. 뱀신을 기르는 사람도 그렇게까지 깊이 생각하지 않았는데
이와 같은 일이 벌어지면 성가시다고 생각하지만 스스로 뱀신을 쫓
아낼 수는 없다. 그 뱀신을 죽인다 해도 다시 찾아와 빙의하기 때문
이다. 이 뱀신은 본인에게 원한이 있을 때는 곧 본인의 가죽과 살
사이에 들어가서 죽여버리기 때문에 뱀신이 빙의한 사람은 이를 받
들어 모시기를 신을 모시듯이 한다.[69]

'이누가미'에 관한 전승도 거의 같다. 남에게 재액이 들게 하지
도 않고, 제사를 충분히 지내면 그 집이 번성해진다고 여기는 여우
계통의 '빙물'과는 사정이 다르다. 이것을 제사 지내며 잘 기르고
있는 까닭은 원래 그런 집에서 태어났으며 제대로 제사 지내지 않
으면 주위에 화를 초래할 뿐만 아니라 그 동물의 영을 버리고 떠
날 수도 없다고 여겨 부득이 제사를 계속한다는 것이 이 계통의
동물령이 '빙의된 집안'이다.

야나기타를 비롯한 많은 민속학자가 지적하듯이, 이러한 집안을
생각할 경우, 나라시시대에 유행했다는 '고도蠱道'신앙과의 관계를
무시할 수 없다.

이미 말한 바와 같이 '고독蠱毒'에는 다양한 종류가 있었던 모
양이다.

'고독'은 각종의 동물을 하나의 용기 안에 가두어 넣고, 서로 잡아먹게 하여, 최후까지 살아남은 것을 사술(저주 등)에 썼다고 한다. 최후까지 살아남은 것이 뱀이면 '뱀고', 고양이면 '고양이고', '고양이 오니'라고 하게 되는 셈이다.

일본의 경우 일본에 살고 있는 동물에 대한 관찰의 결과이거나 오래 전부터 전해지는 신앙 등이 반영된 것이다. 여우, 뱀, 개 등의 3가지 동물이 '고독'의 사술에 쓰인 동물로서 압도적인 위치를 차지하며, 이외에 원숭이, 고양이, 너구리 등이 쓰인 집안의 예는 얼마 되지 않는다. '고독'과 '빙물'과의 관계는 이미 근세에 널리 의식되고 있었다. 당시의 서적에는 중국의 '고독'에 비슷한 것으로서 '빙물'을 설명하거나, 또 '개고', '뱀고', '여우고'라는 표현을 쓰고 있다. 예를 들면, 에도시대 중기부터 메이지시대에 걸쳐서 다니카와 고토스가谷川士清가 편찬한 사전인『일본식 한자발음안내서和訓栞』에는 다음과 같이 기록되었다.

이누가미라는 말이 시코쿠(四国)에 있다. 사람을 심하게 해친다. 견고(犬蠱)라 하며…… 운슈에 여우고(狐蠱)가 있다. 여우가 씌면 열병이 들고 미치게 된다. 또한 시코쿠에 뱀고를 다루는 사람이 있다. 이런 사람을 헤비모치라 한다. 이시미 등지에서 이것을 흙으로 만든 병에 넣기도 한다. 이누가미와 함께 사술에 쓰기도 한다. 이런 사람들과는 그곳 사람들도 혼인하지 않는다. 비젠과 비고지방에 고양이신, 원숭이신 등이 있는데 여우신과 같다.…… 신슈 이요지방도 이와 같다. 조슈 미나미모쿠의 오사키도 이와 같은 종류이다.[70]

이렇게 '빙물'을 '고독'의 종류라고 생각하는 사람들은 오래전부터 있었지만, 과연 고대 일본의 '고독'의 이용 방법과 '빙물'의 이

70 『增補語林倭訓栞上』(近藤出版部, 1898).

용 방법이 일치하는지에 대하여 비교해볼 사료가 없으므로 확실하게 단정할 수 없다. 그러나 '고독'을 범죄로 여긴 것으로 미루어보아 '고' 즉 독毒을 남에게 해를 가하거나 재액을 초래하기 위해서 이용한 것임에는 틀림없다.

그렇다면 '고'의 독이란 과연 어떤 것인가.

중국에서는 '고'로 제조한 주술약 즉 독을 적의 우물이나 음식물에 섞어 해를 가할 수 있다는 관념이 있었다. 일본의 '빙물'이란 동물의 혼백을 적에게 빙의시켜서 병이 들게 하는 것이라는 관념에 근거하고 있기 때문에, 고대 일본의 '고독'도 그와 같은 것일지도 모른다. 다시 말해서 주금사들은 병의 원인을 '고'의 영이 체내에 침입한 것, 즉 빙령憑靈이라고 해석하고 그러한 '고독'을 예방하거나 제거하는 업무를 담당하고 있었던 모양이다. 그리고 이와 같은 병의 원인의 설명체계 가운데는 '고독'은 어떻게 해서 생기는 것인가, 또는 어떻게 제조하는가에 대한 대답도 포함되어 있었다고 생각된다. 뿐만 아니라 이미 인용한 『토양연악지』의 '이누가미'를 만드는 법을 살펴보면, '고'의 혼백을 뜻대로 조작하려면 많은 '고'를 죽여서 가공할 필요가 있었을 것이다. 그렇다 하더라도 이러한 '고독'에서 원류를 찾을 수 있는 '빙물'신앙의 전통을 바탕으로 '빙의되는 집안'이 형성된 시기는 언제쯤이었던가. 유감스럽게도 민속학은 이 점에 관해서 충분히 해명해주지 않는다. 많은 민속학자는 집안 즉 가문家門이 형성된 시기를 근세 중·후기라고 보고 있다. 다시 말해서 '빙의되는 집안'의 대다수가 갑자기 부자가 된 집안이라는 점에 주목하고, 그들에 대한 주위 사람들의 질투, 선망, 악감정이 개입되고, 나아가 경제의 법칙을 이해할 수 없는 사람들에 있어서 급격하게 부를 얻은 사람들의 모습은 신비하게 비쳤을 것이고, 그러한 신비감이 '빙의되는 집안'을 형성하게 했다는 것이다.

그러나, 하야미 야스타가速水保孝 등이 주장한 것처럼[71] 옛날 어느 '빙의되는 집안'은 늦어도 근세 전기에 이미 형성되어 있었던 것으로 생각된다. 예를 들면, 도사土佐의 『야마우치 집안의 사료山內家史料』로 보이는 1672년 3월 12일 제출서류에는 "우리 집안은 대대로 이누가미를 모시고 있습니다. 부친 구로에몬九郎衛門이 최근에 이누가미를 멋대로 남에게 씌게 하였습니다. 여러분에게 면목이 없습니다. 매우 송구스럽습니다."라고 하였다. '이누가미가 씬 집안'이었던 것을 알 수 있다. 게다가 "우리 집안은 대대로 이누가미를 모시고 있습니다."라고 하여 이미 수대에 걸쳐 이누가미를 모시고 있는 집안이었다. 그렇다면 전국시대의 동란이 끝나고, 에도막부가 열려서 촌락사회가 안정기에 들어간 근세 초두에 가문이 이미 형성되어 있었다는 것이 된다. 「『이누가미』 단속문서」(1473년)에 '이누가미를 쓰는 무리'가 있었다는 기록을 통하여 추측해 보면, 이보다 앞서 중세 말기에 이미 가문이 형성되어 있었을 가능성도 충분히 짐작할 수 있다.

근세후기의 '빙의되는 집안' 즉 '오사키키쓰네'와 같은 '－여우' 계통이 '빙의되는 집안'은 이와 같이 예부터 '이누가미'와 같은 '－신'계통의 '빙의되는 집안'에 관한 신앙을 바탕으로 형성된 새로운 형식의 '빙의되는 집안'이다. 그러한 신앙이 한 가문의 흥망성쇠와 깊이 결부되는 까닭은 무엇인가. 이는 근세에 서민들 사이에 크게 유행되던 상업과 농업을 관장하는 이나리신稻荷神 즉 여우신에 대한 신앙과의 결합이나 당시의 촌락내의 경제구조의 변동에 그 원인이 있었다고 생각된다.

71 速水保孝, 『出雲の迷信』(學生社, 1976).

4. 외법[72]을 쓰는 사람 - 민간의 종교자

종교자의 양의성

일본의 사회에는 수많은 '요괴'나 '마'가 활동하고 있었다. '생령', '사령', '저주', '빙물' 혹은 이계에 사는 덴구나 흙거미, 애꾸눈 괴물 등의 많은 요괴들. 이런 '요괴'나 '마'에 공격당하지 않도록 사람들은 매일 그 나름대로 노력을 기울이고 있지만, '요괴'들은 사람들이 조그마한 빈틈이라도 보이면 곧 덤벼든다. 바꾸어 말하면 일상생활에는 끊임없이 작고 큰 병이나 죽음, 흉작, 가뭄, 큰비와 같은 재액이 생기고 있으므로, 그 재액의 원인을 설명하기 위하여 사람들은 '요괴'나 '마'를 필요로 했다고 할 수도 있다. 극단적으로 말하면 사람들이 그러한 무서운 존재를 만들어 내고 있었다고 할 수 있다.

그러면 만약 사람들이 '요괴'나 '마'에 습격당했을 때, 누가 그러한 '마'를 제거해 주는 것일까. 피해자 자신이 '마'나 '요괴'를

72 역주 : 외법(外法)이란 외도라고도 하며, 불법(佛法) 이외의 법으로 다길니법(茶吉尼法)과 같다. 다길니는 야차귀의 한 가지로 신통력이 있는 일종의 귀신인데, 그의 법을 성취하면 신통력을 얻는다 하여 인도에서 외도(外道)로 흔히 이 법을 닦는다. 육 개월 전에 사람이 죽을 것을 알고 그 사람의 심장을 도려내어 먹는다고 한다. 재액을 일으키는 존재, 악령·악마라는 뜻도 있다. 반대는 애법(愛法)이라고 한다.

제사 지내거나, 주력이 있는 도구로 쫓아버리거나 하는 경우도 있었다. 그러나 일본에서는 일반인과 영적 존재를 중개하기도 하고 영령적 존재를 조작할 수 있는 특수한 능력을 가진 사람들이 존재하고 있었다. 이미 다룬 바 있는 주금사도 전약료의 관리였던 점으로 보아, 본래는 '엽매厭魅' 즉, 주술을 써서 상대방을 죽이는 저주나 '고독'의 피해자를 구하는 역할을 하고 있었던 것이었다. 또 '모노노케'가 씌인 아오이노우에로부터 '모노노케'를 퇴치하는 것도 밀교계의 기도사인 '슈겐자'였다. 자작나무로 만든 활의 활시위를 퉁기며 신내림을 받아 점을 치는 무당들도 그러한 역할을 담당하고 있었을 것이다. 헤이안시대에 가장 영험이 있다고 여기던 종교자인 음양사 또한 재액을 쫓아내주는 종교자였다.

오늘날에도 전국각지에 이러한 역할을 하는 사람들이 존재하고 있으며, 그 대부분은 무당이나 슈겐자, 수도자, 음양사, 행자行者[73]거나 그 영향을 받은 사람들이다. 그들은 모두 사람들에게 생기는 재액의 원인을 찾아내고, 악의 장본인이 누구인지를 밝혀 준다. 나아가 그 재액을 제거하고 악령들을 퇴치하고 진무하기도 하고 쫓아버리는 기능을 갖춘 바람직한 역할을 하는 인물이다. 그러나 한편, 일반인이 소유하지 못한 특별한 지식·기술이나 신비로운 힘이나 존재에 유래하는 능력을 가지고 있기 때문에, 이상한 인간이자 일반인에게 있어서는 '이인'이며 '요괴'에 가까운 존재가 되었다. 뿐만 아니라, 그들은 저주를 담당하고, 남에게 재액을 일으키는 무서운 능력도 겸비하고 있다고 여겨지는 경우가 많다. 이 놀랄만한 가능성은 그들이 사술이나 요술에 이기기 위해서는 적의 신비한 능력이나 존재에 대해서 꿰뚫어 알고 있어야 하며, 또 같은 주술력을 지니고 있기 때문에 적과 싸우거나 적이 내뿜는 재액을 피할 수 있다는 인식에 근거하고 있다.

73 역주 : 불도를 수행하는 사람, 수행자.

이러한 종교자의 이중성·양의성은 단지 그들의 초능력에 관한 일반인의 인식에 머물지 않았다. 그들 자신도 자기들이 일반사람들과는 다르다는 점을 깊이 자각하고, 더욱 그것을 강조하며 강화시켜 왔다. 그들의 대부분은 마을의 주변에 살고 있었지만 더러는 마을에서 마을로 떠돌아다니는 유랑민이기도 하다.

이러한 '이인'으로서 종교자는 민속사회에 있어서는 두려워해야 할 '마'를, 즉 오니의 부류를 조작하는 능력을 가지고 있는 사람들이라는 형태로 이미지화되어 있었다. 실제로 그들은 사회의 '어둠'의 영역에 있으며, 그러한 '마'를 조작하는 능력을 지니고 점을 치거나 재액을 쫓아내었다. 때로는 의뢰를 받아 제3자에게 저주를 걸기도 하였던 것이다.

음양사와 시키가미

'요괴'나 '마'를 조작하는 종교자인 주술사에 대한 제도는 헤이안시대에 이미 형성되어 있었다. 그리고 그 가운데에서도 가장 중요한 종교자는 '시키가미式神'를 조종하는 음양사이며, 불법을 지키는 귀신인 '호법護法'을 부리는 종교자는 기도승(슈겐자·수도자)이었다.

음양사란 음양오행사상에 근거해서 점이나 제례를 집행하는 종교자로서 율령체제하에 있어서는 정부내의 음양료陰陽寮라는 관청을 중심으로 다양한 제례의 교육과 연구를 행하고 있는 사람을 일컫는다.[74] 대륙으로부터 이 사상이 수입된 당초에는 과학·기술적 측면이 강했지만, 점차로 주술적 색채가 강화되고, 왕조시대에는 귀신을 조종하여 저주를 걸거나 하는 등의 무서운 존재로 간주되

74 음양도에 관하여는 村山修釛, 『日本陰陽道史總說』(塙書房, 1981) 등 참조.

기에 이르렀던 것이다. 이런 배경에는 나라시대에 폐지된 주금도 呪禁道 사상이 음양도에 흡수되었던 사실과 관계된 것 같다.

음양사의 직무능력에 대하여 자세한 기술로는 11세기 중기에 후지와라 아키히라藤原明衡가 기록한 『신사루가쿠기新猿樂記』[75]가 있다. 이것은 수도에서 유행한 가면극인 사루가쿠와 그 구경꾼에 대해서 기록한 것으로 음양사는 한 노인 가족 가운데 10번째 딸의 남편으로 설정되어 있다.

10번째 딸의 남편은 음양선생 가모노 미치요(賀茂道世)이다. 음양도의 경전인 금궤경(金匱經)·추기경(樞機經)·신구영할(神樞靈轄) 등 모르는 것이 없었다. 사과(四科), 삼전(三伝) 등을 환히 알고 있으며, 가려진 것도 점을 쳐서 눈에 보이는 것처럼 맞추었다. 모노노케(物怪)를 꿰뚫어보기는 손바닥을 들여다보는 것처럼 잘 알았다. 12신장(神將)을 진퇴시키고, 36금(禽)[76]을 움직인다. 시키가미를 써

75 역주 : 예능에 관한 기록으로, 당시에 유행하던 유랑예인의 공연물인 사루가쿠(猿樂)의 종류를 소개하며 예인을 평하고, 이어서 한 관중의 가족을 소개하는 형식으로 당시의 유녀, 씨름꾼, 학자, 의사, 승려 등의 인물을 등장시켜 세태를 묘사하였다.

76 역주 : 하루를 12시간으로 나누어 각각 12짐승을 배치시키고, 각 짐승의 좌우에 속수(屬獸)를 딸려 합계 36조수(鳥獸)가 되게 한 것으로, 오행에서 점을 칠 때 쓴다. 불교에서는 각 시간마다 출현하여 수행자를 번뇌하게 한다는 짐승이다.

서 부적을 만들고, 귀신의 눈을 뜨게도 하고 감기게도 하며, 남녀의 혼을 들어오게도 혹은 나가게도 한다. 잘 살펴보면 반폐법(反閉法)[77]을 완전히 터득하였으며, 제사를 지내거나 부정을 쫓는 영험이 있다. 지신을 달래고 사죄하며 저주를 거는 데도 능숙하다. 음양도의 대스승인 기비(吉備)의 주법을 전수받은 사람이다. 뿐만 아니라 역법, 천문도, 숙요(宿耀), 지판경(地判經) 등에도 통달했다. 그리하여 모습은 의젓한 사람이지만 마음은 귀신과 상통하였다. 몸은 이 세상에 살고 있지만 혼은 천지를 자유로이 왕래하였다.[78]

음양사는 가려지거나 숨겨둔 것도 점을 쳐서 그 물건이 무엇인지 알아맞추며, '모노노케'의 정체를 간파하며, 12신장神將[79]이나 36금禽을 움직이고, '시키가미'를 조종하고, 부법符法[80]을 써서 귀신의 눈을 뜻대로 개폐하고, 남자나 여자의 혼백을 자유롭게 출입시킬 수 있다는 것이다. 아무튼 매우 무서운 존재이다. 실로 몸은 인간의 모습을 하고 있지만, 그 능력은 신이나 귀신에 가깝고 이 세상에 있지만 마음은 천지의 것이라는 평가에 수긍이 간다.

이러한 음양사의 직무 능력 가운데서도 특히 비법에 속하는 것이 '시키가미'에 관한 것이었던 모양이다. 가모가賀茂家와 더불어 양대 음양가를 자칭한 아베노 세이메이安倍晴明는 어떤 설화에서, "시키가미의 조작은 음양도가 하는 매우 중요한 기능이다."라고 말하고 있다. 이는 '시키가미'를 이용해서 사람을 죽일 수도 있기 때문이었다.

'시키가미'를 조작해서 저주했다는 이야기는 예를 들어 『우지슈이 이야기』 「세이메이가 구로도藏人[81]의 소장少將[82]을 가둔 이야기」에 나타난다.

77 역주 : 귀인이 외출할 때, 사귀를 억누르고 안태를 기원하기 위한 음양도의 비법으로, 음양사가 땅을 밟으며 주문을 외워 지신을 위로하는 방식으로 진행한다.
78 『新猿樂記』, 山岸德平・竹內理三・家永三郎・大曾根章介 교주, 『日本思想大系8 - 古代政治社會思想』(岩波書店, 1979).
79 역주 : 음양도에서 점을 칠 때 쓰는 점반(占盤)을 수호한다. 12방위에 배치된 신격(神格)
80 역주 : 귀신을 퇴치하기 위한 부적사용법.
81 역주 : 천황을 가까이서 모시며 명을 전달하며 의식을 진행하는 등 궁중의 크고 작은 사무를 담당하는 관청인 구로도도코로(藏人所)의 관리.
82 역주 : 궁궐의 경호와 의식을 담당하던 무관의 부서인 좌우근위부의 차관으로 중장의 아래 직위.

어느 고관이 궁궐에 들어가는 것을 지켜보고 있었던 세이메이는 아주 젊고 기량이 뛰어난 구로도의 소장이 수레에서 내려 궁중으로 향하는 모습을 발견했다. 이때 소장 위에 까마귀가 날아와서 똥을 싸버렸다. 이것을 보고 "저렇게 아직 나이도 젊은데 시키가미가 씌어버린 것 같구나. 저 까마귀는 틀림없이 시키가미이다."라고 생각했다. 가엾게 생각한 세이메이가 이것을 소장에게 말해주자 그는 놀라 떨면서 세이메이에게 구원을 요청했다. 그리하여 세이메이는 그의 집에 가서 그에게 몸을 굳건하게 하는 주술을 쓰고, 밤새도록 기도를 했다. 새벽녘이 되어서 문을 두드리는 소리가 나므로, 사람을 시켜서 문 두드리던 심부름꾼의 이야기를 들으니 다음과 같이 말했다. 이 소장의

〈그림 29〉 여러 가지 직업 가운데 한 가지로 인식되던 음양사

처남 가운데 구로도의 오위(五位)인 남자가 있으며, 같은 집에 살고 있었지만 모두가 소장만 칭찬하므로, 소장을 증오하여 음양사를 고용해서 그를 저주하여 죽이려고 한 것이었다. 이 심부름꾼은 음양사의 명령을 받고 세이메이가 있는 곳을 찾아온 것이다. 음양사는 자신의 '시키가미'를 소장에게 씌게 하여 주술로 죽이려 하였던 것이다. 그러나 세이메이에게 간파되어서 그의 시키가미는 되돌아왔고, 반대로 세이메이가 보낸 시키가미에 맞아서 빈사 상태에 있다고 전하는 것이었다. 그리하여 이 심부름꾼을 앞세워 그 음양사를 찾아가 보았더니, 음양사는 이미 죽어 있었다. 그로부터 얼마 안 되어 구로도의 오위도 집에서 쫓겨나버렸다고 한다.[83]

83 渡辺綱也・西尾光一 교주, 『日本古典文學大系 27 - 宇治拾遺物語』(岩波書店, 1960).

84 역주 : 중세에 성립된 군기
물(軍記物)로 다이라노 기요모
리(平淸盛)의 영화를 중심으로
겐씨(源氏)와 헤이씨(平氏)의
흥망성쇠를 많은 일화를 들어
상세히 서술하였다.
85 역주 : 다리 부근에 서서
왕래하는 사람의 말을 듣고 그
에 따라 길흉을 알아내는 점.
86 『源平盛衰記上』(有朋堂文
庫, 1917).

이러한 음양사의 저주나 시키가미, 혹은 점괘의 영험에 관한 설화나 기사는 당시의 문헌에 많이 실려 있다. 당시의 설화 등으로부터 알 수 있는 음양사가 부리는 '시키가미'의 속성은 대략 다음과 같은 것이다.

(1) '시키가미'는 음양사가 저주를 걸거나 저주를 떨어내기 위하여 부리는 사역령使役靈 즉 음양사가 부리는 마魔였다. 이것은 앞의 이야기로 이해할 수 있을 것이다.

(2) 『겐페이源平 성쇠기』[84] 「중궁의 출산」에 "이치조모도리바시一條戻橋라는 다리에 관한 이야기가 있다. 옛날 세이메이가 천문의 이치를 깨달아 12신장을 부렸는데 그 아내가 12신장의 모습을 두려워하기에 주술로 12신장을 다리 밑에 머물게 하였다가 필요할 때만 불러다 썼다. 그리하여 세이메이가 다리점[橋占][85]을 칠 때면 반드시 신장들이 사람의 입에 옮겨 붙어 선악을 일러주었다."[86]라고 하듯이 '시키가미'는 평소에는 다리 밑 남의 눈에 띄지 않는 곳에 숨겨두었다가, 필요할 때에 불러내어 조작하여 다양한 영험을 발휘하게 한 것 같다.

(3) '시키가미'를 이용해서 다양한 점을 쳤던 것 같다. 『겐페이 성쇠기』를 보면 신내림을 받는 인물을 설정하여 그에게 '시키가미'를 씌게 하여 그의 입을 통해서 길흉·선악을 말하게 하였다.

(4) '시키가미'의 빙의는 (2)와 (3)의 경우에서는 바람직한 신탁의 형태를 취하고 있다. 그러나 저주하기 위해서 적에게 '시키가미'를 빙의시키기도 했다. 위에서 소개한 『우지 슈이 이야기』의 설화와 같은 경우가 그러하며, "시키가미에 맞는다."라고 하는 것은 벼락을 맞은 것 같은 느낌으로 이해하고 있었던 것 같다.

(5) 주술로 사람을 죽이는 주살呪殺이나 예언, 점 등으로 이용할 수 있을 뿐만 아니라 신변의 자질구레한 일을 시키기도 했던 모양이다. 『금석 이야기』 등의 기사를 보면 세이메이의 저택에서는 사람이 없는데도 덧문이 움직이거나 문을 여닫는 신비로운 일이 일어났다고 한다. 이것은 아마 '시키가미'의 활동에 의한 것이리라.

(6) '시키가미'는 음양도에서는 12신장이나 36금에 비유하거나, 귀신의 부류로 비유할 수 있지만 그 정체는 명확하지 않다. 사람의 눈에는 보이지 않는다고 하면서도 음양사 앞에 새나 인간의 모습으로 나타나고 있다. 특별히 인간의 모습을 할 때는 동자의 형태로 나타난다는 점은 흥미롭다. 『금석 이야기』 권20 제19화에 세이메이를 시험해 보려고 나타난 노음양사인 법사는 두 동자 즉 '시키가미'를 데리고 나타났다. 그 의도를 간파한 세이메이가 반대로 기술을 걸어서 동자를 숨겨버렸다는 이야기가 있다. 또한 『읍부동명왕 연기 두루마리 그림[泣不動緣起繪卷]』에는 환자를 고치려 기도하고 있는 세이메이의 후방에 귀신과 같은 모습의 '시키가미'인 듯한 존재가 그려져 있다. 이것이 가장 오래 된 시키가미의 그림이다.

슈겐자와 호법

불교계통의 기도승도 이것과 거의 같은 속성을 가지는 사역령 즉 기도승이 부리는 마가 있었다. 그것은 '호법'이라고 불리며 때로는 '호법동자護法童子'라고도 불린다. 이것은 '호법'을 동자의 모습으로 이미지하는 일이 많았던 때문이다. 그러나 모든 '호법'이 항상 동자 모습을 취하는 것은 아니다.[87]

87 「護法童子」에 관하여는 和多昭夫, 「護法童子」, 『密教文化』第104號(高野山大學 密教文化研究會, 1973) 참조.

확실히 기도승이 이용하는 '호법'과 음양사가 이용하는 '시키가 미'는 많은 점에서 일치한다. 그러나 전자가 밀교 사상을 바탕으로 만들어진 것에 대하여, 후자는 음양도 사상 안에서 형성되었다는 것과 각각 강조하는 면이 다르다고 생각된다. 많은 문헌에 나타나 는 '호법'과 '시키가미'를 비교해 보면, '호법'은 슈겐자들이 숭배 하는 부동명왕이나 비사문천 등에 딸려 있는 하급 권속신으로서 위치한다. 그것을 슈겐자들이 조작함으로써, '모노노케'에 씐 사람 에게서 '모노노케'를 퇴출시킨다는 면이나, 그 '호법'으로 잔심부 름을 시켰다는 측면이 강조되어 있다. 이에 대하여 '시키가미'의 경우, '모노노케'에 씐 자를 구해내기 위해서 '시키가미'를 이용한 다는 것은 상대방에게 자신의 '시키가미'를 파견하여 주술로 죽여 버린다는 것을 의미한다. 즉, '시키가미'가 보다 어두운 이미지를 수반하고 있다고 생각된다.

'호법'이 등장하는 전형적인 상황은 환자를 치료하기 위한 기도 의 경우이다. '모노노케'에 씌인 자에게서 '모노노케'를 일단 다른 것에 옮겨 붙게 한 뒤에 다시 완전히 퇴치하기 위하여 슈겐자는 '호법'의 힘을 빌린다. '호법'이 일단 환자에게 옮겨 들어가서 이 미 자리잡고 있는 악령을 쫓아버리지 않는 한 환자는 낫지 않는다 고 생각했던 것이다.

『마쿠라노소오시』 제25단에는 슈겐자가 '호법'을 이용해서 '모 노노케' 때문에 병든 사람을 치료하려는 이야기가 있다. 그러나 이 경우는 영험이 없어 병을 고치지 못하여, 작자인 세이쇼나곤에게 '어처구니 없는 일'이라는 평을 받는다.

슈겐자가 모노노케를 항복시킨다고 하여, 자신만만하게 방울과 염주를 모노노케가 옮겨 붙은 사람에게 들고 있도록 한 채로 매미소리처럼 요란하게 독경을 하지만 아무런 효과도 없었다. 모노노케가 옮겨 붙은 사람에게 호법동자도 씌지 않자, 집안사람이 모두 모여 염불을 하였다. 사람들이 이상하다고 생각하는 가운데 이미 많은 시간이 지났고, 2시간이나 염불을 계속했기 때문에 피곤해졌다. 슈겐자는 "전혀 효험이 없구나. 자 일어서라"라고 하며 염주를 받아 놓더니 "아아, 아무런 효험이 없구나."라고 하며 손으로 이마를 쓸어 올리며 하품을 하다가 옆으로 기대어 잠들어 버렸다.[88]

슈겐자 즉 기도승이 조작하는 '호법'이 환자의 체내에 들어가서, '모노노케'와 싸우는 장면을 환자의 꿈이라는 형식을 통해서 그려내고 있는 것은 『우지 슈이 이야기』의 「고쿠라쿠사極樂寺 스님의 인왕경仁王經 영험」 부분이다.

고쿠라쿠사는 호리카와의 태정대신 후지와라 모토쓰네(藤原基経)가 세운 절이다. 그 모토쓰네가 중병에 걸렸다. 여러 가지 기도를 했지만 조금도 낫지 않는다. 유명한 슈겐자 가운데 기도하러 가지 않는 자가 없을 정도인데도 웬일인지 고쿠라쿠사의 스님에게는 기도하러 오라는 명령이 내리지 않았다. 이때 고쿠라쿠사의 스님이 "이 절이 잘 유지되고 있는 것은 모토쓰네님의 덕분이다. 부름이 없더라도 스스로 찾아가서 기도해 드리지 않으면 안 된다."라고 생각하여, 인왕경을 독경하기 위하여 저택에 찾아갔다. 그리고 중문의 북쪽 복도 구석에 웅크리고 앉아서, 아무도 거드는 사람이 없었지만 열심히 독경하였다. 4시간 정도 지났을 때, 이 스님은 모토쓰네에게 불리었다. 모토쓰네를 뵈오니 매우 건강해보였다. 모토쓰네는 왜 고쿠라쿠사의 스님을 불렀는지를 다음과 같이 이야기했다. 자다가 꿈을 꾸었다. 그 꿈에서 무서운 모양을 한 오니들이 내 몸을 여

88 『枕草子』; 池田龜鑑・岸上愼二・秋山虔 교주, 『日本古典文學大系19-枕草子　紫式部日記』(岩波書店, 1958).

기저기 때리면서 다그치고 있었다. 그때 총각상투를 튼 동자가 가
늘고 긴 지팡이를 가지고, 중문 쪽에서 들어오며, 그 지팡이로 오니
들을 쫓아내니 오니들이 모두 도망쳐서 달아나버렸다. 그래서 그
동자에게 "너는 누구인가?"라고 물었더니, "고쿠라쿠사의 어떤 스님
이 모토쓰네님께서 이렇게 앓고 있는 것을 안타깝게 생각하여, 오
랜 세월 모시며 읽던 인왕경을 오늘 아침부터 중문 옆에서 삼가 열
심히 읽고 있습니다. 그 스님의 호법인 내가 이렇게 해서 모토쓰네
님을 괴롭히던 요괴들을 쫓아버렸습니다."라고 대답했다. 이 말을
듣고 꿈에서 깨어 기분이 좋아졌으므로, 이런 사실을 말하고 싶어
서 이 스님을 부른 것이다.[89]

이 설화에서는 '호법'을 동자로, '모노노케'를 오니鬼로 설정하
고 있다. 당시 사람들은 환자의 몸속에 생긴 병을 이렇게 생각하
고 있었던 셈이다.

'호법'은 동자로서 묘사되는 경우가 많지만, 엔노교자役行者[90]의
전귀前鬼・후귀後鬼와 같이 오니의 부류로서 설정되기도 한다. 『시
기산 연기信貴山緣起』에 등장하는 '검의 호법'에 필적하는 또 하나
의 호법, 즉 화분을 날리는 '하늘화분호법空鉢護法'의 정체를 뱀이
라고 생각하였던 것과 같이 '호법'을 동물의 영으로 여기는 경우도
있었다. 예를 들면, 『아사마산 연기朝熊山緣起』에 등장하는 '적정동
자赤精童子'는 일명 '우보동자雨寶童子'라고도 하고, 곰의 머리에 뱀
의 옷을 입고 고보대사弘法大師 앞에 나타났다고도 한다. 이 동자는
아사마산을 지키는 호법이었다.[91] 즉 '호법'도 '시키가미'도 원래
는 난폭한 정령이지만 그것을 종교자가 주력으로 제어하고 있었던
것이다.

89 渡辺綱也・西尾光一 교주,
『日本古典文學大系27 - 宇治
拾遺物語』(岩波書店, 1960).
90 역주 : 나라시대의 산악에
서 수행하여 영험을 얻은 주술
사로 슈겐자의 시조. 전설적인
요소가 많은 인물로, 모함을
받아 유배당하였다. 귀신을 부
려 가사를 돌보게 하였다고 한
다. 산악불교가 있는 산에는
엔노교자의 전설이 남아 있다.
엔노오쓰노(役小角)라고도 한
다.
91 이점에 관한 상세한 기술
은 阿部泰郎, 「空鉢譚の世界」,
『どるめん』 第18號(JICC出版
局, 1978)을 참조.

외법신

'호법'이나 '시키가미'는 슈겐도나 음양도의 비사秘事와 관련되는 신령의 총칭이었다. 헤이안 말기부터 가마쿠라 초기의 동란기에는 기도사나 제례를 행하는 슈겐자나 음양사들은 귀족이나 무사를 비롯한 많은 사람들에게 자기들의 법력이 뛰어나다는 것을 과시하는 한편, 많은 신비로운 법술이나 제식祭式을 만들어내어 사람들 사이에 침투해 갔다. 현세의 이익을 추구하는 민중, 애니미즘적인 세계관을 기조로 하는 민중·민속 사회에 침투하기 위해서는 거기에 부응하는 신앙으로 개편하거나 새로운 내용을 만들어낼 필요가 있었음에 틀림없다. 또한 슈겐도와 음양도의 습합도 종교자들의 손에 의하여 서서히 진행되었던 것 같다.

〈그림 30〉 농경신의 사자역할을 하는 여우

농경신이었던 이나리신이 언제부터인가 여우와 결부되고, 나아가 밀교계·슈겐도 계통의 '다길니천荼吉尼天'과 결부된 것은 그 하나의 사례이다. 즉 민중 사이에 침투된 '호법'은 여우 등의 동물령으로 변화된 것이다. '시키가미'도 또 동물의 영으로 변화되어 갔던 모양이다. 나아가 중세에 두드러지게 나타난 것은 종교자가 동물령을 제사지내며 조종할 뿐만 아니라, 일반인들이 종교자가 말하는 제사나 수호신신앙을 적극적으로 받아들여 자신들도 이들을 제사지냈다는 점이다. '외법' 혹은 '외도'라고 하며 이른바 사교·사술이라고 여겨지는 것이라 해도, 자신에게 이익이 된다고 생각하면 적극적으로 제사를 지내는 사람들이 많았던 시대였다.

92 역주 : 변재천은 음악, 말재주, 재복 등을 관장하는 여신, 묘음천(妙音天), 선음천(善音天)이라고도 한다.

93 역주 : 대흑천은 밀교에서 자재천의 화신으로 불교의 수호신. 전투신, 분노신, 주방의 신으로 여긴다. 나중에 복신으로 전화되었다.

94 역주 : 이즈나는 산 이름인데, 이 산에서 상상의 작은 여우를 기도사가 대롱 속에 넣어 가지고 다니다가 꺼내서 주술을 터득하였기에 산 이름을 따서 주술의 명칭으로 삼았다.

95 石塚尊俊, 『日本の憑きもの』(未來社, 1959).

'다길니천법', '변재천법辯才天法',92 '대흑천법大黑天法',93 '이즈나의 법飯綱の法',94 '아타고의 법愛宕の法' 등 이런 종류의 수많은 법술이 중세에 유행했다. 그리고 그 대부분은 근세에 들어서 외법적인 색채가 엷어지며 복신福神으로 전환되어 일반인에게 신앙의 대상이 되었다.95

중세에 유행한 이러한 신앙 가운데서도 특히 여우신앙과 결부된 '다길니천법'이 크게 유행하였다. 『겐페이 성쇠기』 권1 「기요모리淸盛 큰 위덕의 법을 행하다」에는 기요모리가 아직 젊었을 때, 렌다이노蓮臺野에서 큰 여우를 몰아세워, 바야흐로 활로 쏘려고 하자 문득 그 여우가 여자로 변했다. 기요모리가 "너는 누구인가?"라고 물었더니 "나는 74도의 왕이다."라고 대답했다. "그렇다면 귀호천왕貴狐天王인가?"라고 말에서 내려서 인사를 하려 하자, 여자는 다시 여우로 변하여 울며 사라졌다. 여기에서 기요모리는 "내가 재물이 궁하니, 거친 신[荒神]을 달래서 재물을 얻으려면 변재묘음辯才妙音보다 좋은 것은 없다. 지금 귀호천왕의 묘음은 그 한 가지이다. 그렇다면 나야 말로 타천陀天의 법을 성취할 수 있는 사람이다."고 생각하여 그 법을 행했다. 그러나 "사실, 외법으로 성취한 사람의 복은 자손에게까지 이어지지 않는다."고 반성하였다고 한다.

『고금저문집古今著聞集』 권6 「관현가무」에 보이는 '지소쿠인知足院이 승려 다이켄보大權坊로 하여금 다길니의 법을 행하도록 한 일, 복천신福天神의 일'은 다길니와 여우와 호법과의 관련을 잘 설명해 주는 설화이다.

지소쿠인 후지와라 다다사네(藤原忠眞)는 무언가 소망하는 바가 있어서, 다이켄보라는 스님에게 다길니의 법을 행하도록 했다. 7일째에 절의 도장에 여우가 한 마리 들어와 공양물을 마구 먹고 있었다. 기도의 마지막 날 낮에 지소쿠인이 꿈을 꾸었다. 아름다운 아내가 머리맡을 지나갔는데, 너무도 아름다운 나머지 긴 머리채를 움켜쥐고 멈추게 하자, 여자는 지소쿠인의 손에 머리카락을 남겨둔 채 사라져 버렸다. 이때 잠이 깼다. 그러자 이상하게도 그 손에는 여우의 꼬리가 쥐어져 있었다. 다이켄보를 불러서 물어 보았더니, "소원을 성취하신 증거입니다. 소원이 이것으로 이루어지실 것입니다."라고 대답했다. 과연 다음 날 경사스러운 소식이 있었다. 그리하여 여우의 꼬리를 깨끗한 상자에 담아서 깊숙이 보관했다. 그 뒤 묘음원(妙音院)의 호법님에게 바쳤다. 이것이 오늘 복천신의 기원이다.[96]

'다길니천'이나 '대흑천'은 원래 불법에 적대하는 야차野叉 즉 '마'에 상당하는 것으로, 인간의 피를 마시고, 고기를 먹는 흡혈귀·식인귀의 부류였다. 이렇게 무서운 '마'를 법력으로 굴복시켜 기대하는 목적을 성취시키려고 했던 것이 차츰 그 '마성'을 잃고 마침내 복신福神으로 전화되게 한 것이다. 그러나 바람직하지 못한 주술이라는 이미지는 근세까지도 여전히 남아있었던 것 같다. 특별히 종교자들이 수호신, 심부름을 담당하는 마로 삼은 '호법'에는 '마'적인 이미지가 강하게 남아있었다.[97]

'시키가미'가 중세에는 어떻게 변질되었는지 아직 충분히 밝혀지지 않았다. '시키가미'와 '숙신宿神'(예능자의 신)을 같은 것으로 보는 설이나 '떠돌이 예능인'이나 '갓파' 등으로 변질되었다는 설 등이 있지만, 금후 심층적 검토를 요하는 과제이다.

'시키가미'와 관련하여 생각할 수 있는 것은 '고독蠱毒'이다. 에도 중기의 국학자 야마오카 마쓰아키山岡浚明의 『유취명물고類聚名物考』의 시키가미의 조에 "이것은 사람의 혼백을 요술로 다스리는

96 永積安明 島田勇雄 교주, 『日本古典文學大系84 - 古今著聞集』(岩波書店, 1966).
97 中山太郎, 『日本巫女史』(八木書店, 1969). 「荼吉尼夫」에 관하여는 최근에 왕법과 불법의 관계를 중심으로 연구가 크게 발전하였다. 예를 들면 田中貴子, 『「外法」と「愛法」の中世』(砂子屋書店, 1993) 등을 참조.

98 『類聚名物考』(近藤活版所, 1904).
99 역주 : 남북조시대(1180~ 1333)의 역사 이야기책으로, 작자가 어느 절에 참배하러 갔다가 노파를 만나 들은 이야기를 적은 형식으로, 궁중생활 특히 행사와 문화적 생활 등 비사까지 기록한 것이 특징이다.

것이다. 음양가에게 그 기술이 전해지고 있다. 중고시대에 많이 있었다. 서쪽 지방의 책에 실려 있다. 촉루신髑髏神이라고도 한다. 흔히 외법이라고도 한다."98라 하였다. 음양사들은 시키가미의 형상을 촉루, 즉 해골에서 찾으려 했던 것 같다. 이미 『신사루가쿠기』의 기사를 인용하여 음양사가 남녀의 혼백을 뜻대로 드나들게 했던 사람이었던 것을 알 수 있지만 그것도 '시키가미'와 관련된 것일지도 모른다. 시코쿠나 그 주변에서 믿던 '이누가미'도 또한 개의 목을 쳐서 떨어뜨려 그 혼백을 자유자재로 조작한다는 것이었다. 특별히 고치현은 음양도 계통의 신앙이 강하게 남아 있는 곳이었으므로, '이누가미'의 전승도 음양사들과 깊이 결부되었다고 생각된다. 오늘날 우리들이 도사土佐지방에서 들은 '이누가미'를 만드는 방법도 『토양연악지』에 기록된 바와 큰 차이가 없다. 그러나 내가 모노베촌에서 들은 이야기로는 개의 머리를 베어 떨어뜨린 뒤, 그 머리를 건조시켜 미이라처럼 만든 뒤에, 작아진 두개골이나 가죽 등을 자루에 넣어서 숨겨 가지고 있다가 그 개의 혼백을 조작하며 점이나 저주 등에 쓰는 자가 있다고 한다. 특별히 고치현 모노베촌의 이자나기류의 종교자들은 '시키式' 또는 '시키오지式王子'라고 하는 여러 가지 영을 조작해서 주술을 행하고 있다. 이 '시키'는 '시키가미'에 상당하는 것이다.

여기에서 생각해야 할 것은 『마스카가미增鏡』99(20권본)에 보이는 다음과 같은 기사이다. 당시의 태정대신 사이온지킨스케西園寺公相가 죽자, 장례식을 치르고 무덤에 묻었던 날 밤이다. "그날 밤 관에 넣어 모시던 시체의 머리를 베어 훔쳐가는 괴이한 일이 일어났다. 사이온지긴스케는 남달리 얼굴 아래 부분이 짧고 중간쯤에 눈이 있어서 외법을 행하는데 이런 머리통이 필요했기 때문이다. 훔쳐간 사람은 어떤 승려라고도 한다. 히가시야마東山 부근에서 붙잡았다는 말을 나중에 들었다." 사이온지의 머리통은 남다른 모양이었기 때문에 '외법두外法頭' 즉 주술도구로 좋겠다고 생각하여 어느 승려가 묘에서 훔쳐갔던 것이다. 과연 그 승려가 음양사였는지 알 수 없지만, '고독'이나 '시키가미'와 관련된 주술인 것은 틀림없는 것 같다.

1830년에 간행된 기타무라 노부요喜多村信節의 『희유소람嬉遊笑覽』 권8 「방술方術」에 인용되어 있는 『용궁선龍宮船』이라는 서적에는 인간의 외법두外法頭와 동물의 외법두가 실려 있다. 근세의 무당들도 이러한 것을 이용해서 점을 치고 있었던 것 같다.

우리 이웃집에 매년 소슈(上州)에서 무당이 왔는데, 왜 왔는지 물어보지도 못했다. 어느날 깜박 잊고 보자기를 두고 갔다. 열어보니 2치쯤 되는 상자에 한 치 5분 정도의 불상이 있었으나 무슨 불상인지 구별하기 어려웠다. 그밖에 고양이의 머리통같은 말라서 굳은 물건이 하나 있었다. 얼마 지나지 않아서 무당이 땀을 뻘뻘 흘리면서 달려와 보자기를 찾기에 곧 돌려주었다. 돌려주면서 이 불상은 무슨 부처냐고 물었더니 "이것은 우리 집안의 법술비밀이지만 보자기를 돌려준 보은으로 이야기하지요."라고 했다. 이것은 요즈음 같은 태평성대에는 있을 수 없는 일입니다. 이 불상도 나까지 6대째 전해지는 것입니다. 이 주법을 쓰려는 사람 여럿이 약속하여 이 법에 사용하기 위해 머리모양이 이상한 사람을 미리 보아두고, 약속해두었다가 그 사람이 죽기 직전에 목을 베어냅니다. 목은 사람의 왕래가 많은 길에 12달 동안 묻어두었다가, 꺼내서 두개골에 묻어 있는 흙을 털어내어 약속했던 사람 수만큼 불상을 빚어 놓고 두개골은 정성껏 제사지냅니다. 이 불상은 이런 이상한 사람의 신령으로서 이것을 가슴에 품고 다니면 모든 일을 환히 알 수 있게 됩니다

100 『嬉遊笑覽下』(名著刊行會, 1970).

라고 했다. 또 한 가지 짐승의 두개골에 대해서도 질문했지만, 말할 수 없는 사정이 있다고 하였다. 흔히 말하는 외법을 쓰는 사람이란 이런 사람을 말함인가.[100]

오늘날 민간에서 활동하고 있는 종교자들은 많든 적든 간에 슈겐도나 음양도의 영향을 받고 있다. '이누가미가 씐 사람'이라든가 '구다가 씐 사람'이라든가 '이즈나가 씐 사람'이라고 하는 사람들은 '호법' 혹은 '시키가미'의 후예로서 신령을 조종하는 사람들이라고 말할 수 있는 것이다. 그리고 그 사역령은 정당한 측면을 가지면서도, 어두운 측면을 안고 있는 '마'의 부류에 속하는 것이라고도 말할 수 있는 존재일 것이다.

야나기타는 이러한 동물령을 조작하는 종교자가 근세에 들어서자 각 촌락에 정착하게 되고 그 때문에 '빙의되는 집안'이 형성되었다고 했다. 즉, '빙의되는 집안'이란 종교자의 집안이라고 주장했지만, 반드시 그렇다고 단정할 수는 없다. 그러나 '이누가미 집안'이 근세 초기에 존재하고 있었던 점을 생각하면 상당히 타당한 견해라고도 생각된다.

어떻든 민간종교자는 이러한 '빙의되는 집안'의 동물령과 유사한 동물령을 조작하거나, 신비로운 신령을 조작하며 수호신으로 섬기고 있었다. 뿐만 아니라 그 신령은 사람들의 재액을 제거해주는 활동도 하였지만, 반대로 재액을 초래하기도 한다는 이중성·양의성을 띤 존재이기 때문에 이들은 '이인異人'이었다.

그들은 이러한 사회의 인식론에서 볼 때 주변적인 존재일 뿐만 아니라, 마을에서 떨어진 깊은 산속이나 강변, 다리 옆, 가두, 절과 신사, 묘지와 같은 공간이론적으로도 사회의 주변에 살고 있다는 점을 간과할 수 없다. 그러한 사회주변부의 저편에는 '요괴'나

'마'가 지배하는 이계, 즉 밤의 세계, 오니나 사자의 세계, 지옥의 왕이나 그 부하들의 세계가 펼쳐져 있기 때문이다.

　민간의 종교자들이 민속사회와 사람들에게 이인의 이미지, 무서운 '마'와 결부된 이미지를 가지게 되는 까닭은 지금까지 말해 온 것같이 그들이 귀신을 조종할 정도로 특이한 능력을 지닌다는 점 때문에, 그 배경에 있는 외도·외법의 세계, 나아가 '이계'와 깊이 관련되어 있다고 생각하였기 때문이다.

5. 이계 · 요괴 · 이인

이계란 무엇인가

'이계'란 사람들 '생활세계'의 저쪽편 세계이다. 그러면 민속사회에 있어서는 어떤 의미를 가진 영역일까. 그것은 다른 세계, 시간적이건 공간적이건 민속사회의 사람들이 태어나서 죽을 때까지 생활하는 일상생활의 장소와 시간의 바깥에 있는 모든 세계를 의미한다. 다시 말해서 시간적으로 말하자면, 출생 이전과 사후의 세계, 공간적으로는 촌락사회의 바깥에 펼쳐진 영역이 모두 이계라고 말할 수 있는 셈이다.

그러나 실제로는 이러한 2종류의 이계는 서로 관련되거나 중복되기도 한다. 예를 들면 서방의 저편에 있다는 정토는 사후에 선인善人이 가는 정토이다. 한편 이계란 관념의 세계에만 존재하는 것과 지상에 실제로 존재하는 공간으로서 표상되는 것이 있다. 즉 두 개의 타입이 있다. 전자는 황천국, 영원불멸국, 극락정토와 지옥, 니라이카나이[101]와 같은 이계이며, 이 세상에 살아 있는 동안에는 그곳과 왕래할 수 없으며, 살아 있는 육체로는 찾아가기 불가능한 세계이다. 민속사회 사람들은 대개 이러한 이계에 대하여 그다지 상상력을 발동시키지 않으며 이계에 대한 묘사는 지극히 드물다. 이와 달리 후자의 이계(지상의 이계)는 이 세상과 격리된 세계가 아니라 마음만 먹으면 갈 수도 있고, 볼 수도 있는 지상의 일정한 공간영역, 산이라든가 바다라든가 강, 호수와 늪, 마을에서 벗어난 경계, 가두 등의 공간이며, 민속사회 사람들의 코스몰로지의 가운데서도 지극히 중요한 의미를 지닌다. 이 점에 대해서는 이미 제1부에서 자세히 논한 바 있다.

관념적 이계는 이러한 지상적 이계를 투영함으로써 의미를 가지게 된다. 또 지상적 이계는 관념적 이계를 배후에 가짐으로써 존재하게 되는 것이다. 따라서 지상적 이계는 이 세상 가운데 있는 이계이자 이 세상과 관념적 이계를 중개하는 영역이라고 말할 수 있다. 예를 들면 교토의 주작문이나 이치조모도리다리는 궁궐의 안과 밖, 교토의 안과 밖을 구별하는 동시에 귀신 세계와의 경계였다. 즉, 지상적 이계는 이 세상의 주변부임과 동시에 관념적 이계의 주변부 혹은 출입구이기도 한 것이다.

이계와 요괴

'요괴'나 '마'가 사람들 앞에 드러나기도 하고 사라지기도 하는 것이 이러한 지상의 이계이며, 사람들이 '요괴'나 '마'를 만나는 곳도 이러한 이계인 경우가 많다. 단지, 사회의 주변부, 지상의 이계는 어느 정도 우리들이 생각하는 물리적 공간

101 역주 : 일본의 남단 아마미와 오키나와 지방에서 바다의 건너 저편에 있다고 믿는 낙원. 그곳으로부터 매년 신이 찾아오며 극진히 맞이하는 사람들에게 풍요를 안겨준다고 생각한다.

의 거리와 비례하지만 순수한 의미에서의 공간적 거리가 아니다. 그것은 민속사회 사람들의 인식의 다양한 위상에 따라서 변화된다.

예를 들면, 집의 내부를 살펴보면 일상생활을 영위하는 화롯가가 '이 세상' 즉 인간의 영역인 것에 대해서, 변소나 신을 모시는 방, 자시키, 창고, 곳간 등은 비일상적인 영역, 즉 '저 세상'이라는 경계로 파악된다. 그 결과 변소에 유령이 나타나거나, 자시키에 자시키와라시가 나오거나, 곳간에 구라봇코가 출몰하게 되는 것이다.

집의 내부에서 집의 안과 밖을 대립시켜 살펴보면, 집의 안쪽이 '이 세상'이며 집의 바깥쪽이 '이계'가 된다. 이러한 관념을 잘 표현한 말 가운데, 떨어진 낙숫물을 저승의 황천강물[賽の河原]이라고 하는 관용구가 있다. 산이나 들판으로부터 온다는 '아마노자쿠'[102]나 '애꾸눈 괴물'은 처마 밑까지 침입하여 집안을 엿보며 사람들이 무엇을 하는지 살핀다.

집의 안과 밖의 구별은 문의 안과 바깥으로 파악되기도 한다. 지방에 따라서는 그러한 경계에 '마'나 '요괴'의 침입을 막기 위한 목적으로 금줄을 치기도 한다.

또는 다리나 가두, 고개와 같은 곳에도 다리공주의 사당, 도소신, 지장과 같은 신이나 부처를 제사지내고 있는 것으로 알 수 있듯이 서로 잘 아는 사람들끼리 살고 있는 마을과 미지의 공간 즉 다른 지역과 경계로 삼는 장소에 '히다루신ひだる神'[103]이나 '7인 미사키七人みさき'[104]와 같은 원령이나 '우부메産女'[105]와 같은 여자요괴가 출몰한다고 여기고 있었다.

산이나 바다 혹은 강은 이러한 이계인식의 여러 위상 가운데서도 가장 고차원의 위상을 차지하고 있다. 산이나 바다나 강은 관

102 역주 : 민담에 나오는 심술꾼. 사람에게 대항하며 일을 방해한다.
103 역주 : 이키아이신(行合神)이라고도 하는데, 길가는 사람에게 씌어서 언덕이나 묘지에 이르면 갑자기 기력이 떨어지게 한다.
104 역주 : 중세에 도사지방에서 주군에게 간언을 하였다가, 모함을 받고 억울하게 죽은 부하 7명이 죽은 뒤에 배회하고 있다는 원혼들.
105 역주 : 아기를 낳다가 죽은 여자가 변하여 된 유령이며, 아기 울음소리를 내며 밤중에 날아다니며 아기들을 해친다고 한다.

넘상의 이계와 인간이 사는 현세와의 경계에 닿아 있으며, 물리적으로도 사람들과 멀리 사이가 떨어져 있기 때문에, 수많은 '요괴'나 '마'가 숨어 사는 공간이 될 수 있었다. 귀신, 덴구, 바다 스님, 갓파, 용, 바닷가의 여자, 그 밖의 동·식물이 나이를 먹고 요괴화한 것 등 그 종목이 매우 많다.

더욱 주의해야 할 것은 이러한 공간적인 영역은 낮과 밤의 대립·교대와도 결부되어 있다는 점이다. 다시 말해서, 낮에는 밝기 때문에 모습을 보여주지 않던 '요괴'가 밤이 되면 어둠을 틈타서 출몰하는 것이다. 낮에는 일상적 세계였던 공간이 밤이 되면 비일상적인 이계, 요괴공간으로 바뀌는 셈이다. 요컨대 민속사회의 '요괴'나 '마'는 현세와 이계의 중개지점에 출몰하거나, 서식하고 있다. 그리고 인간사회의 내부에서 생긴 인간이 변신한 '요괴'도 이러한 영역으로 떠나거나 추방당함으로써 '요괴'나 '마'로서 존속하게 된다. 천상계나 지하계, 지옥과 같은 이계에서 태어난 '요괴'나 '마'가 출현하는 곳도 이러한 장소이다.

아오모리현 시모키타반도下北半島에서 채집한 자장가에 "잘 자거라. 잘 자거라. 잘 자거라. 자지 않으면 산에서 모코가 내려온다. 모코가 잡아가면 어떻게 하지."라는 가사가 있다. 이런 동북지방 자장가의 예를 들면 "울면 산에서 모우코가 내려온다. 울면 마을로 귀신이 온다."는 것도 채집되어 있다. 여기에서 노래하고 있는 '모코'나 '모우코'는 야나기타가 정리한 '모', '모몬가－' 등과 같은 계통의 요괴의 총칭이며 정체를 모르는 요괴의 부류를 가리키고 있다. 아마, 고대의 '모노노케'라는 단어가 와전된 것이라고 생각된다. 그것은 산에서 내려와 우는 아이를 잡아먹는다고 협박하여, 울음을 그치고 잠들게 하려는 것이었다. 산의 이계성 즉 이계 공간성을 잘 이야기해주는 사례라고 할 수 있다.

　여기에서는 제1부에서 구체적으로 소개・검토한 시골의 경관이나 도시의 경관을 상기하면서, 거기에 출몰하는 요괴의 이미지를 그리는 것이 가장 좋을 것이다. 우리 선조와 함께 살고 있었던 요괴들의 세계는 그러한 세계이었던 것이다.

이계와 이인

　경계에 위치하는 공간영역으로서의 이계와 요괴의 관련성과 함께 고려할 것은 사람들이 생각하고 있는 코스몰로지에 있어서 인간의 카테고리이다. 그것은 자신을 중심으로 해서 동심원적인 세계상을 나타내고 있다. 야마구치 마사오山口昌男는 이 점을 다음과 같이 설명하고 있다.

　　중심이란 물론 원의 중심과 중복되는 '나'이다. 이 '나'는 '그'와는 구별되고, '우리들'에 대해서는 '그들'로 구별하며, '이 세계'에 대한 '저편의 세계'라는 방식으로 바깥이라고 의식하는 원의 둘레 및 그 저편의 부분에 세계의 이미지를 그린다. 그리고 이 원의 둘레 부분에 드러나는 '그들'을 타자로 인식하는 현상을 낳는다. 그러나 원의 둘레는 유동적이어서 확대되기도 하고 축소되기도 하기 때문에, '안'과 '밖'이라고 하는 관념은 결코 고정적인 것이 아니다.[106]

　야마구치가 말하는 민속사회 사람들의 우주이론에 있어서 인간분류는 동심원적이며 동시에 유동적이다. 상황에 따라서 '나, 우리들'과 '그, 그들', 혹은 '안에 있는 사람'과 '밖에 있는 사람'이 다

---

106 山口昌男, 『文化と兩義牲』 (岩波書店, 1975).

일본의 요괴학 연구

양하게 변화된다.

이 대립은 어떤 때는 하루야마노카스미오토코와 아키야마노시타비오토코, 이와나가히메와 고노하나사쿠야히메와 같이, 형제자매간의 대립으로 나타난다. 또 어떤 때는 『이소자키』의 후처 질투 살인이나 로쿠조미야스의 생령과 같이 한 남편을 둘러싼 아내들의 대립으로 나타난다. 이러한 대립은 집 내부의 인간관계에 있어서의 대립으로, 설화를 기술한 작가들은 전자를 '안에 있는 사람', 후자를 '밖에 있는 사람'이라고 파악하고 있다. 이는 밖에 있는 사람들은 사회의 질서·도덕을 범한 사악한 사람들이며, 요괴나 귀신으로 변한 사람으로서 취급하고 있기 때문이다. 이런 사례는 가족이나 친족의 내부에도 잠재적인 '타자'가 있다는 것을 암시하고 있다.

또한 이러한 '안'과 '밖'의 대립은 '남자'와 '여자'의 대립으로 나타나기도 한다. 남자는 공적인 장소에서 활동하고, 권력을 쥐고 있음에 대하여, 여자는 권력의 영역에서 배제되어서 사적인 영역에 갇혀 있다. 또 여자는 출산이라는 표상을 통해서 이계와 결부되고, 또 월경이라는 표상을 통해서 자연의 영역, 더러움의 관념과 결부시켜 왔다. 따라서 남자에게 지배되어 억압당하는 쪽의 여자는 남자와 비교하여 원념을 품기 쉬운 구조적 위치, '타자' 즉 요괴로 전화되기 쉬운 위치에 있다. 예를 들면 「도조지」의 기요히메나 『이소자키』의 전처, 『헤이케 이야기』 「겸의 권」의 다리공주와 같은 형상은 이러한 문화 가운데 여자가 지닌 잠재적인 '타자성他者性'을 말해주고 있는 것이다. 민속사회의 '요괴' 가운데 야마우바나 설녀, 바닷가의 여자, 우부메 등의 이미지가 남자의 이미지보다도 공포감이 강한 것도 그러한 '타자성'과 관계되는 것 같다. 또한, 남자의 '생령'보다도 여자의 '생령'쪽이, 또 남자가 사악한 감정에 의해 발동하는 '빙물'보다도 여자쪽이 많이 발생하며, 보다 심각하다는 사실도 이것을 이야기해 주고 있다.

나아가 '생활사회'라고 하는 위상의 내부에도 또한 특정한 '타자'가 상정되어 있다. 그것은 어떤 지역에서는 '빙의되는 집안'이 그런 취급을 받으며 어떤 지역에서는 피차별민, 민간종교자 혹은 외국인이 '타자'로 설정되기도 한다. 그러한 사람들은 집안에서 모시는 신이나 직업, 언어, 피부색의 차이 등을 들어 '타자'라고 차별하며 '밖에 있는 사람'으로 여긴다. 때로는 그러한 사람들을 오니의 자손이라고 여긴다든가, 인간에게 해를 끼치는 짐승을 제사지내는 사람들이라고 여기며 악의 화신으로 취급한다. 이런 생각은 공공연하게 드러나기도 하지만 뒤에서 남몰래 하기도 한다. 이렇게 단정하는 것은 사회권력의 중심에 있는 사람들이 사회권력의 주변에 있는 사람들에게 대하여만 각인하는 것은 아니다. 예를 들면 동북지방의 자시키와라시는 오래된 부자집에 살고 있으며 그것은 일반 사람들이 그들에 있어서의 '타자'라고 부여한 표시와 같은 것이다. 또 고치현 동부의 산간지대와 같이 여러 종류의 '빙의되는 집안'이 공존하는 사회에서는 각기 다른 '빙의되는 집안'에 대하여 서로 '타자의식'을 가지고 있다.

이러한 인간의 분류에 있어서 민속사회에서의 최대 관심은 민속사회 내부사람들과 외부사람들과의 대립이다. 사회의 바깥에 사는 사람들은 문자 그대로 '타자'이며, '타관 사람'이며 '이인'이다. 이러한 사람들이 다른 민속사회를 방문할 때, 민속사회의 사람들은 그 사람들을 선의 이미지거나 혹은 악의 이미지라는 식의 선택적 이미지, 혹은 양자가 뒤섞인 이미지로 파악한다. 그러한 사람들이

일본의 요괴학 연구

사회에 재액을 초래한다고 판단되었을 때, 그들을 '마'나 '요괴'와 동일시하는 셈이다. 예를 들면 야사부로라고 하는 흉적이 오니나 원령으로 변해간 것같이, '이인'에는 '마'나 '요괴'의 이미지가 부여되는 것이다. 무서운 병에 걸린 순례자, 무서운 주력을 지녔다고 하는 떠돌이 종교자, 이러한 사람들은 자주 '요괴'나 '마'로 간주되었던 것이다. 그것이 일본역사의 어두운 측면 중 하나를 구성하고 있었던 것이었다. 이러한 인간분류는 근대가 되면 일본인이라는 차원에서도 나타나고, '외인(외국인)'이라고 표현하는 '타자'도 등장하게 되었다.

질서 · 재액 · 이인(요괴)

'요괴'나 '마'를 만들어 내는 것은 인간 사회이다. 그것은 개인이 품은 불안이나 억압과도 관계되지만, 사회의 질서를 세우기 위한 공동환상으로서 만들어지기도 한다. 특히 후자의 경우, 민속사회의 질서가 파괴되었을 때, 그 혼란의 원인을 대신 짊어져주는 역할을 하였다.

사회질서의 혼란이나 다양한 재액의 원인을 사회 내부에서 요구할 때는 그 원인을 '저주'나 '빙의되는 집안' 혹은 '민간의 종교자' 등에서 찾았다. 한편, 사회의 외부에서 추구하는 경우도 있다. 그러한 경우에는 원령이나 유령, 오니나 큰 뱀과 변한 인간 등 인간에 기원을 둔 영 때문이라고 한다. 또는 이계에 사는 성격이 못된 신들의 지벌이나 오니 등 인간 이외의 존재에 기원을 둔 '요괴'의 탓으로 설명하기도 한다.

설명할 수 없는 것을 사회질서를 유지하기 위해서 그럴 듯하게 꾸며내어, 사악한 존재라고 뒤집어쓰임을 당한 사람으로서는 억울하기 짝이 없는 일이었다. "네가 나를 저주했기 때문에 병이 났다."라고 하거나, "너희 집 이누가미가 우리 작물을 망쳤다."라고 대어들 때, 그런 저주를 한 일도 없고 이누가미를 보낸 기억이 없는 사람들은 크게 놀라고 분개하게 된다. 또한 그런 일을 당한 사람들로서는 그런 사회에 사는 것이 큰 슬픔이었을 것이다.

그러나 인간이 모든 사람들과 같은 정도로 교제하고, 같은 역사적 상황, 사회환경 가운데서 태어나고, 그리고 사랑이나 미움의 감정이 없어지지 않는 한, 인간관계·사회관계나 역사적 흐름, 사회 상황의 차이 때문에, 혹은 감정에 휩싸여, '나'와 '타자', '우리들'과 '그들'이라는 구별을 만들어 내고, 나아가 그 구별은 '선'과 '악'이라는 개념으로 확대되기도 하는 한 그런 일을 피할 수는 없다. 그것이 오늘날 인간사회의 실상인 것이다.

생리적 불안이 사람들에게 '요괴'를 보이게 하는 경우도 있다. 뿐만 아니라 사회에 원한을 품고 있는 사람들이 있을 것이라는 신념이 또한 '요괴'를 만들어 낸다. 따라서 그러한 신념을 품고 있는 사람들에게 재액이 생겼을 때, 그 원인을 '우리들'에게 원한을 품고 있는 '요괴' 혹은 그것과 깊은 관계를 가지는 '그들'에게서 찾게 되는 경우가 있다. '그들'은 공동환상의 내부에 있어서는 명백하게 '요괴'이다. 그러나 정말로 문제가 되는 것은 '마'나 '요괴'를 필요로 하고 있는 '우리들'이 아니겠는가.

그리고 그런 물음에 대하여 요괴나 악마의 문제는 원망·미움·질투와 같은 인간 마음의 문제로 바꾸어 생각할 수 있을 것이다. 첫머리에서 '요괴'를 논하는 것은 고대부터 현대에 이르는 일본인의 삶의 태도에 관련되는 문제라고 말한 것은 이러한 의미 때문이

었다. 요괴연구란 인간의 마음에 대한 연구이며, 인간사회에 대한
연구라고 해야 할 것이다.

요괴와 현대문화

근대 과학문명의 발달·확산과 함께 인간세계에서 요괴는 소멸되는 듯했다. 많은 사람들이 그렇게 생각하고 있고, 실제 이전시대부터 존재하던 요괴들은 멸망해 갔다. 밤이 주는 깊은 '어둠'의 소멸은 그곳을 거처로 삼던 요괴들에게 결정적 타격을 준 것임에 틀림없다. 확실히 현대 밤의 도쿄에서, 밤의 헤이안 교토를 활보하던 백귀百鬼들의 행진을 본 사람은 없다. 도쿄의 한복판에서 에도시대에 마을사람들을 속이던 여우에게 속았다는 말을 들은 적이 없다. 그런 의미에서 귀신이나 요괴 그리고 이 책에서 소개한 현실세계에 출현한다고 여겨지던 많은 요괴들도 사라져버렸다. 그렇지만 이 책에서도 말한 바와 같이, 대단히 흥미로운 것은 현대에도 요괴들은 계속 살아 있고 또한 새롭게 태어나고 있다는 것이다.

이 책에서 되풀이하여 말한 바와 같이 요괴문화에는 현실세계에 출몰한다고 이야기되는 수준에서의 요괴와 유명·무명의 작자들의 상상력에 의해 창작된 픽션 수준에서의 요괴가 있다.

근대 과학문명의 발달·확산과 함께 소멸되었다고 하던 요괴가 현대의 대도회에도 출몰하는 것은 무슨 까닭인가. 요괴의 온상이라고 간주되던 '어둠'이 도회에서는 사라졌다고 하는데도 어째서 요괴는 발생할 수 있는 것일까. 이 책을 마무리하는 지금 그 대답은 명확하다. 현대사회에도 요괴를 상상하는 능력을 지닌 사람들이 많이 있기 때문이다. 요괴는 인간과 표리表裏의 관계에 있다. 인간이 없으면 요괴는 존재할 수 없다. 따라서 깊은 산속의 과소지역에서 요괴가 대부분 소멸해버린 이유의 하나는 요괴문화를 유지하는데 아주 중요한 요소인 인간이 없어졌기 때문이다. 게다가 이전부터 전해온 요괴들의 서식처인 '어둠'이나 '자연'이 인간에 의해 제압되어버리고 말았다. 이 때문에 인간의 능력을 초월하는 '큰 힘'으로 상징되는 요괴로서의 자격을 잃어버린 것도 이전 시대의 요괴를 쇠퇴시킨 원인이었다.

그렇지만 많은 사람들이 살고 있는 도시는 요괴의 발생조건을 충분히 갖추고 있다. 문제는 과학이 요괴의 존재를 '미신'이라고 부정하며, 가정이나 학교, 매스컴 등을 통해서 미신임을 가르치는 데도 불구하고, 요괴를 상상하며 그것을 현실세계에 출몰시키는 사람들, 즉 요괴라는 존재를 통해서 무엇인가를 표현하고자 하는 사람들이 있다는 것이다. 과학적 정신을 가진 사람들의 대부분은 과학문명의 침투와 함께 그러한 '미신'을 믿는 사람은 차츰 줄어들 것이라고 생각하였다. 그러나 실제는 그렇지 않았다. 미야타나 쓰네미쓰가 지적한 바와 같이, 젊은 여성이나 아이들이 현대의 도시공간 안에 요괴를 계속해서 만들어 내고 있었던 것이다.

과학적·합리적 정신을 몸에 익혀서 일상생활을 영위하는 것이 바람직한 인간이라고 생각하는 사람, 즉 요괴나 미신을 믿지 않는 사람들이 보면, 젊은 여성의 정신은 아직 '원시적'이고 '주술적', '비합리적' 단계에 있다고 하게 되고, 아이들도 일정한 시기는 그러한 단계에 있는 것이라고 생각할지도 모른다. 그러나 인간을 행복하게 해줄 줄 알았던 근대의 과학문명·합리주의가 정점에까지 도달했다는 현대에도 많은 사람들이 일상생활에서 고통과 정신적 피로를 느낀다. 또 인간이 미래에 대해 막연한 '불안'을 품고 있다는 것을 생각하면, '원시적'이라든가 '주술적'이라든가 '미신'이라는 레테르(label)를 붙여서 배제해 왔던 것이야말로 인간정신에 정말로 필요한 것들이라고 한다. 그렇게 본다면 요괴를 등장시키는 젊은 여성이나 아이들의 정신활동이 인간다움과 마음의 풍요를 가져다준다고 할 수도 있다. 적어도 획일화되어버린 물질문명 가운데서 요괴의 이름을 빌려서 상상력을 부풀어 오르게 하는 그들의 생활이야말로 나로서는 매우 인간적인 것이라고 생각된다.

그렇다고 하더라도 어째서 그들(제삼자처럼 말했지만, 이 가운데에는 나를 비롯한 노인이나 청년, 장년 남자들도 포함)은 '요괴'를 이야기하고 싶어하는 것일까. 실제로 그들이 '요괴'만을 이야기하고 있는 것은 아니다. 텔레비전이나 잡지, 신문 등의 매스미디어가 발신하는 정보를 수신하면서, 그것을 이용한 '이야기(잡담)'를 만들어내고 서로 이야기도 나눈다. "아무개씨의 집에는 칼도 도마도 없다."라든가, "아무개와 아무개는 불륜관계인 듯하다."라든가 "배우 아무개가 아무개와 결혼할 모양이다."라는 등의 이야기를 서로 나누는 것으로 인간관계를 유지하고 있다. 또한 그 가운데에 "텔레비전 연속극의 『사자에산』[1]의 마지막 회는 사자에산의 가족이 하와이여행을 하고 돌아오는 길에 비행기가 바다에 추락한다. 사자에산은 소라로, 가다랭이군은 가다랭이로, 미역이는 미역이 되어서 각자의 이름대로 변신하여 원래대로 돌아간다."라고 그럴듯한 농담같은 이야기가 만들어진다. 그런 우스개 가운데 한 가지로 '실제로 있었던

1 역주 : 만화와 텔레비전 프로그램으로 가족의 이름이 소라, 가다랭이, 미역, 명태, 바닷가의 물결, 배 등 바다와 관련되게 지었고, 평범한 가정의 일상생활을 유머러스하게 그리며 50여 년간 대중적인 사랑을 받고 있다. 사자에산은 소라라는 뜻으로 주인공의 이름이다.

일본의 요괴학 연구

이야기'처럼 '요괴이야기'도 만들어지는 것이다.

그렇다고 해도 왜 그 가운데에 '요괴'이야기가 포함되는 것일까. 그것도 결코 드문 이야기가 아니다. 오히려 자주 입에 오르는 이야기의 하나이다. 크게 나누어 그 이유는 두 가지로 생각할 수 있다. 하나는 사람들은 '불가사의'를 추구하고 있다는 것이다. '불가사의'는 다른 한편으로는 과학의 진보를 촉진시킨다. 묘지에서 도깨비불이 나온다고 하는 것은 무슨 까닭인가라는 물음으로부터 과학은 진보한다. 첫 번째 이유는 '불가사의'는 그것과는 달리 상상력의 나래를 펴게 한다. 상상력이 만들어 낸 또 하나의 세계 즉 '이계'로 사람들을 유혹하는 것이다.

두 번째 이유는 현대인의 마음속에 '불안'이나 '공포심' 즉 '어둠'이 존재하고 있기 때문이다. 그 '어둠'이 '요괴'로 형상화되고 이야기라는 형태로 사회에 퍼져나가는 것이다. 본래 요괴가 서식하는 곳은 인간 마음의 '내부'이다. 인간의 마음속에서 태어난 요괴가 그 외의 세계로 내몰렸을 때, 그들이 서식할 수 있었던 곳은 외계에 있는 '어둠'이었던 것이다. 그 '어둠'은 밤의 칠흑 같은 어둠이자, 인간의 지배력이 미치지 않는 '자연'이었다. 그러나 그러한 밤의 어둠도, 자연도 소멸되었기 때문에 마음의 '외부' 즉 현대도시사회에 방출된 현대의 요괴는 새로운 환경 가운데서 출몰하기 쉬운 장소를 찾아낸다는 것이다. 지금까지 말한 바와 같이 어떤 시대에도 요괴들은 그 모태이자 존재의 근거인 인간생활의 변화에 따라서 성격을 변화시키지 않을 수 없는 것이다.

현대의 요괴들은 그러한 현대일본인의 생활사정을 충분히 반영하며 그에 어울리는 모습으로 등장한다고 해야 할 것이다. 현대의 요괴의 특징을 사례를 들어 생각해 보자. 예를 들면, 약 10년 전부터 젊은 여성이나 아이들을 중심으로 유행된 '입이 찢어진 여자'라는 소문이 돌고 있었다. 많은 어른은 이 입소문과 매스컴을 통해서 일본 각지를 돌아다니던 이 요괴를 단순한 소문이라고 무시해버리려고 했으나, 젊은 여성이나 아이들은 이 소문 때문에 매우 무서워서 부들부들 떨었다. 실제로 당시 신슈信州대학에 근무하고 있었던 나는 세미나를 끝내고 술을 마시고 헤어지려고 하는 시간에 혼자 돌아갈 수 없어 난처해하는 여학생들의 모습을 목격하였다. 지방에 따라서는 집단으로 하교를 하고, 혼자서는 집안 목욕탕에도 들어갈 수 없는 초등학생이 있었다고 하며, 또 소문에 편승하여 '입이 찢어진 여자'로 분장하고 밤거리를 배회하는 자가 나올 정도였다.

세상을 크게 떠들썩하게 했던 이 '입이 찢어진 여자'의 소문에는 여러 가지 버전(variation)이 있다. 그 대강의 줄거리는 입에 큰 마스크를 쓰고 도시의 밤에 가로등 아래 서 있다가, 지나가는 사람을 불러 세워 "나, 예쁘지?"라고 물으면서 그 마스크를 벗으면 귀까지 찢어진 입이 드러난다. 놀라서 도망치면 대단히 빠른 걸음으로 쫓아 와서 사람을 죽인다. 그러나 포마드pomade라고 하면 그 위기에서 빠져나갈 수 있다는 이야기가 있었다.

이 소문을 들었을 때, 나는 이야기의 구조가 지극히 전통적인 구조를 가지고 있는 것을 알 수 있었다. 고대신화 가운데 죽은 아내인 이자나미를 그리워하여 황천국을 찾아간 이자나기가 아내의 썩어 일그러진 모습을 보고는 도망쳤다. 쫓아오는 아내와 황천국의 병사들을 다양한 주술로 쫓아버리면서 지상으로 도망쳐온다는 이야기가 있다. 또한 민담 가운데 야마우바에게 쫓기던 동자승이 가지고 있었던 부적으로 막으면서 도망쳤다는 '석 장의 부적三枚の護符' 등의 이야기와 매우 비슷하다. 누가 이야기를 시작했는지는 알 수 없지만, 또 알았다고 해도 본인이 얼마만큼 그것을 자각하고 있었는지 의심스럽다. 이 '입이 찢어진 여자' 이야기가 이전부터

일본의 요괴학 연구

있었던 이야기의 틀을 이용하고 있다는 것은 어느 정도 추측할 수 있다. 그러나 현대도시에 이자나미나 야마우바를 그대로 등장시킬 수는 없는 것이다. 그것을 받아들이던 문화적·자연적 환경이 소멸해버렸기 때문이다. 즉 이자나미는 물론 극히 최근까지 산촌에서는 살아 있었던 야마우바마저도 현대도시에서는 등장할 수 없는 요괴가 되고 말았던 것이다. 정확하게 말하면 야마우바도 과거의 존재, 죽어버린 존재가 된 셈이다. '입이 찢어진 여자' 이야기의 출현은 농촌과 산촌적 요괴인 '야마우바'의 쇠퇴·멸망을 알리고 있다. 그러나 그것은 동시에 '입이 찢어진 여자'는 '이자나미'나 '야마우바' 등이 현대에 어울리는 모습으로 전환하여 재생한 것이라고도 말할 수 있다. 출생환경이 지금까지와는 다르다는 것을 알아차리고, 현대적 환경에 어울리도록 둔갑한 것이다. 확실히 '입이 찢어진 여자'에는 초월적·신비적 속성이 희박하다. 입이 찢겨 갈라진 것은 정형수술에 실패했기 때문이라든가, 도망치는 사람을 쫓아가기 위해 최신 스포츠형 승용차인 페어레디를 타기 때문이라는 등 합리적인 설명을 달기도 한다. 이 위기를 벗어나기 위해서는 '포마드pomade'를 '부적'으로 삼는다는 점도 관계된다.

이 '입이 찢어진 여자'는 여기저기 돌아다녀 전국에 나타나지 않은 곳이 없을 정도였지만, 지금은 이미 과거의 요괴가 되었다. 우리들은 이 요괴에 대해서 맹위를 휘두르고 있었던 당시부터 그 이유를 여러 가지로 추측해보았다. 명확한 것은 이러한 소문을 듣고 전한 사람들의 마음 내부에 있는 '어둠' 즉 공포가 이러한 요괴를 만들어 냈다는 것이다. 그러나 그 '공포'란 구체적으로 어떤 것일까. '교육에 극성인 어머니'의 상징적 표현이라는 설도 있었다. 나는 여성을 지배하는 '아름다움'의 가치관에 반대되는 '공포'가 이 '입이 찢어진 여자'를 만들어 냈다는 설을 제시한 바 있다.

아무튼 현대의 요괴는 현대의 도시생활·환경에 적응한 형태로 등장한다. 그리고 현대인의 마음에 '어둠'이 자리잡고 있는 한, 요괴박멸을 논의하는 '과학자'들의 눈을 속이며 끊임없이 출몰할 것이다. 야나기타가 예견한 바와 같이 100년 후 200년 후에도 요괴들은 그 시대와 어울리는 모습으로 변신해서 출현할 것이다. 출현하지 않는 시대가 도래했다고 하면, 그 시대는 인간이 없는 시대, 혹은 인간이 인간이 아니게 되어버린 시대가 아닐까라고 생각된다.

도시의 현실세계에서 젊은 여성이나 아이들을 중심으로 그럴 듯하게 괴담이 퍼져나가고 있다. 한편 약 10년 전부터 애니메이션이나 코믹, 소설, 영화 등 픽션의 영역에서도 요괴를 등장시키는 작품이 인기를 떨치고, 이것에 자극되어 일본의 다양한 요괴를 소개하거나 그 역사를 추적하는 내용의 잡지특집이나 서적의 간행이 잇따르고 있다. 최근에는 요괴나 유령을 그린 두루마리 그림이나 그림 이야기 책, 목판화인 우키요에浮世絵 전람회가 박물관이나 미술관에서 열리고 있다. 일본인이 만들어 낸 요괴 그것 자체에 대한 관심은 그것을 믿는다든가 믿지 않는다든가 하는 것과는 관계없이, 단순한 붐이 아니라 지금으로서는 현대문화의 일부로서 정착해버린 느낌이 든다. 요괴학·요괴연구에 대한 관심도 이러한 움직임과 연동하여 고조되고 있는 셈이다.

요괴에 대한 관심은 현대문화에 있어서 결코 고립적으로 나타나는 현상이 아니다. 인간의 마음·내면에 영향을 미치는 다양한 사회현상, 예를 들면, 밀교, 신흥종교, 신비주의, 점치기, 예언, 임사臨死, 괴수, 버츄얼 리얼리티 체험과 같은 사항에 대한 관심의 고조와도 깊이 관련된 현상이다. 이러한 사회현상의 배경은 말할 나위도 없이 현대의 폐쇄상황이다.

최근 10년 동안에 시대는 크게 변했다. 과학문명·물질문화의 확장에 의하여 도시공간에서 '어둠'이 소멸되고, 밝고 균질화된 세계가 우리들 일상생활의 환경이 되었다. 거기에서 단조롭다고도 말할 수 있는 일상이 되풀이되고 있다. 그런데 우리들은 이 일상생활을 점차로 고통스럽게 여기기 시작한 것이다. 그것만이 아니다. 우리들이 그리는 일본문화·지구문화의 미래에 대한 이미지도 고도성장기와 같이 밝은 것은 차츰 사라졌다. 정치, 경제, 사회생활, 병, 자연 환경 그리고 정신생활 등등 다양한 면에서, '불안'의 색채가 드리워지기 시작했다고 해도 좋을 것이다.

어떤 의미에서는 사람들의 마음속에 '어둠'이 퍼지고 있는 것이다. 바꿔 말하자면 '요괴·불가사의'는 과학주의·합리주의가 만들어 낸 편리함이나 물질적 풍부함을 향수하면서, 그 세계를 지배하고 있는 가치관에 의문을 가지거나, 그런 생활에 지친 사람들 앞에 나타난다. '요괴·불가사의'는 현대사회를 지배하고 있는 가치관, 즉 사람들이 살고 있는 '현실'세계를 넘어선 곳에 있는 것이다. 사람들은 그러한 '요괴·불가사의'를 픽션을 통해서 혹은 소문으로 자기들의 세계에 이끌어 들여 자기들의 '현실'을 파괴해 보기도 하고, 현실에서의 이탈을 시험해 보기도 한다.

'요괴·불가사의'는 자기들의 '현실'을 상대화하고, 다른 '현실'도 있을 수 있다는 것을 시사한다. 예를 들면 미야자키의 애니메이션 〈이웃의 도토로〉를 통해서, 우리들 현대인이 잃어버린 세계가 무엇이었는가, 이야기 가운데 요괴를 등장시킴으로써 인간의 정신생활을 얼마나 생생하게 그려낼 수 있는가, 아이가 그 상상의 나래를 어떻게 펼칠 수 있는가 등의 문제를 우리들은 충분히 터득했을 것이다. '요괴·불가사의'는 우리들에게 '또 하나의 현실' 세계를 마련해주고, 그것을 즐기는 방법과 그것이 인간에게 어느 정도로 중요한 것인지를 가르쳐 주었다. 요괴학이 필요한 이유의 하나는 여기 있다고 말할 수 있다.

문화콘텐츠로써의 일본의 요괴문화
-요괴에 대한 이야기와 그림에 나타나는 상상력의 넓이와 그 표현방식-

박전열(중앙대 교수)

1. 괴이 요괴라는 존재를 즐기는 문화

인간의 세계는 밝은 낮고 어두운 밤으로 이루어지며, 인간을 둘러 싼 자연은 보아서 이해되는 세계와 인간의 지혜로 파악되지 못하는 미지의 세계로 구성된다. 이 가운데 밤의 세계, 미지의 세계에 대한 공포는, 문명의 발달에 따라 차츰 줄어들고 있지만, 아직도 해명되지 않은 세계가 남아 있다. 특히 오랜 전부터 어둠의 세계, 인간과 떨어진 세계에 있다고 여기는 다양한 괴이(怪異)현상과 요괴라는 존재는 일본인 일본문화 가운데 형성되어온 중요한 문화적 유산이기도 하다. 일본문화 가운데 어둠의 세계를 일본인들은 어떻게 상상하며 이를 이야기나 그림 혹은 조각으로 어떻게 표현하였는가를 보면, 현대 일본문화의 이해에도 큰 도움을 얻을 수 있다.

일찍부터 항간에 떠돌던 설화 혹은 개인의 창작에 의해서 성립된 요괴 관련설화나 그림은 시간의 흐름에 따라 각 시대의 문화를 반영하며 재생산되어왔다. 근세인 에도시대에 이르자 인지가 발달되며, 요괴는 단순한 공포의 대상이 아니라, 이야기하거나 그림을 통하여 표현되며 일종의 감상물로서의 기능을 하게 되었다. 방대한 분량의 요괴 관련 설화가 전승되며 일부는 목판본 서적으로 유통되었으며, 붓으로 그린 두루마리 그림이나 목판화로 대량 생산되어 널리 유통되었다. 요괴는 인간에게 공포의 대상이자 한편으로는 공포를 즐거움으로 받아들이는 존재이기도 하였다.

이러한 문화적 전통은 현대에 이르러 영화, 애니메이션, 만화, 게임 등에 응용되고 있다. 괴이한 모습과 다양한 능력을 지닌 존재로 표현되는 요괴는 이른바 문화예술 콘텐츠의 중요한 영역으로 현대인들의 마음을 사로잡기도 한다.

2. 요괴란 무엇인가

요괴란 광의로는 괴음이나 괴수 등 사람의 지혜가 미치지 않는 이상한 사물이나 현상 일반을 의미하지만, 협의로는 형태나 행동 능력이 일반적인 상식과 크게 벗어나 있는 존재를 의미한다. 예를 들어, 「누에(鵺)」라는 요괴는 여러 동물의 합성체이며, 잘 알려진 「길다란 목(轆轤首)」은 목을 자유자재로 엄청나게 길게 늘이는 존재이며, 「애꾸눈 꼬마(一つ目小僧)」는 작은 체구에 외눈박이인 요괴이다. 즉, 요괴의 특징은 형태나 행동 등의 과잉, 결여, 혹은 합성, 즉 기존의 질서로부터의 일탈에 의하여 형성된다. 이밖에도 갓파(河童), 덴구(天狗), 오니(鬼), 기쓰네(狐), 다누키(狸), 유령(幽靈) 등은 일정한 형태를 지니면서 구별된다.

요괴는 초자연적 존재라는 의미에서 「신」에 속하지만, 인간의 제사의 대상이 되거나 통제를 받지 않고, 인간에게 해를 끼치는 존재라고 인식된다. 즉 인간에게 제사의 대상이 되어 제사의 결과로써 축복을 내려준다는 「신」과는 구별된다고 할 수 있다.

일본에서의 요괴의 변천사를 더듬어 보면, 고대에 있어서는 천변지이나 역병의 맹위에 대한 공포를 반영한 요괴의 활동이 두드러지고 있고, 그 종목이나 명칭, 속성은 용이나 귀, 여우, 혹은 중국 한대(漢代)의 공상적 지리서 「산해경(山海經)」 등에 그려진 요괴의 종류의 영향을 강하게 받고 있다. 그러나, 중세 후기 이후로는 요괴의 그림을 즐기는 풍속이 형성되며 다수의 요괴를 만들어내게 되었다.

특히, 인간이 오랜 동안 쓰던 도구에도 영혼이 깃들며, 이것을 잘못 다루면 때로는 재앙을 가져다준다는 사상을 배경으로, 「쓰쿠모신(付喪神)」이라고 불리는 요괴군을 낳아 이것이 일본 요괴 종목이 비약적으로 증가하는 계기가 되었다.

근세가 되자 요괴그림이나 괴담의 오락성이 한층 더 강해져, 전국 각지로부터 수집된 각종 괴담집이나 거기에 기초를 둔 요괴그림 집성이 간행되어 인기를 얻었다. 수많은 요괴 종목 가운데서 가장 잘 알려지 요괴는 고대의 음양도를 중심으로 유포된 「오니(鬼)」나, 불교의 포교를 방해하는 악령으로서 조형화된 「덴구」, 사람에게 올라 옮겨 병이나 죽음을 초래한다고 생각할 수 있던 「여우 혼(狐靈)」, 근세의 박물학자에 의해 널리 알려진 「갓파」, 「쓰쿠모신」들의 한밤중의 행렬을 그린 중세 후기의 「백귀야행(百鬼夜行) 그림 두루마기」나 근세 후기의 화가 도리야마 세키엔(鳥山石燕)이 일련의 요괴를 그린 화집인 「화도(畵圖)백귀야행」 등이 간행되었다. 이에 영향을 받아 만들어진 많은 「바케모노쓰쿠시(化け物盡くし)」에는 「애꾸눈 꼬마」나 「길다란 목」 등 다양한 요괴가 재생산되었고, 현대의 요괴 화가 미즈키 시게루(水木そげる)의 요괴만화에도 이 전통이 이어지고 있다.

요괴는 현대에도 새로운 양상으로 생산되고 있는데, 한국에서 「빨간 마스크」라는 이름으로 이야기 거리가 되는 존재는 1970년대말에 일본에서 유행하기 시작한 「구치사케온나(口裂け女)에 연유한다고 할 수 있다.

한편 죽은 사람이 생전의 모습으로 출현한다는 「유령」과 그 밖의 「요괴」로 구별되기도 한다. 예를 들면, 원래는 모습을 바꾸는 능력을 가진 요괴를 의미하는 「오바케」가 오늘날에는 유령의 일종으로 인식되고 있듯이, 요괴의 범위를 넓게 잡아 유령도 넓은 의미의 요괴에 포함하는 것이 일반적인 경향이다.

3. 학문의 대상으로서의 요괴

인간은 상상한다. 그 상상력은 또한 다양한 문화를 만들어 내는 창작력이기도 한다. 그리고 일본인들의 창작력이 만들어 다양한 문화를 소유하고 있는데, 그 가운데에서 흥미 깊은 것의 하나가 「요괴」라 할 수 있다. 이 「요괴」에 대하여 연구하는 학문이 여기에서 말하는 「요괴학」이다.

그러나 현재까지 요괴학이라고 하는 학문은 확실한 연구형태로 존재하지 않는다. 다시 말해서 학문의 범위나 목적, 연구방법, 그 어느 측면에서도 진지한 논의가 이루어지지 않았다. 요괴학이라는 명칭은 이미 1890년대에 나타났고, 요괴를 연구하는 몇몇 학자도 있었지만, 그 연구 목적은 연구자마다 달랐다. 따라서 요괴를 연구하는 사람들을 요괴학이라는 이름으로 결집시키는 학회나 연구기관을 성립시키지는 못했다.

학문으로서의 요괴학의 정비가 늦어진 이유는 연구자의 부족도 있었지만, 요괴가 근대의 과학에 있어서는 박멸해야 할 미신으로 여기던 사회적 현상이 큰 이유였다고 생각된다.

요괴가 근대인에게는 필요 없는 것이며, 요괴연구는 그 요괴박멸·부정을 위한 학문이거나, 혹은 멸망해 가는 미신을 기록하는 학문으로서, 근대에 있어서의 인간의 생활에 적극적인 의의를 찾아낼 수 없는 연구로 여겼던 것이다.

근대의 과학·물질 문명의 발달과 침투는 현실세계에서 요괴를 박멸하려 했다. 그러나, 현대에도 요괴들은 멸망하지 않고 존재한다. 도시를 활동무대로 삼아 주로 입소문이나 픽션의 세계로 옮겨 살아가고 있다. 그런 의미에서 현대인들도 요괴를 필요로 하고 있다. 이것은 요괴는 미신이라고만 처리해버릴 수는 없는 존재, 즉 인간에게 매우 중요한 존재라는 것을 말해준다. 그것은 인간의 정신 생활의 근원에 관계되는 사항과 관계되기 때문일 것이다. 과연 그것은 무엇인가. 그것을 밝히기 위한 학문으로서, 새로운 「요괴학」이 정비되어야 한다.

이 새로운 요괴학은 마구잡이로 요괴신앙을 박멸하고자 하는 것이 아니며, 요괴신앙을 보존하자고 주장하지도 않을 것이다. 이는 요괴문화의 고찰을 통해서, 인간정신의 역사나 마음의 본질을 규명하는 학문으로서 구축되어야 한다. 단지 이러한 시도는 아직 충분한 성과를 거두지 못했으며, 이제부터 본격적 연구가 시작된다고 해야 할 것이다.

요괴학의 내용은 어떻게 구성할 수 있을까.

간단히 다음과 같이 설명해 두자. 새로운 요괴학이란 인간이 상상 즉 창조한 요괴, 즉 문화현상으로서의 요괴를 연구하는 학문이다. 요괴존재는, 동물이나 식물, 광물과 같이 인간과의 관계를 떠나서 그 형태나 속성을 관찰할 수 있는 것이 아니며, 항상 인간과의 관계의 안에서 인간의 상상 세계의 안에 존재하는 것이다. 따라서, 요괴를 연구한다는 것은, 요괴를 만들어 낸 인간을 연구한다고 하는 것에 같다. 즉 요괴학은 「요괴문화학」이며, 요괴를 통해서 인간의 이해를 깊이 하는 「인간학」이라 할 수 있다.

요괴학은 여러 가지 문제를 설정할 수 있다. 사람들은 왜 요괴를 상상하는가, 그러한 요괴의 이미지는 어떻게 형성되는가, 요괴에는 어떤 종류가 있는가, 혹은 그러한 요괴를 창조하는 데는 어떤 이점이나 결점이 있는가, 일본의 요괴문화와 외국의 요괴문화와의 차이는 무엇인가, 현대의 과학에서는 옛날 사람들이 요괴현상이라고 여기던 것을 어떻게 설명할 수 있는가, 이 요괴학의 연구 영역은 크게 두 가지 차원으로 나눌 수 있다.

하나는 현실세계에 있어서 요괴현상, 요괴존재를 믿고 있는 사람들이 이야기하는 요괴에 관한 연구이다. 또 하나는 문학이나 예능, 회화 등에 나타나거나 몸짓이나 그림으로 표현되거나 픽션으로 표현되는 요괴에 관한 연구다.

그러나 이 방면의 연구는 매우 어렵다. 이 두개의 영역은 서로 영향 관계에 있으며, 현실세계에서 오고가는 많은 요괴에 관한 이야기는 대부분 픽션과 논픽션의 경계에 있기 때문이다.

현실세계에서 요괴를 믿고 있는 사람들에 대한 연구에서는 우선 어떤 요괴를 믿고 있는가. 그 모습 모양이나 출몰하는 장소, 성격 등을 알기 위해서, 많은 요괴체험 담을 채집할 필요가 있다. 그리고 자료를 분석하여 요괴를 믿고 있는 개인의 마음의 속에 있는 공포심이나 불안, 혹은 사회가 안고 있는 공포심이나 불안 및 그것과의 갈등·싸움 등을 표면화시키는 일이 가능해질 것이다. 이러한 작업의 결과는 「요괴의 민속학」나 「요괴의 심리학」, 「요괴의 사회학」 등에 응용될 수 있다.

고대부터 현대에 이르기까지 요괴의 존재를 믿는 사람들이 있었다. 따라서, 요괴연구자는 각시대에 대한 사료가 있으면, 이것과 같은 방식의 연구를 시험해 볼 수 있고, 나아가 요괴의 흥망사 즉 「요괴의 역사학」을 쓸 수도 있다. 그리고 이 수준의 연구에는 괴이·요괴현상이라 여기는 것을 과학적으로 밝혀내는 자연 과학적인 연구도 포함되어 있다.

아무튼 이와 같은 요괴연구가 현실세계의 요괴신앙에 관한 연구영역이고 한다면, 다른 한편으로는 요괴신앙의 영향을 받아서 형성된 요괴에 관한 설화나 담론, 의례, 예능, 회화 등의 연구영역을 설정할 수 있다.

4. 요괴 문화를 보는 3가지 시각

(1) 타파대상으로서의 요괴

그 하나의 연구의 조류가 요괴현상이나 요괴존재를 믿는 사람들에 대하여, 과학적 지식을 동원해서 요괴를 부정해 가는 연구이다. 간단히 말하면, 요괴를 「미신」라고 여기며 그것을 과학에서 박멸하고, 사람들을 미신으로부터 해방시키려는 목적의 「요괴학」이다. 「너구리의 장단 소리」라고 믿던 것은 너구리의 소행이 아니고, 먼 동네에서 제사 지내며 장단을 맞추는 소리가 바람을 타고 와서 가까이서 나는 소리처럼 들리게 되는 것이다. 혹은 밤길에서 만난 중대가리의 도깨비는 달빛이 만든 큰 나무의 그림자를 잘못 본 것이다.

이런 식으로 합리적으로 해석하며, 요괴를 믿는 사람들의 이제까지의 코스몰로지, 즉 세계의 인식체계를 파괴하고, 근대의 과학적·합리적인 코스몰로지를 몸에 익히도록 하자는 것이었다. 일본에서 최초로 「요괴학」이라는 학문을 제창한 이노우에 엔료(井上圓了, 1858~1919)의 요괴학은 이러한 의미에서의 요괴학이었다. 따라서 이런 부류의 요괴학자는 이 세상에서 요괴를 믿는 사람이 모두 없어질 때까지 요괴퇴치를 계속하려 할 것이다. 이 연구를 지속시키는 원동력은 요괴가 없어져야 인간의 행복한 생활이 가능하다는 신념에서 비롯된다.

이노우에는 1890년대부터 1910년대에 걸쳐서 정력적으로 요괴현상을 조사하고, 그 박멸을 계속했다. 이노우에와 같이 요괴를 미신으로 간주해서 박멸하는 것을 「요괴학」이라고 하던 시대에, 요괴의 박멸과 부정에 힘을 기울이고 있던 또한 분야의 학문은 여명기의 근대의학이었다. 인간은 자연과의 관계나 인간 관계 가운데서 생활하고 있으며, 그 가운데에서 생기는 다양한 불안이나 공포, 정신적 혹은 육체적 피로로부터 「요괴」를 만들어 내기도 한다. 예를 들면, 환각이나 환청, 망상 현상 등의 나타나는 「요괴」가 그것이다. 그리고 불안이 심해지면 사회 생활을 하기 곤란한 상태 즉 병이 나는 경우도 있었다. 사회학적 혹은 심리학적으로는 요괴는 존재하며 체험되고 있었던 것이다.

(2) 민간신앙의 대상으로서의 요괴

앞에서 말한 바와 같이, 야나기다 구니오(柳田國男, 1857~1962)는, 이노우에 엔료의 「요괴학」에 대항하는 측면에서 그것과는 다른 요괴연구를 제창했다. 그러나, 야나기다의 요괴연구에 대한 관심은 이노우에의 연구에 대한 반발만은 아니었다. 그가 요괴연구에 관심을 가지게 된 직접적인 계기는, 풍속사가(風俗史家)인 에마 쓰토무(江馬務)가 『일본 요괴 헨게사(日本妖怪變化史)』를 간행한데 있었다고 생각된다.

에마는 일본의 설화나 두루마리 그림(繪卷), 도표 그림 등에 그려진 요괴를 역사적으로 분석하면서, 그 분류나 속성을 해명하자 하였다. 실제로 이 책이 간행된 직후에 야나기다는 요괴연구에 정력을 기울였다. 이노

278

우에나 에마의 연구성과에 자극을 받고, 그것에 대한 불만으로 민속학적 측면에서의 요괴연구 필요성을 느꼈던 것이라고 생각된다.

이때 야나기다는 이노우에와 같이 「요괴학」이라고 하는 명칭을 썼다. 그러나 그는 그것을 독립된 학문이라고는 생각하지 않고, 민속학의 한 분야로서 위치를 부여했다. 이는 그가 발견하여 학문의 대상으로 삼은 「민속사회」가 근대화에 의해서 부정되고 있었던 시기였다. 당시 사회는 많은 사람들이 요괴의 실제를 믿으며어 그 전승을 풍부하게 유지하고 있었기에, 야나기다는 요괴연구의 필요성을 통감하고 있었다. 야나기타의 업적으로는, 「요괴담의(妖怪談義)」「유령사상의 변천」과 「애꾸눈 괴물, 기타」 등을 비롯하여 요괴의 의미와 담론에 관하여 연구발표 했다.

야나기다는 요괴연구에 있어서 주로 다음과 같은 3가지를 강조했다. 첫째, 전국각지의 요괴종목(종류)을 채집하고, 그 분포를 파악한다. 둘째, 요괴와 유령을 구별한다. 셋째, 요괴의 발생을 신에 대한 신앙의 쇠퇴로 여긴다는 관점에서 요괴를 설명하였다.

(3) 도시민속으로서 요괴
1960년대부터 「요괴=미신=현대인에게 필요 없는 것」이라는 분위기가 때마침 고도성장기에 있던 일본에 만연하고 있었던 것이다. 실제로 일본의 현실세계에서 「어둠(暗)」과 「요괴」가 소멸된 시기도 이 고도성장기였다.

그러나 1980년대에 들어 이러한 사정이 크게 바뀌었다. 사람들의 사이에 요괴에게 대한 관심이 생겨나게 된 것이다. 「요괴학자」들이 관심을 촉진시킨 것인지, 아니면 지금까지 요괴를 배제・박멸하는 운동에 몸을 맡겨 온 서민이 그 소멸에 직면하여 요괴문화에 대한 향수를 되살린 것인지, 혹은 그것과는 전혀 다른 현대사회・문화에 그 어떤 요인이 있었던 것인지도 모른다. 아무튼 이때부터 일반의 사람들의 요괴에 대한 관심이 부쩍 높아져 왔다. 그러한 시기에 간행된 책이 미야타 노부루(宮田登)의 『요괴의 민속학』이었다.

미야타는 이 저서에서 야나기다의 요괴학을 존중하면서도, 그 틀을 뛰어넘어 전(前)근대의 도시의 요괴에 머물지 않고 현대의 실생활이나 픽션의 세계의 요괴까지 범위를 넓혀서 요괴를 논하고 있다. 「현실의 우리들의 일상생활에는, 불가사의한 세계가 살아 남아 있고, 그것이 현실에 기능하고 있으며, 그 어떤 의미를 일상생활에 부여하고 있는 것이다」라고 주장하며, 요괴가 먼 과거의 세계나 멸망해 가는 농촌세계뿐만 아니라, 현대인의 문제와도 깊이 통하는 문제를 내포하고 있음을 제시했다.

실제로 현대도시사회에 있어서의 요괴담의 이야기꾼은 젊은 여성들뿐만이 아니었다. 학교에 다니는 아이들도, 좋은 이야기꾼이며 청자였다. 풍부한 채집 자료를 활용하여 이러한 사실을 밝힌 것은 마쓰타니 미요코(松谷みょ子)의 『학교』이나 쓰네미츠 도오루의 『학교의 괴담(김종대 한글번역판)』(2002)이었다.

현대의 요괴들에게 학교는 더없이 기분이 좋게 활동할 수 있는 공간이었던 모양이다. 놀라울 정도로 다채로운 요괴류가 학교공간의 여기저기서 웅성거리고 있다. 그들이 일으키는 괴이현상은 불가사의를 기대하는 아이들의 사이에 삽시간에 퍼지면서, 학교라는 호기심과 공포에 가득 찬 공간을 중심으로 그 파문을 넓혀 간다. 이러한 괴이에 민감한 상황은 정도의 차이는 있지만 초등학생 아니 유치원아에서부터 대학생에 이르기까지 일어나는 현상으로 오늘날에도 진행되는 현상이라고 보아도 좋을 것이다. 게다가 최근 요괴의 무리는 증식되는 경향에 있다고 여겨지며, 신종의 요괴가 화제에 오르는 것도 드문 일이 아니다. (『학교의 괴담』).

5. 현대 대중문화콘텐츠의 한 영역으로서의 괴이 요괴

근년에 한국에서도 큰 인기를 누렸던 영화 「음양사」는 아베노 세이메이(安倍晴明, 921~1005)이라는 인물을 주인공으로 한다. 아베는 헤이안 중기의 실존인물이면서도 그의 전기에는 전설적인 요소가 가미되어 신과 괴이 요괴를 다스릴 수 있는 초능력을 지닌 존재로 전승되고 있다. 현재 교토 시내에 있는 세이메이 신사에는 많은 참배객들이 찾아와 그를 받들며 초능력을 가질 수 있게 해달라고 기도하고 있다. NHK 대하드라마의 주인공이 되기도 했던 아베는 사람들에게 해코지를 하는 요괴를 불러 모아 제물을 차려놓고 달래고 위협하여 축출하는 능력이 있었다는 이야기가 그림으로 남아 있고, 요괴를 부리고 자연물을 자유자재로 움직일 수 있는 초능력이 있었기에 정략적으로 이용하려는 사람들도 있었다고 한다.

아베의 이와 같은 캐릭터는 현대인에게도 매우 흥미있는 요소가 되어, 영화, 애니메이션, 만화, 게임에 등장되어 인기를 누리고 있다.

일본 대중문화의 개방정책이 시행되기 이전에 한국에 유입되어 선풍적인 인기를 모았던 애니메이션 「도토로(隣のトトロ)」의 주인공 도토로는 초능력을 지닌 덩치가 큰 괴물이지만 귀엽고 구세주적인 존재로 표현되었다. 이 영화의 도토로는 기존의 여러 요괴적인 동물의 이미지를 합성하여 창조해낸 캐릭터였다. 이외에도 맛쿠로쿠로스케(眞っ黒黒すけ)라는 검댕이가 등장하는데, 사람이 보려고 하면 곧 숨어버린다는 작은 검댕이를 의인화한 것이다.

인기 있는 게임 시리즈인 소닉(SONIC)은 ps2, X-box Wii 등의 머신에 등장하는 주인공이다. 그 형태는 현대적인 요소를 지니고 있지만, 정의를 위하여 악당을 퇴치하고 난관을 극복하며 세계를 평정한다는 전통적인 판타지이다. 이 스토리는 게임 플레이어에 의해서 전개되는데, 게임의 콘텐츠를 이루고 있는 선과 악의 대립, 날고 달리고 변신하는 등의 초능력의 구사는 고전적인 요괴의 모습을 변형시킨 것이라고 볼 수 있다.

어린이들 사이에 큰 인기를 누리는 피카추라는 캐릭터는 일본의 항공사의 마스코트로 채용되어 어른들도 타는 항공기의 동체에 크게 그려 넣을 정도로 매우 큰 인기를 지닌 몬스터 즉 괴물의 일종이다. 기존의 동물의 신체적 특성과는 전혀 다른 신체적 특성을 지녔기에 몬스터로 파악되지만, 몬스터라고 해도 귀여운 존재로 파악된다는 점에서 친근한 캐릭터로 인식되고 있다.

최근에 한국에서도 번역출판 된 일본만화 가운데 「백귀야행」(이치코 이마, 전12권, 시공사)은 일본에서는 물론 한국에서도 중판을 거듭하고 있다. 요괴를 부리는 능력이 있는 할아버지와 그 가족, 이웃 사이에 벌어지는 불가사이한 일들을 그린 단편을 모은 시리즈물이다. 시대적 배경은 현대이면서도 출몰하는 요괴들은 전통적인 모습은 기다란 목, 애꾸눈 꼬마, 덴구, 유령 등 일본의 전통에 뿌리를 두고 있다.

미야자키 하야오(宮崎駿)의 애니메이션 「센과 치히로의 행방불명(千と千尋の神隱し)」를 이와 같은 관점에서 보면 매우 흥미롭다. 행방불명이라고 번역된 「가미카쿠시(神隱し)」란 사람이 갑자기 행방불명이 된 상태를 말하는데, 전통적인 촌락사회에서는 그 이유를 덴구나 산신이 저쪽의 세계로 데리고 가버렸기 때문이라고 생각했다. 사람이 살고 있는 이쪽 과 요괴나 신들이 살고 있다는 저쪽으로 나누어 보는 2분법적인 세계관을 바탕으로 전개되는 이 애니메이션에는 전통적인 요괴관(妖怪觀)이 잘 드러나 있다. 또한 여러 개의 긴 손을 지닌 노인, 투명한 요괴, 변신, 공중목욕탕 등의 소재는 일본의 전통문화를 바탕으로 하고 있음을 잘 알 수 있다.

괴이 요괴 등은 상상의 세계에 존재하는 존재이지만, 실제로는 상상의 세계에 머물러 있지 않고 현실에 등장하여 사람의 마음을 움직이고, 사람들에 의하여 형상화된다. 일본문화를 이해하려 할 때, 지향하는 목적이나 소재에 따라서 여러 가지 연구방향을 설정할 수 있다. 특히 인간이 지닌 어둠 즉 미지의 세계에 대한 공포심과 그 극복의 방식으로 괴이 요괴 현상을 연구할 수 있으며, 요괴에 관한 이야기 방식이나 현대의 매체를 통하여 표현되는 방식을 연구할 수도 있다. 요괴를 어둠의 영역에 두고 회피하거나 마이너스적으로 이야기하는데 그치지 않고, 밝은 세계로 끄집어내어 일본문화의 한 가지 영역으로 다루며 현대의 각종 매체에 등장시켜 함께 즐기며 상품화에도 응용해가고 있는 현상도 주목하지 않을 수 없다.

역자후기

나는 인문학에 뜻을 둔 이래 여러 가지 문화현상에 대하여 흥미에 이끌리는 대로 유목민처럼 다양한 연구를 시도하고 있다. 연구의 출발점은 한국의 민요, 각설이타령, 각설이라는 유랑예인과 민속사회와의 교류에 있지만, 이에 대응되는 일본의 민속을 연구하는 과정에 필연적으로 일본의 유랑예인에 대한 연구, 나아가 사회가 유랑예인을 받아들이기도 하지만, 사정에 따라서 배척하기도 하는 민속에 관심을 지니게 되었다.

유랑예인은 민간에서 이질적 존재로 취급받으며 배척받지만, 그들은 신을 대신하여 집집마다 복을 빌어주며 마을에 활기를 불어넣기도 한다. 이 테마에 대한 연구가 진척되면서 이처럼 배척을 받기도 하며 한편 영접을 받는 존재인 유랑예인에 대한 민속사회의 수용태도를 어떻게 해명해야 하는가라는 문제에 봉착하게 되었다.

이때 읽게 된 논문이 고마쓰 선생의 「이인론(異人論)」이었다. 폐쇄적인 농촌사회에 찾아오는 이인을 어떻게 맞이하며 어떻게 보내는가 라는 문제를 고마쓰 선생은 요괴론을 통하여 명쾌하게 설명하고 있었다.

유랑예인을 맞이하는 민속사회는 일단 유랑예인의 플러스적인 성격이 발휘되도록 한 뒤에, 마을에서 다시 떠나도록 한다는 사례와 이론을 매우 정교하게 전개하였던 것이다. 이 이론은 나의 연구에도 많은 시사점을 제공해주었다.

고마쓰 선생의 저서를 읽은 뒤, 내가 국립민족학박물관에 재직중이던 시기에 오사카대학에서 만나게 되었다. 이후로 학문적인 교류를 거듭하면서 선생의 요괴문화에 대한 진지한 학문적 자세와 요괴를 국가적인 문화 데이터베이스로 체계화하는 활동을 지켜보게 되었다.

이 과정에 일본의 요괴가 다양한 문화로 재생산을 거듭하고 있음을 알게 되었고, 새로운 문화를 창출해내는 중요한 원천이 됨에 주목하게 되었다. 특히 무형적인 상상력의 산물인 요괴가 이야기나 그림이나 피규어로 형상화되며 문화 영역에 새로운 소재로써 활용되고 있음에 감동하지 않을 수 없었다.

요괴의 종류가 방대하며 오늘날에도 새로운 요괴가 끊임없이 창조되고 있다는 점은 본문에 자세히 소개되어 있다. 요즈음 우리사회에서 문화콘텐츠산업의 중요한 화두가 되어 있는 「원 소스 멀티 유즈(OSMU)」로써의 기능을 발휘하고 있는 요괴의 역사성과 창조성은 중요한 연구대상이 됨은 말할 나위도 없다. 고마쓰 선생은 오늘도 요괴연구에 심혈을 기울이고 있으며, 이 책이 나온 후에도 여러 권의 요괴 관련서를 내며 연구를 심화시키고 있다.

이 책의 번역은 국제일본문화연구센터에 객원연구원으로 재직하던 시기에 착수하였으니 이미 5년이 소요되었다. 번역은 내게 일본의 요괴문화를 심층적으로 이해하는 큰 도움이 되었다. 이 책의 원제목은 『요괴학신고(妖怪學新考) - 요괴를 통해 보는 일본인의 마음 - 』이지만, 독자의 편이를 위하여 한국어판 제목은 『일본의 요괴학 연구』라 하였다.

한국어판의 출판을 기꺼이 허락해준 고마쓰 가즈히코 선생에게 감사한다.

이 책이 나오기까지 꼼꼼하게 대조와 교정에 수고를 아끼지 않은 최인향씨에게 고마움을 표한다.

또한 미국의 금융위기로 시작된 이 어려운 경제사정 가운데도 정성을 들여 출판해준 민속원의 홍종화사장과 편집팀 여러분에게도 감사의 뜻을 전하고 싶다.

역자 박전열

찾아보기